H. J. Schwanitz ■ W. Wehrmann ■ S. Brandenburg ■ S. M. John

Gutachten Dermatologie

H. J. Schwanitz   W. Wehrmann
S. Brandenburg   S. M. John

Gutachten Dermatologie

Prof. Dr. med. Dr. phil.
Hans Joachim Schwanitz
Universität Osnabrück
Dermatologie, Umweltmedizin,
Gesundheitstheorie
Sedanstraße 115, 49090 Osnabrück

Dr. jur. Stephan Brandenburg
Berufsgenossenschaft
für Gesundheitsdienste
und Wohlfahrtspflege
Pappel-Allee 35–37, 22089 Hamburg

Priv.-Doz. Dr. med.
Wolfgang Wehrmann
Hautarztpraxis
Warendorfer Straße 183,
48145 Münster

Priv.-Doz. Dr. med.
Swen Malte John
Universität Osnabrück
Dermatologie, Umweltmedizin,
Gesundheitstheorie
Sedanstraße 115, 49090 Osnabrück

ISBN 978-3-642-63258-7   ISBN 978-3-642-57398-9 (eBook)
DOI 10.1007/978-3-642-57398-9

Bibliografische Information Der Deutschen Bibliothek
Die Deutsche Bibliothek verzeichnet diese Publikation in der Deutschen Nationalbibliografie; detaillierte bibliografische Daten sind im Internet über <http://dnb.ddb.de> abrufbar.

Dieses Werk ist urheberrechtlich geschützt. Die dadurch begründeten Rechte, insbesondere die der Übersetzung, des Nachdrucks, des Vortrags, der Entnahme von Abbildungen und Tabellen, der Funksendung, der Mikroverfilmung oder der Vervielfältigung auf anderen Wegen und der Speicherung in Datenverarbeitungsanlagen, bleiben, auch bei nur auszugsweiser Verwertung, vorbehalten. Eine Vervielfältigung dieses Werkes oder von Teilen dieses Werkes ist auch im Einzelfall nur in den Grenzen der gesetzlichen Bestimmungen des Urheberrechtsgesetzes der Bundesrepublik Deutschland vom 9. September 1965 in der jeweils geltenden Fassung zulässig. Sie ist grundsätzlich vergütungspflichtig. Zuwiderhandlungen unterliegen den Strafbestimmungen des Urheberrechtsgesetzes.

http://www.steinkopff.springer.de

© Springer-Verlag Berlin Heidelberg 2003
Ursprünglich erschienen bei Steinkopff Verlag Darmstadt 2003
Softcover reprint of the hardcover 1st edition 2003

Die Wiedergabe von Gebrauchsnamen, Handelsnamen, Warenbezeichnungen usw. in diesem Werk berechtigt auch ohne besondere Kennzeichnung nicht zu der Annahme, dass solche Namen im Sinne der Warenzeichen- und Markenschutz-Gesetzgebung als frei zu betrachten wären und daher von jedermann benutzt werden dürften.

Produkthaftung: Für Angaben über Dosierungsanweisungen und Applikationsformen kann vom Verlag keine Gewähr übernommen werden. Derartige Angaben müssen vom jeweiligen Anwender im Einzelfall anhand anderer Literaturstellen auf ihre Richtigkeit überprüft werden.

Herstellung: Klemens Schwind
Umschlaggestaltung: Erich Kirchner, Heidelberg
Satz: K+V Fotosatz GmbH, Beerfelden

SPIN 10759821   105/7231-5 4 3 2 1 0

Vorwort

Das vorliegende Buch ist etwas Besonderes, ein Lehrbuch für Fachärzte und in der Weiterbildung zum Arzt für Dermatologie und Venerologie Fortgeschrittene. Es vermittelt das notwendige Wissen zur Berufsdermatologie, um seine Leser zu befähigen, sachkundig beurteilen zu können, ob eine Berufsdermatose vorliegt und wenn ja, wann die notwendigen Voraussetzungen erfüllt sind, dass z. B. eine Berufskrankheit gemäß Nummer 5101 seitens des Unfallversicherungsträgers anzuerkennen ist. Bekanntlich sind die meisten Berufskrankheiten Berufsdermatosen; als Träger der gesetzlichen Unfallversicherung sind die Berufsgenossenschaften deshalb häufig gehalten, mittels eines Gutachtenauftrags zu klären, wie es um die Kausalzusammenhänge zwischen gefährdender Exposition, diagnostizierter Erkrankung und Berufstätigkeit steht. Eine besondere und in den letzten Jahren kontinuierlich zunehmende Bedeutung hat die Prävention erhalten. Deshalb wird bereits eingangs ein Überblick zu den möglichen Präventionsmaßnahmen gegeben, das „Hautarztverfahren" als ein Klassiker in der Früherkennung und Frühintervention bei Berufsdermatosen wird in seiner aktuellen Entwicklung umfassend erläutert.

Dieses Buch stellt ausführlich die medizinischen und unfallversicherungsrechtlichen Grundlagen dar. Es orientiert sich zudem explizit an den Bedürfnissen des in der Klinik oder Praxis tätigen Dermatologen, der vor einer „dicken Akte" sitzt und unter Zeitdruck gefordert ist, ein sachgerechtes Gutachten zu erstellen. Um die konkreten Probleme des Einzelfalls zu lösen, enthält dieses Buch zahlreiche Beispielgutachten, mit Hilfe derer mögliche Klippen einer berufsdermatologischen Begutachtung geortet und unfallfrei umschifft werden können.

Bei der Abfassung des Kapitels mit den Beispielgutachten hat uns Herr Dr. C. Skudlik kräftig geholfen; Frau Dr. G. Volkert vom Steinkopff Verlag in Darmstadt danken wir für ihre stetige Unterstützung bei der Konzeption und Erstellung der Schriftfassung, dem Verlag selbst für die vorzügliche Ausstattung des vorliegenden Werkes.

Hamburg, Münster und Osnabrück 2003   Die Verfasser

Inhaltsverzeichnis

I Medizinische Grundlagen

1 Epidemiologie berufsbedingter Hauterkrankungen 3

1.1 Berufsbedingte Ekzeme 3
1.2 Ekzemprävalenz in der Allgemeinbevölkerung 5
1.3 Spezielle epidemiologische Aspekte von Berufsdermatosen
 im Bereich der gesetzlichen Unfallversicherung 6
1.3.1 Berufskrankheitengeschehen: BK-DOK 7
1.3.2 Sozioökonomische Folgen berufsbedingter Hautkrankheiten 9
1.3.3 Gutachtenkollektive 12
 Literatur 13
1.4 Fakten und Thesen 16

2 Präventionsmaßnahmen 17

2.1 Primäre Prävention 17
2.1.1 Gesetzliche Regelungen 18
2.2 Sekundäre Prävention 29
2.3 Tertiäre Prävention 30
 Literatur 31

3 Verfahren zur Früherfassung beruflich bedingter Hautkrankheiten (Hautarztverfahren) 33

3.1 Entwicklung des Hautarztverfahrens 33
3.2 Rechtliche Grundlagen 34
3.2.1 Vertrag Ärzte/Unfallversicherungsträger (gültig seit 1. 5. 2001) 34
3.3 Handhabung 36
3.3.1 Einleitung des Verfahrens 36
3.3.2 Erstattung des Hautarztberichtes 36
3.3.3 Behandlung im Rahmen des Hautarztberichtes 43

3.4	Weiterentwicklung des Hautarztverfahrens	43
3.4.1	„BK-Arzt-Haut": Fortschritt oder Rückschritt?	43
3.4.2	Arbeitsplatzbezogene Beratungsmodelle	44
3.4.3	Qualitätssicherung: Clearing-Verfahren der ABD	45
3.4.4	Qualitätssteigerung: Optimiertes Hautarztverfahren	48
	Literatur	57
3.5	Fakten und Thesen	59

4 Ärztliche Anzeige einer Berufskrankheit ... 61

4.1	Zustimmungspflicht und ärztliche Schweigepflicht	63
4.2	Ärztliche Anzeigen und Hautarztberichte: aktuelle Trends	64
	Literatur	65
4.3	Fakten und Thesen	66

5 Begutachtung von Hauterkrankungen ... 67

5.1	Einleitung und Aufbau des Gutachtens	68
5.2	Anamnese	68
5.3	Befunderhebung	70
5.4	Hauttestungen	70
5.5	Diagnose und Beurteilung	72
5.6	Schwere Hauterkrankung im medizinischen Sinn	73
5.7	Wiederholte Rückfälligkeit	82
5.8	Objektiver Zwang zur Aufgabe der schädigenden Tätigkeit	83
	Literatur	84

6 Einschätzung der Minderung der Erwerbsfähigkeit (MdE) ... 85

Beurteilung der Allergene	87
Acrylate/Methacrylate	89
Epoxidharzsysteme	89
Formaldehyd	90
Dichromat	90
Kolophonium	90
Latex	91
Nickel	92
p-Phenylendiamin	92
Literatur	92

7 Änderung in den medizinischen Verhältnissen (Nach-/Wiederholungsbegutachtung) ... 95

8 Der zertifizierte Gutachter:
   Curriculum der Gutachterseminare der ABD 97

   Literatur 102

9 Beispiel-Gutachten 105

   Atopische Dermatitis: Ursachenzusammenhang 106
   Bejahung von § 3-Maßnahmen, insbesondere technischer 109
   Strittiger Unterlassungszwang 111
   Strittiger Aufgabezwang – Interpretation von Epikutantesten 114
   Vorliegen der medizinischen Voraussetzungen zur Anerkennung
   einer BK nach Nummer 5101 der BKV mit – zum Zeitpunkt
   der gutachterlichen Untersuchung hypothetischer –
   ungewöhnlich hoher MdE aufgrund irritativer Hauterscheinungen . 118
   Bejahung einer rentenberechtigenden BK 5101
   mit besonders hoher MdE 121
   Nachbegutachtung (im Rahmen eines Sozialgerichtsverfahrens) ... 124
   Verneinung eines Ursachenzusammenhangs
   im Sozialgerichtsfall – Simulation 129
   Literatur 132

II Unfallversicherungsrechtliche Grundlagen

1 Die Funktion des ärztlichen Sachverständigen
   in der gesetzlichen Unfallversicherung 139

1.1 Rechtliche Stellung und Verantwortung des Gutachters 139
1.2 Aufgaben des medizinischen Gutachters –
     Begutachtungsthemen bei Berufskrankheiten 140
1.3 Zusammenwirken des medizinischen Gutachters
     und des arbeitstechnischen Experten bei Berufskrankheiten 140

2 Rechtsverhältnis Gutachter/Unfallversicherungsträger –
   Gutachtenauftrag 141

2.1 Rechtliche Bedeutung des Gutachtenauftrags 141
2.2 Anleitung des medizinischen Sachverständigen
     durch den Gutachtenauftrag 141
2.3 Zustandekommen eines Gutachtenauftrags –
     Gutachterauswahl 142

2.4	Mitwirkung der für den medizinischen Arbeitsschutz zuständigen Stellen bei der Begutachtung von Berufskrankheiten	143
2.5	Regelungen im Vertrag Ärzte/Unfallversicherungsträger zur Erstellung und Vergütung von Gutachten	144
2.6	Aufklärung des Versicherten, Auskünfte über die Begutachtung	145

3 Gutachtenrelevante Grundbegriffe ... 147

3.1	Berufsdermatosen als Versicherungsfall in der gesetzlichen Unfallversicherung	147
3.1.1	Arbeitsunfall	147
3.1.2	Berufskrankheiten	147
3.1.3	Anerkennung von Berufsdermatosen „wie eine Berufskrankheit"	148
3.2	Rechtlich wesentliche Ursache	149
3.3	Ursachenzusammenhang im Sinne der Entstehung oder Verschlimmerung	149
3.4	Beweisanforderungen	150
3.5	Rente an Versicherte	150
3.5.1	Minderung der Erwerbsfähigkeit (MdE)	150
3.5.2	Zeitpunkt der MdE-Einschätzung	151
3.5.3	Änderung der Verhältnisse – Nachbegutachtung	152
3.5.4	Höherbewertung der MdE wegen besonderer beruflicher Betroffenheit	153
3.6	Unterlassungszwang	153
3.7	Voraussetzungen für Maßnahmen der Individualprävention nach § 3 Abs. 1 BKV	154

4 Gutachtenauftrag zur BK Nr. 5101 ... 155

4.1	Muster-Gutachtenauftrag	155
4.2	Erläuterungen zu den Beweisfragen	156
4.2.1	Befunderhebung und Diagnose (Fragen 1 und 2)	156
4.2.2	Gefährdende Einwirkungen (Fragen 3 und 4)	156
4.2.3	Medizinische Beurteilung des Ursachenzusammenhangs (Frage 5)	156
4.2.4	Schwere oder wiederholt rückfällige Hauterkrankungen (Fragen 6 und 7)	157
4.2.5	Unterlassungszwang (Frage 8)	158
4.2.6	MdE (Fragen 9.1, 9.2, 9.3, 9.4)	159
4.2.7	Voraussetzungen für Maßnahmen der Individualprävention bei der BK Nr. 5101 (Fragen 10.1, 10.2, 10.3)	160

5 Begutachtung von Hautkrebserkrankungen im Zusammenhang mit UV-Licht-Expositionen 163

a) Generelle Eignung von UV-Licht-Einwirkungen zur Verursachung von Hautkrebserkrankungen 163
b) Zugehörigkeit des Betroffenen zu einer beruflich erhöht exponierten Personengruppe 164
c) Wahrscheinlichkeit des Ursachenzusammenhangs im Einzelfall ... 164
   Literatur 165

Sachverzeichnis 167

I Medizinische Grundlagen

1 Epidemiologie berufsbedingter Hauterkrankungen

S. M. JOHN

Gegenstand der Epidemiologie ist es, die Verbreitung von Krankheiten in der Bevölkerung zu untersuchen. Gerade im Bereich berufsbedingter Hauterkrankungen erfüllen epidemiologische Daten in besonderem Maße nicht nur Aufgaben der Dokumentation des Erkrankungsgeschehens, sondern stellen zugleich die rationale Basis für die Identifizierung gefährdeter Berufsgruppen und für gezielte Präventionsanstrengungen dar (Schnuch 1994; Schnuch, Uter 2000). Der Epidemiologie kommt hier auch deshalb eine besondere Bedeutung zu, da Hautkrankheiten in fast allen westlichen Industrienationen seit Jahren an der Spitze aller berufsbedingten Erkrankungen stehen und erhebliche volkswirtschaftliche Folgekosten verursachen (Diepgen, Coenraads 2000). Nach Schätzungen sind etwa 30–40% aller berufsbedingten Erkrankungen in der industrialisierten Welt Hautkrankheiten, wobei Inzidenzraten von 5–19 Erkrankungsfällen pro 10000 Vollarbeitern jährlich angegeben werden (Coenraads, Smit 1992; Diepgen, Coenraads 1999; Dickel et al. 2001). 90–95% berufsbedingter Hauterkrankungen manifestieren sich als Ekzemerkrankungen (Diepgen et al. 1992, 1994; Rycroft 1995; Frosch, Rustemeyer, Schnuch 1996; Coenraads, Diepgen, Smit 2001; Dickel et al. 2002a). Auf diese soll deshalb im Folgenden Bezug genommen werden. Berufsbedingte Ekzeme betreffen im Allgemeinen primär den Ort der Einwirkung, dies sind in über 90% die Hände (Diepgen et al. 1994; Rycroft 1995; Uter 1999; Diepgen, Coenraads 2000; Dickel et al. 2001).

1.1 Berufsbedingte Ekzeme

Angesichts der Bedeutung von berufsbedingten Ekzemerkrankungen erstaunt es, dass populationsbezogene epidemiologische Daten kaum vorliegen, es überwiegen Einzelfallbeobachtungen und punktuelle Erhebungen, z. B. im (selektierten) Klientel einzelner Kliniken, was eine exakte Bewertung von Inzidenz und Prävalenz in bestimmten Berufsgruppen bzw. der Bevölkerung nicht erlaubt. Hierfür wäre es nämlich erforderlich, die Zahl der Erkrankten in Beziehung zur Zahl der tatsächlich Exponierten setzen zu können. Selektionsbedingte Verzerrungen erklären auch, warum Angaben zum Beispiel zur Häufigkeit des allergischen Kontaktekzems abhängig von den untersuchten Kollektiven stark schwanken. Ein weiterer Grund hierfür liegt in der komplexen Differentialdiagnose berufsbedingter Hautkrankheiten, bei denen grundsätzlich drei Hauptpathogenesen (irritativ, allergisch, atopisch) zu unterscheiden sind, die häufig überlappen („Hybriddermatitis", Rycroft 1995) bzw. ineinander übergehen können („2- bzw. 3-Phasenekzem"). Gerade bei gutachterlichen Fragestellungen sind es vielfach Krankheitsbilder, die im Bereich der Schnittmengen dieser drei pathogenetischen Faktoren liegen, die diagnostisch und versicherungsrechtlich zu bewerten sind.

Die ätiologische Multikausalität von Berufsekzemen verdeutlicht eine der wenigen weltweit vorliegenden beschäftigungsbezogenen Studien (Diepgen et al. 1994): Die Autoren haben in einer ersten Studienphase sämtliche von März 1990 bis Dezember 1991 im Raum Nordbayern erstatteten 2003 BK-Verdachtsmeldungen bezüglich berufsbedingter Hauterkrankungen populationsbezogen analysiert. Bei 1473 Hauterkrankungsfällen konnte die

Berufsbedingtheit wahrscheinlich gemacht werden (74%). Zu 57% waren Frauen betroffen, die im Schnitt ein deutlich jüngeres Erkrankungsalter (Median 22 Jahre) als männliche Erkrankte (Median 31 Jahre) aufwiesen. 94% dieser Hauterkrankungen waren an den Händen lokalisiert, insgesamt traten subtoxisch-kumulative Handekzeme etwa gleich häufig wie allergische Kontaktekzeme auf, wobei vielfach eine atopische Hautdiathese als wichtiger Kofaktor identifiziert wurde (Diepgen et al. 1994). Überwiegend wird eine Kombination von Ursachen für das Hauterkrankungsgeschehen verantwortlich gemacht. Die Bedeutung der einzelnen pathogenetischen Faktoren schwankt in den unterschiedlichen Berufsgruppen: Zum Beispiel überwiegen allergische Kontaktekzeme im Friseurgewerbe (68%) und irritative Kontaktekzeme in der Nahrungsmittelverarbeitung (75%) sowie bei Metallarbeitern (66%) und Reinigungsberufen (64%). Es wird gleichzeitig auch aus dieser regionalen Untersuchung deutlich, dass es vergleichsweise wenige (Risiko-)Berufe sind, bei denen Hauterkrankungen häufig sind: Friseure, Metallarbeiter, Heil- und Pflegeberufe, Nahrungsmittelverarbeitung, Bauberufe, Reinigungsberufe, Elektriker, Gartenbau (Diepgen et al. 1992, 1994; Tacke et al. 1995).

Diese Datenerhebung wurde fortgesetzt; in Zusammenarbeit mit den staatlichen Gewerbeärzten Nordbayerns wurde ein Berufskrankheitenregister Haut-Nordbayern (BKH-N) ins Leben gerufen. Kürzlich wurden die von 1990–1999 erhobenen Daten des BKH-N vorgelegt (Dickel et al. 2001). In diesem Zeitraum wurden 5285 BK-Haut-Verdachtsmeldungen im Bereich des BKH-N ausgewertet und durch eine Fragebogenerhebung bei den gemeldeten Personen ergänzt. Danach konnte ein Berufszusammenhang bei 3730 (70,6%) Hauterkrankungsfällen wahrscheinlich gemacht werden. Bezogen auf 24 Hochrisikoberufe, für die sämtliche Beschäftigtenzahlen im Erhebungsgebiet bekannt waren, konnten aus den Daten berufsbezogene Inzidenzen berechnet werden; danach waren Friseure mit 97 Erkrankungsfällen pro 10 000 Beschäftigten pro Jahr am stärksten gefährdet, gefolgt von Bäckern (33/10 000), Floristen (24/10 000), Konditoren (21/10 000), Fliesenlegern (19/10 000), Galvaniseuren (13/10 000) (Dickel et al. 2001).

Insgesamt ergibt sich für die 24 analysierten Risikoberufe eine durchschnittliche jährliche Inzidenz berufsbedingter Hautkrankheiten von 6,7/10 000 Beschäftigte. Bezogen auf das irritative Kontaktekzem konnte dabei eine Ein-Jahres-Inzidenz von 4,5/10 000 und für das allergische Kontaktekzem von 4,1/10 000 Beschäftigte ermittelt werden (Dickel et al. 2002a); Diagnosekombinationen wurden dabei jeweils beiden Gruppen zugerechnet. Die Ergebnisse unterstreichen nochmals, dass die in der Literatur vielfach aufgestellte Behauptung, dass Berufsdermatosen überwiegend irritative Kontaktekzeme seien, nicht generell aufrechtzuerhalten ist; vielmehr muss nach Berufsgruppen und Bestehensdauer der Dermatose differenziert werden.

Kürzlich ist auch im Saarland ein Berufskrankheitenregister Haut (BKH-S) etabliert worden; es fällt auf, dass sich in der aus dieser Region bisher vorliegenden sehr viel kleineren Stichprobe (n=336, davon 78% berufsbedingt) mit einem kürzeren Erfassungszeitraum (1999–2001) sowohl bezogen auf einzelne Berufe als auch insgesamt ähnliche Inzidenzen wie in Nordbayern ergeben (Dickel 2002b). Die Autoren interpretieren diese Ergebnisse als Hinweis darauf, dass diese regional begrenzten Untersuchungen gute Anhaltspunkte für die Erkrankungshäufigkeit bei der BK-Haut in der gesamten BRD liefern.

Einschränkend ist festzustellen, dass bei den vorgenannten Erhebungen eine Dunkelziffer zu berücksichtigen ist, da nicht alle Hauterkrankungsfälle zur Anzeige gebracht werden und da ferner in den Untersuchungen auch diejenigen Erkrankungsfälle als „nicht berufsbedingt" subsummiert wurden, bei denen sich die betroffenen Personen einer näheren Aufklärung des Sachverhalts entzogen.

Anhaltspunkte für die Größenordnung der Dunkelziffer ergeben sich unter anderem aus Flächenbefragungen in dem besonders hautbelastenden Friseurberuf. Dabei konnte 1989 bei über 4000 Auszubildenden in Niedersachsen gezeigt werden, dass bereits im ersten Lehrjahr irritative Hautveränderungen bei 70% der Auszubildenden auftreten (Budde, Schwanitz 1991). Die Häufigkeit von Hautveränderungen in diesem Personenkreis hat sich in den letzten Jahren verringert, ist aber weiterhin hoch: 1994: 57%; 1999: 61% (Schlesinger, Revermann, Schwanitz 2001). Nur eine Minderheit der Betroffenen sucht wegen der Hautveränderungen einen Arzt auf (1999: 29%), was nur zum Teil dadurch zu erklären ist, dass es sich vielfach um geringfügige Hautveränderungen handelt. Eine große epidemiologische Kohortenstudie bei Auszubildenden des Friseurhandwerks in Nordwestdeutschland ergab, dass von 2352 hautärztlich untersuchten Auszubildenden bereits in den ersten Wochen der Tätigkeit 844 (36%) irritative Hautschäden entwickelt hatten, die sich wiederum bei 80% der Betroffenen im Bereich der Interdigitalräume entwickelten (Uter et al. 1998b; Uter 1999).

Im deutschsprachigen Raum liegen ältere populationsbezogene Erhebungen aus der früheren DDR vor; für diese Untersuchungen konnte auf eine detaillierte Dokumentation „arbeitsdermatologischer" Erkrankungen zurückgegriffen werden (Bruns, Münx 1968; Ziegler et al. 1972; Rothe, Bräunlich 1991). Derartige, z.T. längsschnittartig angelegte Analysen aus den DDR-Bezirken Potsdam und Dresden (Laubstein, Mönnich 1968, 1974, 1980; Richter 1978) zeigen ein der oben genannten Untersuchung von Diepgen et al. analoges Spektrum von Berufen, in denen Berufsekzeme beobachtet werden. Es dominieren die metallverarbeitenden Berufe. Die Inzidenz von Berufsekzemen wird in den siebziger Jahren bei Galvaniseuren mit 24,57‰ angegeben, bei Friseuren mit 3,3‰, wobei bei letzteren ein starkes Ansteigen der Erkranktenzahlen beobachtet wird. Überwiegend seien allergische Kontaktekzeme beobachtet worden (bei 92% der BK-Anerkennungen) (Laubstein, Mönnich 1980).

1.2 Ekzemprävalenz in der Allgemeinbevölkerung

Epidemiologische Untersuchungen zur Ekzemprävalenz in der Allgemeinbevölkerung liegen vor allem aus dem europäischen Ausland und Nordamerika vor. Danach kommt dem irritativen Kontaktekzem nach seiner Prävalenz in der unselektierten Bevölkerung wahrscheinlich die größte Bedeutung unter den Handekzemen zu.

In sechs größeren Querschnittstudien zeigte sich eine Punktprävalenz für Ekzeme (überwiegend Handekzeme) von 1,7 bis 6,3% und eine geschätzte Drei-Jahresprävalenz von 6,2% bis 10,6% (Coenraads, Smit 1995). Es ergab sich, dass unter den Ekzemerkrankungen das irritative Ekzem relativ am häufigsten ist (35–44%), gefolgt vom allergischen Kontaktekzem (19–35%) und der atopischen Dermatitis (8–22%) (Agrup 1969; Meding, Swanbeck 1989; Rea, Newhouse, Halil 1976; Johnson, Roberts 1978; Coenraads, Nater, Van der Lende 1983; Kavli, Förde 1984). In diesen Untersuchungen wurde allerdings jeweils nur die präsumptive Hauptätiologie der Ekzeme erfasst. Angesichts der Häufigkeit von Hybridekzemen mit fließenden Übergängen zwischen den verschiedenen Pathogenesen sind hier Verzerrungen zu erwarten. Wegen unterschiedlicher methodischer Ansätze (Fragebogen und/oder klinische Untersuchung) ist zudem die Vergleichbarkeit der vorgenannten Untersuchungen eingeschränkt (Diepgen, Coenraads 2000).

Nach den Daten des „Bundes-Gesundheitssurvey 1998" (ärztliche Befragung einer repräsentativen Stichprobe von über 7000 in der Bundesrepublik lebenden Personen zwischen 18 und 79 Jahren) bestand bei 16% aller west- und 11% aller ostdeutschen Erwachsenen ein allergisches Kontaktekzem (Hermann-Kunz 2000), dabei wiesen Frauen (21%) eine gegenüber Männern (8%) fast 3-fach höhere Prävalenz auf. Eine regional begrenzte, bevölkerungsbezogene Untersuchung im Raum Augsburg an 1141 Personen, bei denen eine Standardreihe (25 Substanzen) epikutan getestet wurde, ergab sogar 50,2% positiver Reaktionen bei Frauen, wohingegen nur 29,9% der Männer positive Reaktionen aufwiesen (Schäfer et al. 2000). Am häufigsten wurden Reaktionen gegen Duftstoff-Mix beobachtet (15,9%), gefolgt von Nickel (13,1%). Aus Untersuchungen im skandinavischen Raum ergeben sich in letzter Zeit Hinweise darauf, dass Typ IV-Sensibilisierungen in der Bevölkerung zunehmen, besonders gegen Duftstoffe (Nielsen et al. 2001; Duus Johansen et al. 2000). Nielsen und Mitautoren fanden in einer randomisierten Längsschnittstudie bei mehreren hundert Personen in Kopenhagen, bei denen jeweils ein TRUE-Test durchgeführt wurde, eine Zunahme der Duftstoff-Sensibilisierungen von 2,4 auf 5,5% im Zeitraum von 1990 bis 1998. Diese jüngeren Beobachtungen an unselektierten, nicht berufsbezogenen Kollektiven verdienen auch im Rahmen von Begutachtungen Berücksichtigung, wenn es um die Frage einer beruflichen Verursachung von Sensibilisierungen geht.

1.3 Spezielle epidemiologische Aspekte von Berufsdermatosen im Bereich der gesetzlichen Unfallversicherung

In der Vergangenheit gaben in der Bundesrepublik lediglich die Statistiken der Träger der gesetzlichen Unfallversicherung über das Berufserkrankungsgeschehen Auskunft. Die so genannte Berufskrankheiten-Dokumentation (BK-DOK) wurde erstmals im Jahre 1978 durch den Hauptverband der gewerblichen Berufsgenossenschaften (HVBG) veröffentlicht (HVBG 2001). Seither wurden in einem Drei-Jahres-Rhythmus Basiszahlen zum Berufskrankheitengeschehen im Bereich der gewerblichen Berufsgenossenschaften publiziert, zuletzt im Jahre 2001 (BK-DOK'99).

In letzter Zeit sind es ferner zunehmend von verschiedenen Arbeitsgruppen initiierte epidemiologische Langzeitstudien in Risikoberufen (z. B. Friseure, Gesundheitsfachberufe, metallverarbeitende Berufe), die wichtige Informationen zur Inzidenz und Prävalenz von Berufsdermatosen in den untersuchten Kohorten, aber auch zu den Möglichkeiten und Grenzen präventiver Anstrengungen geliefert haben (Budde, Schwanitz 1991; Diepgen et al. 1992, 1993, 1994, 1996; Bauer et al. 1997; Riehl, Schwanitz 1998; Berndt et al. 1999; Uter, Gefeller, Schwanitz 1995a,b; Uter et al. 1998a; Uter 1999; Bauer et al. 2001; Funke, Fartasch, Diepgen 2001; Riehl 2001; Schlesinger, Revermann, Schwanitz 2001; vgl. Kap. 2).

Von besonderer Bedeutung für die flächendeckende Erfassung von Kontaktallergien in der BRD ist der Informationsverbund Dermatologischer Kliniken (IVDK) mit Sitz an der Universitäts-Hautklinik Göttingen. Der IVDK sammelt im deutschsprachigen Raum die im Epikutantest gewonnenen und standardisiert dokumentierten Daten von derzeit 40 allergologischen Zentren; auch Kliniken in Österreich (Graz) und der Schweiz (Basel) sind beteiligt (Schnuch, Lehmacher 1992; Schnuch, Geier 1994; Uter et al. 1992, 1998b; Uter 1999). Hierdurch ergibt sich auch im Bereich der Berufsdermatosen ein Überblick über die Dynamik relevanter Allergene (Uter, Geier, Schnuch 2000a,b). Dem IVDK, dem weltweit größten Zusammenschluss dieser Art mit derzeit verfügbaren Daten von über 100000 Patienten, kommt damit eine Wächterfunktion („sentinel health events") auch im Bereich beruflich bedingter Kontaktallergien zu. Ein in den Jahren 1998 bis 2001 in Zusammenarbeit mit dem Hauptverband der gewerblichen Berufsgenossenschaften (HVBG) durchgeführtes Forschungsvorhaben („Frühzeitige Erkennung allergener Stoffe bei beruflicher und nicht-beruflicher Exposition": FaSt) hat diesen Aspekt noch vertieft (Geier, Schnuch 2000a,b,c; Geier et al. 2001). Die im IVDK erfassten Patientengruppen bieten wegen der standardisierten Testdurchführung und Dokumentation (Schnuch, Lehmacher 1992; Schnuch, Geier 1994; Uter et al. 1992, 1998b) auch die Möglichkeit, Vergleiche bezüglich gutachterlicher Klientele und Vorgehensweisen anzustellen (John 2001). Epidemiologische Rückschlüsse auf die Allgemeinbevölkerung oder die Gesamtheit der in einem bestimmten Berufszweig Beschäftigten sind aus den im IVDK ermittelten Sensibilisierungshäufigkeiten allerdings nicht unmittelbar abzuleiten. Insbesondere können keine direkten Angaben zur Inzidenz und Prävalenz von Kontaktsensibilisierungen in den untersuchten Berufsgruppen gemacht werden. Hierfür wäre der Bezug zur Zahl der insgesamt Exponierten und der insgesamt Erkrankten (zumindest in der jeweils untersuchten Region) herzustellen.

Derartige (regionale) beschäftigungsbezogene Daten, die sich auf BK-Haut-Verdachtsmeldungen, ergänzt durch gezielte Fragebogenerhebungen bei den gemeldeten Personen stützen, sind in der Bundesrepublik seit kurzem erstmals verfügbar: In Nordbayern und im Saarland wurden Berufskrankheitenregister Haut (BKH) eingerichtet (Dickel et al. 2001, 2002b).

1.3.1 Berufskrankheitengeschehen: BK-DOK

Die vom Hauptverband der gewerblichen Berufsgenossenschaften (HVBG) seit dem Jahre 1978 regelmäßig veröffentlichten Zahlen der Berufskrankheiten-Dokumentation (BK-DOK) geben einen gerade unter gutachterlichen Aspekten interessanten Überblick über das Berufskrankheitengeschehen in der Bundesrepublik Deutschland. Berufsbedingte Hauterkrankungen (BK „Haut" 5101) stehen seit Jahren unangefochten an der Spitze der Berufskrankheiten-Meldungen. Wie bereits ausgeführt, handelt es sich dabei im Wesentlichen um ekzematöse Krankheitsbilder der Hände, die durch chronische Einwirkungen am Arbeitsplatz hervorgerufen werden. Hier ist seit den fünfziger Jahren bundesweit eine erhebliche Zunahme zu verzeichnen (Abb. 1.1).

> Im Jahre 2000 waren es 18 713 Meldungen, entsprechend 26,3%[1] aller in diesem Jahr erstatteten Verdachtsmeldungen einer Berufskrankheit, es folgten Lärmschwerhörigkeit, Wirbelsäulenerkrankungen und Atemwegserkrankungen aufgrund anorganischer Stäube; Tabelle 1.1 gibt einen Überblick über die Entwicklung der häufigsten in Deutschland in den letzten Jahrzehnten im Bereich der gewerblichen Berufsgenossenschaften angezeigten Berufskrankheiten.

Es wird nicht verkannt, dass diese amtlichen Statistiken nicht den Kriterien wissenschaftlicher, epidemiologischer Untersuchungen genügen und selektionsbedingte Verzerrungen zu berücksichtigen sind. Hier ist zum Beispiel von einer zum Teil beträchtlichen Dunkelziffer auszugehen, weil bei weitem nicht alle berufsbedingten Erkrankungen gemeldet werden; dies gilt, wie oben ausgeführt, in besonderem Maße für die BK 5101.

Dem Faktum einer zweifellos existierenden Dunkelziffer steht auf der anderen Seite die Tatsache entgegen, dass nicht alle BK-Verdachtsmeldungen sich als begründet erweisen. Bei Zugrundelegung der Zahlen des HVBG war im Jahre 2000 von 18 122 entschiedenen BK 5101-Verdachtsfällen nur bei 8175 (45,1%) eine berufliche Verursachung der aufgetretenen Hauterkrankungen nach abschließender Entscheidung durch die BG-Verwaltungen festzustellen (Abb. 1.2; Reiß 2001; HVBG 2001). Entsprechende Proportionen ergeben sich in den vorangegangenen Jahren, 1999 waren es 45,4% berufsbedingter Dermatosen (HVBG 2000). In diesem Zusammenhang ist zu berücksichtigen, dass die Zahlen der gemeldeten Verdachtsanzeigen sich de facto nicht nur auf „Ärztliche Anzeigen einer Berufskrankheit" (Vordruck F 6000) beziehen; aus verwaltungs- und EDV-technischen Gründen werden von vielen BG-Verwaltungen auch Hautarztberichte (Vordruck F 6050) hier rubriziert. Offizielle Statistiken existieren zu der Thematik nicht (vgl. 4.2).

Prinzipiell wäre zu erwarten, dass, da die Anforderungskriterien zur Erstattung eines Hautarztberichtes geringer sind, hier auch retrospektiv häufiger Fälle ohne berufliche Kausalität identifiziert werden könnten und sich daraus möglicherweise die überraschend niedrige Quote berufsbedingter Dermatosen in den Statistiken des HVBG erklären ließe. Eine 1998 regional durchgeführte Untersuchung, bei der die Häufigkeit von aus Hautarztberichten und BK-Anzeigen resultierenden BK-Anerkennungen verglichen wurden, konnte diese Annahme allerdings nicht bestätigen (Diepgen 1999).

Auch aus den Daten des saarländischen Berufskrankheitenregisters Haut (BKH-S) (Dickel et al. 2002b), in dem zum weit überwiegenden Teil Meldungen in Form von Hautarztberichten/BK-Beratungsarztberichten berücksichtigt wurden (persönliche Mitteilung H. Dickel, 2002), lässt sich eine solche These nicht belegen, vielmehr ergab sich auf der Basis der gewerbeärztlichen Einschätzung in 78% der aus-

---

[1] Bei der Gesamtzahl der Anzeigen sind auch „Sonstige Anzeigen" mitberücksichtigt; hierbei handelt es sich um Anzeigen, die sich nicht auf Listen-BKen der Anlage 1 zur BKV beziehen. Die Mehrheit dieser Anzeigen führt nicht zur Eröffnung eines regulären Ermittlungsverfahrens. Bei Nichtberücksichtigung der „Sonstigen BK-Anzeigen" (n=1954) ergibt sich für die BK 5101 ein Anteil an der Gesamtzahl der Anzeigen bezüglich Listen-BKen von 27% im Jahre 2000 (vgl. Reiß 2001, HVBG 2001a,b).

Epidemiologie berufsbedingter Hauterkrankungen

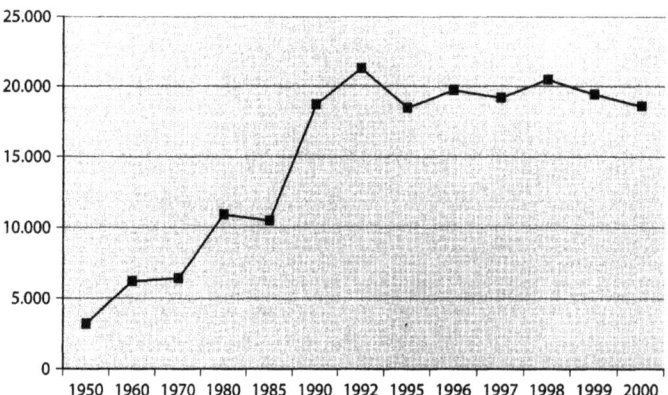

Abb. 1.1. Entwicklung der jährlichen Verdachtsmeldungen einer „BK Haut" (BK 5101) im Bereich der gewerblichen Berufsgenossenschaften in der BRD; seit 1993 sind auch die Angaben aus den neuen Bundesländern miteingeflossen. Unberücksichtigt sind die Daten der Unfallversicherung der öffentlichen Hand und der landwirtschaftlichen Berufsgenossenschaften (HVBG 1998a; HVBG 2001a,b; Reiß 2001).

Die wiedergegebene Statistik der Verdachtsmeldungen einer BK 5101 bezieht sich de facto nicht nur auf „Ärztliche Anzeigen einer Berufskrankheit" (F 6000), sondern aus verwaltungstechnischen Gründen werden von vielen BG-Verwaltungen auch Hautarztberichte (F 6050) hier subsummiert

Tabelle 1.1. Entwicklung der häufigsten angezeigten Berufskrankheiten in der BRD 1960–2000 im Bereich der gewerblichen Berufsgenossenschaften (nach Daten des HVBG 1995, 1998a, b, 2001b; Reiß 2001)

Berufskrankheiten	BK-Verdachtsmeldungen							
	1960 n=	%	1980 n=	%	1996 n=	%	2000 n=	%
■ Hautkrankheiten	6208	19,7	10931	26,7	19802	24,0	18713	26,3
■ Atemwegserkrankungen aufgrund anorganischer Stäube	7354	23,3	4534	11,0	9870	11,9	10650	15,0
■ Lärmschwerhörigkeit	110	0,3	15594	38,2	11724	14,2	11299	15,9
■ Wirbelsäulenerkrankungen	–		–		14999	18,2	11064	15,6
■ **Gesamtzahl der Meldungen**	**31502**		**40866**		**82347**		**71172**	

gewerteten 336 Meldungen[2] ein Berufszusammenhang. Ebenfalls aufgrund gewerbeärztlicher Einschätzungen wurde auch in der Analyse von 5285 BK-Haut-Meldungen im Raum Nordbayern (BKH-N) ein hoher Anteil von 70,6% berufsbedingter Dermatosen ermittelt (Dickel et al. 2001). Die Diskrepanz zu den Daten des HVBG – die auf den abschließenden BG-Verwaltungsentscheidungen fußen und in den letzten Jahren einen Anteil von lediglich etwa 45% tatsächlich berufsbedingter Dermatosen postulieren – ist erheblich; sie ist sicher nicht ausreichend dadurch zu erklären, dass sich im Rahmen dezidierter dermatologischer Zusammenhangsbegutachtungen ein bestehender konkreter Anfangsverdacht einer beruflichen Kausalität mitunter nicht erhärten lässt.

Häufig wird nicht berücksichtigt, dass in die BK-DOK nur die Zahlen der *gewerblichen Berufsgenossenschaften* Eingang finden; die Daten der Unfallversicherung der öffentlichen Hand, zusammengeschlossen im Bundesver-

---

[2] Bezüglich der gestellten Diagnosen fällt ein Überwiegen irritativer Kontaktekzeme (ca. 70%) als zusätzlicher Hinweis darauf auf, dass Erkrankungen hier in einem frühen Stadium erfasst werden – d.h. bevor es zu „Propf-Sensibilisierungen" kommt (Dickel et al. 2002b).

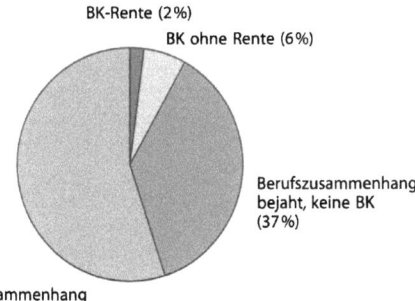

Abb. 1.2. Aufschlüsselung der im Jahre 2000 im Bereich der gewerblichen Berufsgenossenschaften entschiedenen BK-5101-Verdachtsfälle (n = 18 122) [Reiß 2001]. Die mittlere Dauer des Feststellungsverfahrens bei anerkannten Berufskrankheiten BK 5101 betrug ca. 2 Jahre (HVBG 2001 a)

386 von insgesamt 550 Meldungen (persönliche Mitteilung R. Kistner, 2002). Tabelle 1.2 gibt einen Überblick über die jährliche Gesamtzahl der BK 5101-Verdachtsmeldungen sämtlicher gesetzlicher Unfallversicherungsträger in der BRD. Es fällt auf, dass die Meldungen in allen Bereichen der gesetzlichen Unfallversicherung rückläufig sind; ein Zusammenhang mit den in letzter Zeit vermehrten Präventionsanstrengungen in Hautrisikoberufen ist herzustellen, besonders augenfällig im Friseurgewerbe. Hier hat sich die Zahl der jährlichen BK 5101-Verdachtsmeldungen von 1991 (n = 4516) bis 1998 (n = 1847) um 60% reduziert (vgl. Kap. 2).

band der Unfallkassen (Gemeinde-Unfallversicherungsverbände, Unfallkassen, Feuerwehrunfallkassen, Ausführungsbehörden des Bundes) und der landwirtschaftlichen Berufsgenossenschaften sind darin nicht enthalten. Gerade hinsichtlich Hauterkrankungen sind aber im Bereich der Unfallversicherung der öffentlichen Hand relevante Risiken zu berücksichtigen; hier sei daran erinnert, dass ein großer Teil der Krankenhäuser in der BRD durch die Gemeinde-Unfallversicherungsverbände versichert sind. Im Bereich des Bundesverbandes der landwirtschaftlichen Berufsgenossenschaften sind es die Versicherten der Gartenbauberufsgenossenschaft, auf die etwa 70% der jährlichen BK 5101-Verdachtsfälle entfallen; im Jahre 2000 waren es

1.3.2 Sozioökonomische Folgen berufsbedingter Hautkrankheiten

Neben den vielfach erheblichen psychosozialen Konsequenzen für den einzelnen Betroffenen sind auch die volkswirtschaftlichen Folgekosten berufsbedingter Hautkrankheiten zu berücksichtigen. Die volkswirtschaftlichen Gesamtkosten berufsbedingter Hautkrankheiten unter Berücksichtigung der direkten Kosten (Therapie, Berufshilfe) und der indirekten Kosten (Arbeitsausfall, Produktivitätsrückgang) werden in der BRD derzeit jährlich auf ca. 1,5–1,8 Milliarden € geschätzt (Backes-Gellner 1998; Drexler 2000; persönliche Mitteilung T.L. Diepgen, 2002). Ähnlich hohe Kosten werden aus anderen Industrienationen berichtet;

Tabelle 1.2. Gesamtzahl der jährlichen BK 5101-Meldungen bei sämtlichen Trägern der gesetzlichen Unfallversicherung in der BRD (HVBG 2001 b; Reiß 2001; persönliche Mitteilungen M. Butz, HVBG 2002; R. Kistner, Bundesverband der landwirtschaftlichen Berufsgenossenschaften; W. Standke, Bundesverband der Unfallkassen 2002)

Institution	BK 5101-Meldungen		
	1992	1996	2000
Hauptverband der gewerblichen Berufsgenossenschaften	21 260	19 802	18 713
Bundesverband der landwirtschaftlichen Berufsgenossenschaften (einschließlich Gartenbauberufsgenossenschaft; hier ca. 70% aller BK 5101-Meldungen)	636	622	550
Bundesverband der Unfallkassen (z. B. Gemeindeunfallversicherungsverbände)	2 196	2 099	1 717
Summe	**24 092**	**22 523**	**20 980**

Tabelle 1.3. Gesamtkosten der durch Berufsdermatosen bedingten Arbeitsausfalltage in einigen ausgewählten Industriebranchen (nach Backes-Gellner 1998)

Branchen	Kosten
■ Bauwirtschaft	318 Millionen €
■ Metall	132 Millionen €
■ Chemie	42 Millionen €
■ Textil/Leder	15 Millionen €

in den USA wurden die indirekten Kosten schon vor fünfzehn Jahren auf bis zu 1 Milliarde US-Dollar jährlich beziffert (Mathias 1985).

Allein in der deutschen Bauwirtschaft belaufen sich die Kosten durch Arbeitsausfall infolge von Hauterkrankungen auf etwa 318 Millionen € jährlich (Backes-Gellner 1998; Tabelle 1.3). Die Kosten, die den Bauberufsgenossenschaften nur durch zementbedingte Hauterkrankungen entstehen, betragen jährlich etwa 35 Millionen €. Hier sind zum Beispiel Kosten für Maßnahmen der Berufshilfe zu berücksichtigen. Unter Berufshilfe werden vergleichsweise kostengünstige innerbetriebliche Umsetzungen und Förderungen im bisherigen Berufsfeld, aber auch kostenintensive Vollumschulungen subsummiert. Für Vollumschulungen fallen pro Versichertem Aufwendungen von ca. 100 000 € bis 150 000 € an (Schnuch, Butz 1993; HVBG 1998 a, b).

Die Kosten für die gesetzliche Unfallversicherung tragen die Arbeitgeber; die Beiträge für die gesetzliche Unfallversicherung sind dabei risikogestaffelt und so bemessen, dass sie kostendeckend sind. Deshalb haben sich in dem besonders hautbelastenden Friseurgewerbe durch die hohe Erkrankungsprävalenz Anfang der neunziger Jahre sehr hohe Beiträge pro Beschäftigtem ergeben. Erst gezielte flächendeckende Präventionsmaßnahmen haben die Erkrankungsprävalenz und damit auch die zu entrichtenden Beiträge in den letzten Jahren wieder sinken lassen (vgl. Kap. 2). Auf Unternehmer kommen durch berufsbedingte Hauterkrankungen des Weiteren Belastungen insbesondere durch Arbeitsausfall und Produktivitätsrückgang zu. In Tabelle 1.3 sind für einige besonders betroffene Industriebranchen die geschätzten, hierdurch im Jahre 1998 entstandenen betriebswirtschaftlichen Verluste zusammengestellt.

Die Mehrheit der Berufsdermatosen entwickelt sich in Kleinbetrieben; zu den betriebswirtschaftlichen Folgekosten in diesem Bereich existieren bisher keine Daten. Anhaltspunkte für die Verteilung des Morbiditätsrisikos auf Branchen lassen sich aus einem Vergleich der in den Daten des HVBG gemachten Angaben zu den Versichertenzahlen der einzelnen gewerblichen Berufsgenossenschaften und der Zahl der in diesen Berufsgenossenschaften festgestellten beruflich bedingten Hauterkrankungen im Sinne der Ziffer 5101 gewinnen (Tabelle 1.4). Danach ist die zweitgrößte Berufsgenossenschaft, die Berufsgenossenschaft für Gesundheitsdienst und Wohlfahrtspflege (BGW), der Unfallversicherungsträger mit den größten versicherten Risiken bezüglich berufsbedingter Hauterkrankungen. Zu den Versicherten der BGW gehören insbesondere die Berufsgruppe der Friseure und der Gesundheitssektor (Kranken- und Altenpflegeberufe, Krankengymnasten, Masseure, Ärzte). Fast die Hälfte aller jährlich anerkannten Berufsdermatosen entfällt auf Versicherte der BGW.

Bemerkenswert ist, dass berufsbedingte Hauterkrankungen zwar über ein Viertel der jährlichen BK-Verdachtsmeldungen ausmachen, aber nur etwa 10% der jährlichen Anerkennungen einer Berufskrankheit; im Jahr 2000 waren es mit 1467 Anerkennungen 8,9% der insgesamt im Bereich der gewerblichen Berufsgenossenschaften in diesem Jahr festgestellten Berufskrankheiten (Reiß 2001). Dies hängt mit den besonderen versicherungsrechtlichen Voraussetzungen für die Anerkennung zusammen (vgl. Versicherungsrechtliche Grundlagen, Teil II). Wiederum münden nur etwa ein Drittel der anerkannten Berufskrankheiten nach BK 5101 in eine Rentenzahlung, weil in der Mehrzahl der Fälle

Tabelle 1.4. Morbiditätsrisiko aufgeschlüsselt nach Branchen der gewerblichen Berufsgenossenschaften im Jahre 1997. Bei den in der Rubrik „anerkannter Berufszusammenhang" erscheinenden Zahlen handelt es sich um die Summe aus anerkannten Berufskrankheiten BK 5101 sowie den Erkrankungen, bei denen die berufliche Verursachung festgestellt wurde, besondere versicherungsrechtliche Voraussetzungen jedoch nicht erfüllt waren (nach Zahlen des HVBG [HVBG 1998a,b])

BG	Versicherte	Anerkannter Berufszusammenhang („Berufsdermatosen")	Berufsdermatosen pro 10000 Versicherte
Gesundheitsdienst und Wohlfahrtspflege	4547382	3634	7,99
Chemie	1001378	386	3,85
Alle Metall-BG	3949908	1453	3,68
Druck und Papier	890300	312	3,50
Glas/Keramik	233845	49	2,10
Alle Bau-BG	4050339	830	2,05
Bergbau/Steinbruch	366947	68	1,85
Feinmechanik	2400504	354	1,47
Einzelhandel	2319138	273	1,18
Nahrungsmittel/Gaststätten ohne Fleischer	2857592	335	1,17
Leder/Textil	628110	57	0,91
Verkehr/Schiff-Fahrt	1486651	109	0,73
Holz	653648	35	0,54
Fleischerei BG	364028	16	0,44
Gas Wasser Fernwärme	184903	5	0,27
Großhandel/Verwaltung	16182432	150	0,09
Summe	**42117105**	**8066**	**1,92**

keine entschädigungspflichtige Minderung der Erwerbsfähigkeit resultiert (HVBG 1998a,b, 2001a). Im Jahre 2000 wurden bei 1467 neu anerkannten BK 5101-Fällen nur 428 (29,2%) neue Renten gewährt. Die Dauer des Feststellungsverfahrens bei anerkannten BK 5101 betrug im letzten Jahrzehnt durchschnittlich etwa zwei Jahre; im Jahre 1999 waren es 1,8 Jahre (HVBG 2001a). An den laufenden Rentenzahlungen betrug der Anteil der Hautkrankheiten im Jahre 2000 14,5% (11099 Renten); dabei entfiel der größte Anteil dieser Renten (37,1%) auf Versicherte der Bauberufsgenossenschaften (HVBG 2001b).

Was sich aus der niedrigen Anerkennungsquote nicht ergibt, ist die Zahl der Versicherten, bei denen zwar nicht sämtliche Voraussetzungen zur Anerkennung einer BK 5101 vorhanden sind, der Verdacht einer berufsbedingten Erkrankung sich jedoch bestätigt hat. Im Vorfeld der BK-Ziffer 5101 waren das im Jahre 2000 6708 der in diesem Jahr entschiedenen 18122 BK-5101-Verdachtsfälle (37,0%; vgl. Abb. 1.2). Für diesen Personenkreis werden in erheblichem Umfang präventive Leistungen zum Beispiel der Gesundheitspädagogik, ambulanten oder stationären Heilbehandlung oder im Rahmen der Berufshilfe durch die Unfallversicherungsträger erbracht (vgl. Teil II, Versicherungsrechtliche Grundlagen; ferner Kap. 2).

Insgesamt verursachen von allen Berufskrankheiten berufsbedingte Hautkrankheiten seit längerem jährlich die höchsten Kosten für die gesetzliche Unfallversicherung; dies ergibt sich im Wesentlichen durch die Aufwendungen für berufliche Rehabilitationsleistungen bei Hauterkrankten; im Bereich der gewerblichen Berufsgenossenschaften waren im Jahre 2000 – ebenso wie in den Jahren davor – etwa 60% aller Empfänger von Maßnahmen der beruflichen Rehabilitation Versicherte mit Berufsdermatosen (HVBG 1998, 2001; Reiß 1998, 1999, 2001; persönliche Mitteilung M. Butz, 2002; Tabelle 1.5).

Tabelle 1.5. Aufwendungen für Berufsdermatosen im Jahre 2000 im Bereich der gewerblichen Berufsgenossenschaften. Hier sind Aufwendungen für anerkannte Berufskrankheiten nach BK 5101 und für Fälle, in denen sich lediglich der Verdacht einer berufsbedingten Hauterkrankung bestätigt hat (die besonderen versicherungsrechtlichen Tatbestandsmerkmale aber noch nicht vorliegen), zusammengefasst[a] (persönliche Mitteilung Dr. M. Butz, HVBG, 2002)

BK-Kosten Jahr 2000	Versicherte	€
■ Medizinische Rehabilitation	83 008 (100%)	134 614 418,– (100%)
– davon Haut	23 333 (28%)	15 364 704,– (11%)
■ Berufliche Rehabilitation	12 369 (100%)	116 572 218,– (100%)
– **davon Haut**	**7 256 (59%)**	**67 711 392,– (58%)**
■ Summe medizinische und berufliche Rehabilitation	91 507 (100%)	251 186 637,– (100%)
– davon Haut	28 495 (31%)	83 076 097,– (33%)

[a] Bei einigen Versicherten wurden medizinische *und* berufliche Rehabilitationsmaßnahmen durchgeführt, deshalb entsprechen die Daten in der dritten Zeile (Summation) nur approximativ der Addition der Teilmengen aus Zeile 1 und Zeile 2

1.3.3 Gutachtenkollektive

In der Bundesrepublik wurden nach Schätzungen der Unfallversicherungsträger in den 90er Jahren in rund 60% der gemeldeten BK 5101-Verdachtsmeldungen berufsdermatologische Zusammenhangsgutachten in Auftrag gegeben, das entspricht etwa 12 500 dermatologischen Erstgutachten pro Jahr (Plinske 1994).

Die vereinzelten vorliegenden Analysen von Gutachtenkollektiven in der Berufsdermatologie sind epidemiologisch wenig aussagekräftig, weil es sich um hochselektierte Stichproben handelt. In einer Untersuchung in einer westdeutschen Klinik (Würzburg) wurde bei katamnestischer Aufarbeitung von 190 Begutachtungen der Jahre 1984 bis 1989 berichtet, dass die gutachterliche Erstdiagnose in 60% „allergisches Kontaktekzem" gelautet habe (Grothaus et al. 1991). Auch in diesem Kollektiv waren Friseure mit 21% die häufigste Berufsgruppe. Weitere punktuelle Untersuchungen bezüglich gewerbedermatologischer Begutachtungen liegen auch aus anderen Zentren vor (Augst 1992; Bäurle, Nickl, Diepgen 1989; Buhr-Riehm 1987; Gehse et al. 1989; Müller et al. 1991; Özkaya-Bayazit, Özarmagan, Brehler 1997), sind aber wegen unterschiedlicher methodischer Ansätze nur eingeschränkt vergleichbar.

Kürzlich wurde eine vergleichende Analyse der allergologisch-gutachterlichen Diagnostik in zwei gewerbedermatologischen Zentren (Dresden, Osnabrück) vorgelegt. Im Zeitraum von 1994 bis 1998 begutachtete Kollektive wurden bezüglich der vertretenen Berufsgruppen, der beobachteten Allergenspektren und der gestellten Diagnosen untersucht (John et al. 2002). In Dresden (n = 328) und Osnabrück (n = 544) bestanden deutliche Übereinstimmungen hinsichtlich der Alters-, Geschlechts- und Berufsstruktur der Begutachteten. Unterschiede fanden sich in beiden Zentren bei der diagnostischen Bewertung anlagebedingter Hauterkrankungen. Während von den Osnabrücker Gutachtern endogene Dermatosen insgesamt in 46% einzeln oder in Kombination für pathogenetisch relevant gehalten wurden, war dies in Dresden nur in 12% der Fall. Ähnliche Unterschiede in den Diagnoseprofilen der beiden Zentren ergeben sich auch bei differenzierter Betrachtung der bei einzelnen Berufsgruppen vorgenommenen gutachterlichen Einschätzungen und bei Analyse nur der Personen, bei denen eine berufsbedingte Sensibilisierung identifiziert werden konnte. Im Osnabrücker Kollektiv wurden auch bei nachgewiesenen berufsbedingten Sensibilisierungen in fast der Hälfte der Fälle atopische Hautmanifestationen kausal für bedeutsam gehalten (47,3%), in Dresden dagegen nur in 7,8%. Diese Unterschiede der gutachterlichen Diagnostik sind nicht allein durch unterschiedliche geno- und phänotypische Zusammensetzungen der Kollektive zu erklären; vielmehr werden hier unterschiedliche pathogenetische Konzepte offenkundig. Es erscheint im Hinblick auf die Qualitätssicherung in der gewerbedermatologischen Begutachtung erforderlich, vermehrt einheitliche Kriterien für die ätiologische Gewichtung exogener (Irritanzien, Allergene) und endogener (z. B. Atopie) Risikofaktoren für Berufsdermatosen zu entwickeln.

Literatur

1. Agrup G (1969) Hand eczema and other dermatoses in South Sweden. Acta Derm Venereol (Stockh) 49, Suppl 61
2. Augst P (1992) Gewebedermatologische Aspekte des berufsbedingten Kontaktekzems unter besonderer Berücksichtigung gutachterlicher Beurteilung. Dermatosen 40:198–199
3. Backes-Gellner U (1998) Kosten von Berufsdermatosen – betriebswirtschaftliche Kosten. Vortrag. Krefelder Hautschutztag, 21.6.1998; Krefeld
4. Bauer A, Kelterer D, Stadeler M et al. (2001) The prevention of occupational hand dermatitis in bakers, confectioners and employees in the catering trades: preliminary results of a skin prevention program. Contact dermatitis 44:85–88
5. Bauer A, Seidel A, Bartsch R, Wollina U, Gebhardt M, Diepgen TL (1997) Entwicklung von Hautproblemen bei Berufsanfängern in Hautrisikoberufen. Allergologie 20:179–183
6. Bäurle G, Nickl J, Diepgen TL (1989) Hautarztverfahren, BK-Meldung, Begutachtung sowie Folgen für die berufliche Rehabilitation. Dermatosen 7:221–222
7. Berndt U, Hinnen U, Iliev D, Elsner P (1999) Role of the atopy score and of single atopic features as risk factors for the development of hand eczema in trainee metalworkers. Br J Dermatol 140:922–924
8. Bruns H, Münx G (1968) Statistische Auswertung der Berufserkrankungen der Haut im Bezirk Halle/S. von 1961–1966. Dermatol Wschr 154: 553–555
9. Budde U, Schwanitz HJ (1991) Kontaktdermatiden bei Auszubildenden des Friseurhandwerks in Niedersachsen. Dermatosen 39:41–48
10. Buhr-Riehm B (1987) Zum Schicksal von Patienten mit Berufsdermatosen 4 bis 5 Jahre nach der ersten Begutachtung. Inaugural-Dissertation, Göttingen
11. Coenraads JP, Smit J (1995) Epidemiology. In: Rycroft RJG, Menné T, Frosch PJ (eds) Textbook of contact dermatitis, 2nd edition. Springer, Berlin, Heidelberg, New York, pp 123–150
12. Coenraads JP, Smit J (1995) Epidemiology. In: Rycroft RJG, Menné T, Frosch PJ (eds) Textbook of contact dermatitis, 2nd edition. Springer, Berlin, Heidelberg, New York, pp 123–150
13. Coenraads JP, Diepgen TL, Smit J (2001) Epidemiology. In: Rycroft RJG, Menné T, Frosch PJ, Lepoittevin JP (eds) Textbook of contact dermatitis, 3rd edition. Springer, Berlin, Heidelberg, New York, pp 311–354
14. Coenraads JP, Nater JP, Van der Lende R (1983) Prevalence of eczema and other dermatoses of the hands and forearms in the Netherlands. Association with age and occupation. Clin Exp Dermatol 8:495–503
15. Dickel H, Bruckner T, Bernhard-Klimt C, Koch T, Scheidt R, Diepgen TL (2002b) Surveillance scheme for occupational skin disease in the Saarland, FRG: report from the BKH-S. Contact dermatitis (in press)
16. Dickel H, Kuss O, Schmidt A, Kretz J, Diepgen TL (2002a) Importance of irritant dermatitis in occupational skin disease. Am J Clin Dermatol (in press)
17. Dickel H, Kuss O, Schmidt A, Schmitt J, Diepgen TL (2001) Inzidenz berufsbedingter Hautkrankheiten in hautgefährdenden Berufsordnungsgruppen. Hautarzt 52:615–623
18. Diepgen TL (1999) Epidemiologie und Begutachtung von Berufsdermatosen. Vortrag. 40. Tagung der DDG, Hamburg, 12.–15.5.1999
19. Diepgen TL, Coenraads JP (2000) The epidemiology of occupational contact dermatitis. In: Kanerva L, Elsner P (eds) Handbook of occupational dermatology. Springer, Heidelberg, New York, pp 3–16
20. Diepgen TL, Coenraads PJ (1999) The epidemiology of occupational contact dermatitis. Arch Occup Environ health 72:496–506
21. Diepgen TL, Pilz B, Schmidt A, Hüner A, Huber A, Hornstein OP, Frosch PJ, Fartsch M (1993) Berufsbedingte Hauterkrankungen bei Auszubildenden im Friseur- und Krankenpflegeberuf. Konzept einer prospektiven Längsschnittstudie. Allergologie 16:369–403
22. Diepgen TL, Schmidt A, Berg A, Plinske W (1995) Berufliche Rehabilitation von hautkranken Beschäftigten. Dt Ärztebl 92:A31–A40
23. Diepgen TL, Schmidt A, Pilz B, Frosch PJ, Fartasch M (1996) Prospektive Längsschnittstudie bei Auszubildenden des Friseurhandwerks. In: Schriftenreihe der Bundesanstalt für Arbeitsmedizin (Hrsg) Tagungsbericht 8, Gesundheitsgefährdung im Friseurhandwerk, Wirtschaftsverlag NW, Bremerhaven, S. 19–39
24. Diepgen TL, Schmidt A, Schmidt M, Fartasch M (1992) Epidemiologie berufsbedingter Hautkrankheiten in Nordbayern. In: Kreutz R, Piekarski (Hrsg) Verhandlungen der Deutschen Gesellschaft für Arbeitsmedizin. Arbeitsmedizinisches Kolloquium der gewerblichen Berufsgenossenschaften. Gentner Verlag, Stuttgart. S. 198–203
25. Diepgen TL, Schmidt M, Fartasch M (1994) Berufsekzeme und Berufskrankheitsverfahren – epidemiologische Aspekte. Allergologie 17:84–89
26. Drexler H (2000) Einführung. 40. Jahrestagg. Deutsche Gesellschaft für Arbeitsmedizin und Umweltmedizin, 15.–18.5.2000, Berlin
27. Duus Johansen J, Andersen TF, Thomsen LK, Kjoller M, Menne T (2000) Rash related to use of scwented products. A questionaire study in

the Danish population. Is the problem increasing? Contact dermatitis 42:222–226
28. Frosch PJ, Rustemeyer T, Schnuch A (1996) Kontaktdermatitis. Teil I. Hautarzt 47:874–882
29. Funke U, Fartasch M, Diepgen TL (2001) Incidence of work-related hand eczema during apprenticeship: first results of a prospective cohort study in the car industry. Contact Dermatitis 44:166–172
30. Gehse J (1989) Die Irritationsbereitschaft gegen Tenside bei Gewebeekzemen im Friseur- und Krankenpflegeberuf sowie bei Neurodermitikern. Seifen-Öle-Fette-Wachse 115:159–160
31. Geier J, Lessmann H, Schnuch A, Adam M (2001) Aktuelle und alte Allergene in Kühlschmierstoffen. 6. Tagung der Arbeitsgemeinschaft für Berufs- und Umweltdermatologie (ABD), Jena, 29.–31. März 2001. Dermatologie in Beruf und Umwelt 49:30
32. Geier J, Schnuch A (2000 b) Erste Ergebnisse eines Forschungsvorhabens „Frühzeitige Erkennung allergener Stoffe bei beruflicher und nichtberuflicher Exposition" FaSt. 4. Dermatologisches Alpenseminar, Grainau, 1.–4. Juni 2000. Allergologie 23:274
33. Geier J, Schnuch A (2000 a) FaSt* – a research project on early detection of occupational and non-occupational contact allergens. *acronym from the German project title „Frühzeitige Erkennung allergener Stoffe bei beruflicher und nichtberuflicher Exposition", 5th Congress of the European Society of Contact Dermatitis, Amsterdam, 11.–13. Mai 2000. Contact Dermatitis 42, Suppl. 2:22
34. Geier J, Schnuch A (2000 c) Aktuelle Berufsallergene – Ergebnisse der FaSt-Studie. 2. Gemeinschaftstagung der Deutschen Kontaktallergiegruppe (DKG), des Informationsverbundes Dermatologischer Kliniken (IVDK) und der Arbeitsgemeinschaft für Berufs- und Umweltdermatologie (ABD), Pullach, 8. und 9. Sept. 2000. Dermatologie in Beruf und Umwelt 48:145–146
35. Grothaus W, Müller W, Burg G, Hartmann AA (1991) Berufsdermatologische Gutachten und die Folgen. Eine Follow-up-Studie. Zbl Hautkr 66: 951–953
36. Hauptverband der gewerblichen Berufsgenossenschaften [HVBG] (1995) BK-DOK 1993. Dokumentation des Berufskrankheiten-Geschehens in der Bundesrepublik Deutschland 1993. HVBG, St. Augustin
37. Hauptverband der gewerblichen Berufsgenossenschaften [HVBG] (1998 a) Geschäfts- und Rechnungsergebnisse der gewerblichen Berufsgenossenschaften 1997. HVBG, Sankt Augustin
38. Hauptverband der gewerblichen Berufsgenossenschaften [HVBG] (1998 b) BK-DOK 1996. Dokumentation des Berufskrankheiten-Geschehens in Deutschland. HVBG, Sankt Augustin
39. Hauptverband der gewerblichen Berufsgenossenschaften [HVBG] (2000) Geschäfts- und Rechnungsergebnisse der gewerblichen Berufsgenossenschaften 1999. HVBG, Sankt Augustin
40. Hauptverband der gewerblichen Berufsgenossenschaften [HVBG] (2001 a) BK-DOK '99. Dokumentation des Berufskrankheiten-Geschehens in der Bundesrepublik Deutschland. HVBG, St. Augustin
41. Hauptverband der gewerblichen Berufsgenossenschaften [HVBG] (2001 b) Geschäfts- und Rechnungsergebnisse der gewerblichen Berufsgenossenschaften 2000. HVBG, Sankt Augustin
42. Hermann-Kunz E (2000) Allergische Krankheiten in Deutschland. Ergebnisse einer repräsentativen Studie. Bundesgesundheitsbl-Gesundheitsforsch-Gesundheitsschutz 43:400–406
43. John S, Uter W, Richter G, Schwanitz HJ (2002) Unterschiede und Gemeinsamkeiten in der Begutachtung gemäß Berufskrankheiten-Nr. 5101 an zwei berufsdermatologischen Zentren. Dermatol Beruf Umwelt/Occup Environ Dermatol 50:218–231
44. John SM (2001) Klinische und experimentelle Untersuchungen zur Diagnostik in der Berufsdermatologie. Konzeption einer wissenschaftlich begründeten Qualitätssicherung in der sozialmedizinischen Begutachtung. In: Schwanitz HJ (Hrsg) Studien zur Prävention in Allergologie, Berufs- und Umweltdermatologie (ABU 4). Universitätsverlag Rasch, Osnabrück
45. Johnson MLT, Roberts J (1978) Skin conditions and related need for medical care among persons 1–74 years. Vital Health Statistics 11:37–40
46. Kavli G, Förde OH (1984) Hand dermatoses in Tromsö. Contact Derm 10:174–177
47. Laubstein H, Mönnich HT (1968) Zur Epidemiologie der Berufsdermatosen. (I) Dermatol Wschr 154:649–667
48. Laubstein H, Mönnich HT (1974) Zur Epidemiologie der Berufsdermatosen. (II) Dermatol Mschr 160:305–317
49. Laubstein H, Mönnich HT (1980) Zur Epidemiologie der Berufsdermatosen. (III) Dermatol Mschr 166:369–381
50. Mathias CGT (1985) The cost of occupational skin disease. Arch Dermatol 121:1519–1524
51. Meding B, Swanbeck G (1989) Epidemiology of different types of hand eczema in an industrial city. Acta Derm Venereol (Stockh) 69:227–233
52. Müller W, Grothaus W, Elsner P, Burg G (1991) Berufsdermatologische Gutachten und die Folgen – eine Follow-up-Studie. Zbl Hautkr 158:678
53. Nielsen NH, Linneberg A, Menne T, Madsen F, Frolund L, Dirksen A, Jorgensen T (2001) Allergic contact sensitisation in an adult Danish population. Two cross-sectional surveys eight years

apart (the Copenhagen allergy study). Acta derm Venereol 81:31-34
54. Özkaya-Bayazit E, Özarmagan G, Brehler R (1997) Das Friseurekzem. Ergebnisse einer retrospektiven Studie. Dermatosen 45:214-220
55. Plinske W (1994) Das berufsdermatologische Gutachten im Verwaltungsverfahren. In: HVBG (Hrsg) BK Haut in der Begutachtung. Bericht über das Fachgespräch am 18. und 19. November 1993 in Bamberg. HVBG, St. Augustin, S. 25-30
56. Rea JN, Newhouse ML, Halil T (1976) Skin disease in Lambeth. A community study of prevalence and use of medical care. Brit J Prev Soc Med 30:107-114
57. Reiß S (1998) Umfang der Versicherung, Unfälle und Berufskrankheiten sowie Leistungsaufwendungen bei den gewerblichen Berufsgenossenschaften im Jahre 1997. Die BG August: 475-491
58. Reiß S (1999) Umfang der Versicherung, Unfälle und Berufskrankheiten sowie Leistungsaufwendungen bei den gewerblichen Berufsgenossenschaften im Jahre 1998. Die BG August: 477-490
59. Reiß S (2001) Unternehmen und Versicherte, Unfälle und Berufskrankheiten sowie Leistungsaufwendungen bei den gewerblichen Berufsgenossenschaften im Jahre 2000. Die BG August: 419-432
60. Richter G (1978) Arbeitsdermatosen im Bezirk Dresden 1962-1975. Ergebnisse und Probleme der EDV in der Dermatologie. I. Derm Mschr 164:36-50
61. Riehl U (2001) Interventionsstudie zur Prävention von Hauterkrankungen bei Auszubildenden des Friseurhandwerks. In: Schwanitz HJ (Hrsg) Studien zur Allergologie, Berufs- und Umweltdermatologie (ABU 3). Universitätsverlag Rasch, Osnabrück
62. Riehl U, Schwanitz HJ (1998) Aktuelles zum Friseurekzem. Arbeitsmed Sozialmed Umweltmed 33:58-63
63. Rothe A, Bräunlich A (1991) Zur Epidemiologie der Berufsdermatosen in der ehemaligen DDR. In: Ring J (Hrsg) Epidemiologie allergischer Erkrankungen, MMV Medizin Verlag, München, pp 83-97
64. Rycroft RJG (1995) Occupational contact dermatitis. In: Rycroft RJG, Menné T, Frosch PJ (eds.) Textbook of contact dermatitis, 2nd edition. Springer, Berlin, Heidelberg, New York, pp 343-400
65. Schäfer T, Böhler E, Wichmann HE, Filipak B, Ring J (2000) Die KORA-Allergie-Studie: Ergebnisse der Epikutantestung. Allergo Journal 9:474-479
66. Schlesinger T, Revermann K, Schwanitz HJ (2001) Dermatosen bei Auszubildenden des Friseurhandwerks in Niedersachsen. Ein Vergleich zwischen 1989, 1994 und 1999. Dermat Beruf Umwelt/Occup Environ Dermatol 49:185-192
67. Schnuch A, Butz M (1993) Kosten berufsbedingter Hauterkrankungen für die Berufsgenossenschaften. Eine Argumentation für die Verhütung des Kontaktekzems. Dermatosen 41:10-19
68. Schnuch A, Uter W (2000) The role of clinical epidemiology in the study of occupational contact dermatitis. In: Kanerva L, Elsner P (eds.) Handbook of occupational dermatology. Springer, Heidelberg, New York, pp 17-26
69. Schnuch A (1994) Die Verbreitung des Kontaktekzems in der Allgemeinbevölkerung und in verschiedenen Berufen. In: Fuchs E, Schulz K-H (Hrsg) Manuale allergologicum. Dustri, Deisenhofen, Kap. V 16.2, S. 1-42
70. Schnuch A, Geier J (1994) Nachrichten aus dem IVDK: Das multizentrische Projekt IVDK und seine Partner. Dermatosen in Beruf und Umwelt 42:208-209
71. Schnuch A, Lehmacher W (1992) Epidemiologische Überwachung des Kontaktekzems - Darstellung des Projektes „Informationsverbund Dermatologischer Kliniken" (IVDK) in Anlehnung an die „Guidelines for Evaluating Surveillance Systems" des Center of Disease Control (CDC). Dermatosen in Beruf und Umwelt 40:177-189
72. Schwanitz HJ (2001) Aktuelle Ergebnisse zur Prävention von Berufsdermatosen. In: Schwanitz HJ, Szliska C (Hrsg) Berufsdermatosen. Dustri, München, 12.1-12.9
73. Tacke J, Schmidt A, Fartasch M et al. (1995) Occupational contact dermatitis in bakers, confectioners and cooks. A population-based study. Contact Dermatitis 33:112-117
74. Uter W (1999) Epidemiologie und Prävention von Handekzemen in Feuchtberufen am Beispiel des Friseurhandwerks. In: Schwanitz HJ (Hrsg) Studien zur Prävention in Allergologie, Berufs- und Umweltdermatologie (ABU 2). Universitätsverlag Rasch, Osnabrück
75. Uter W, Gefeller O, Schwanitz HJ (1995a) Einfluß von Hautempfindlichkeit und Arbeitsschutzmaßnahmen auf die Manifestation von Berufsekzemen bei Friseuren. Allergologie 18:312-315
76. Uter W, Gefeller O, Schwanitz HJ (1995b) Frühe irritative Hautschäden bei Friseurlehrlingen. Hautarzt 46:771-778
77. Uter W, Pfahlberg A, Gefeller O, Schwanitz HJ (1998a) Risk factors for hand dermatitis in hairdressing apprentices. Results of the „prevention of occupational skin disease in hairdressers" study. Dermatosen 46:151158
78. Uter W, Schnuch A, Geier J, Frosch PJ (1998b) Epidemiology of contact dermatitis. The Information Network of Departments of Dermatology (IVDK) in Germany. European Journal of Dermatology 8:36-40

79. Uter W, Diepgen TL, Arnold R, Hillebrand O et al (1992) The Informational Network of Departments of Dermatology in Germany – a Multicenter Project for Computer-assisted Monitoring of Contact Allergy – Electronic Data Processing Aspects. Dermatosen in Beruf und Umwelt 40:142–149
80. Uter W, Geier J, Schnuch A (2000b) Current pattern and trends in sensitization to hairdressers allergens in Germany. Dermatologie in Beruf und Umwelt 48:55–59
81. Uter W, Geier J, Schnuch A (for the IVDK study group) (2000a) Downward trend of sensitization to glyceryl monothioglycolate in German hairdressers. Dermatology 200:132–133
82. Ziegler V, Süss E, Allshali B, Hasert K (1972) Analyse der berufsbedingten Kontaktekzeme im Bezirk Leipzig von 1957 bis 1970. Dt Gesundheits-Wesen 27:698–702

1.4 Fakten und Thesen

1. Berufsbedingte Hautkrankheiten (BK 5101) stehen an der Spitze der gemeldeten Berufskrankheiten (derzeit über 20000 Meldungen jährlich in der BRD); die Inzidenz liegt durchschnittlich bei ca. 7 Erkrankungsfällen pro 10000 Beschäftigten in Hautrisikoberufen.
2. Die volkswirtschaftlichen Folgekosten berufsbedingter Hautkrankheiten sind hoch (>1,5 Milliarden € p.a.).
3. Von allen Berufskrankheiten verursacht die BK 5101 jährlich die höchsten Kosten in der gesetzlichen Unfallversicherung (derzeit ca. 60% der insgesamt für berufliche Rehabilitation aufgewendeten Leistungen).
4. Berufsbedingte Hauterkrankungen machen zwar über ein Viertel der jährlichen Verdachtsmeldungen aus, aber nur etwa 10% der jährlichen Anerkennungen einer Berufskrankheit. Dies hängt mit den besonderen versicherungsrechtlichen Voraussetzungen für die Anerkennung zusammen. Nur etwa ein Drittel der anerkannten Berufskrankheiten nach BK 5101 münden in eine Rentenzahlung, in der Mehrzahl der Fälle resultiert keine entschädigungspflichtige Minderung der Erwerbsfähigkeit.
5. Zu über 90% handelt es sich bei berufsbedingten Hautkrankheiten um Handekzeme. Diese sind durch heterogene Pathogenesen (irritativ, allergisch, atopisch) gekennzeichnet, Mischformen sind häufig, die Übergänge vielfach fließend. Die komplexe Differentialdiagnostik stellt Gutachter häufig vor eine schwere Aufgabe.

2 Präventionsmaßnahmen

H. J. SCHWANITZ

Die Berufsdermatologie hat sich in Deutschland als eine sozialmedizinische Disziplin in der Folge der deutschen Unfallgesetzgebung entwickelt, die im Jahre 1884 eingeführt wurde und das Ziel hatte, berufsbedingt erkrankten Arbeitern eine Unfallrente gewähren zu können. Am 12.05.1925 erging die erste „Verordnung über die Ausdehnung der Unfallversicherung auf gewerbliche Berufskrankheiten". Durch diese Verordnung wurden bestimmte gewerbliche Berufskrankheiten entschädigungsfähig, die durch chronische Einwirkungen beruflicher Noxen entstanden waren und nicht als akute Unfallfolge subsummiert werden konnten. Am 11.02.1929 wurde die zweite „Verordnung über die Ausdehnung der Unfallversicherung auf Berufskrankheiten" verabschiedet, und diese Verordnung erhält erstmals als Berufskrankheiten „Chronische und chronisch-rezidivierende Hauterkrankungen durch exotische Holzarten".

In der geltenden Berufskrankheitenverordnung (BKV) heißt es im § 3:

„Besteht für einen Versicherten die Gefahr, dass eine Berufskrankheit entsteht, wiederauflebt oder sich verschlimmert, so hat der Träger der Unfallversicherung mit allen geeigneten Mitteln dieser Gefahr entgegenzuwirken...".

Diese Aussage, die die Träger der Unfallversicherung maximal im Interesse der Versicherten verpflichtet, präventiv tätig zu sein, ist mit ihrem uneingeschränkten Anspruch eine Besonderheit im System der bundesdeutschen Sozialgesetzgebung. Sie ermöglicht einen maximalen Einsatz der Berufsgenossenschaften im Rahmen der sekundären Prävention, also immer dann, wenn sich erste Zeichen einer berufsbedingten Erkrankung manifestieren (s. 2.2).

■ **Definition.** Unter Prävention werden in diesem Kapitel alle Maßnahmen subsummiert, die der Vermeidung, der Entstehung einer Erkrankung, der Erkennung von Risiken und der Aufklärung von gefährdeten Personen dienen, die Früherkennung wie Einleitung einer möglichst umgehenden Therapie fördern und bei einer Erkrankung die Vermeidung oder Abmilderung von somatischen, psychischen oder sozialen Folgeschäden intendieren.

2.1 Primäre Prävention

■ **Definition.** Die Primärprävention von Berufsdermatosen umfasst technisch-organisatorische Maßnahmen zur Beseitigung bzw. Verminderung von (Teil-) Ursachen, die einerseits am Arbeitsplatz pathogenetisch relevant sein können. Andererseits wird z. B. durch die persönliche Schutzausrüstung die Toleranz gegenüber Noxen am Arbeitsplatz für die exponierten Personen gesichert. Primärprävention richtet sich an alle potentiell beruflich gefährdeten Personen und impliziert insbesondere auch die Versicherten, die bereits eine genetische Prädisposition zur Entwicklung von Dermatosen haben, wie z. B. Personen mit atopischer Hautdisposition. Ziel der Primärprävention ist grundsätzlich die Vermeidung von Berufsdermatosen, realistisch ist die Absenkung der Inzidenz insbesondere toxischer und allergischer Kontaktekzeme (BK-Ziffer 5101) sowie von Malignomen gemäß BK-Ziffer 5102.

Gemäß dieser Definition sind berufsbedingte Hauterkrankungen durch den Beruf bedingt oder mitverursacht. Die Planung präventiver Maßnahmen sowie deren Evaluation setzen gesicherte epidemiologische Daten voraus (siehe Kap. 1). Neben allgemeinen Angaben zur Prävalenz (Erkrankungshäufigkeit) und Inzidenz (Neuerkrankungsrate) ist für die Praxis unmittelbar relevant der wissenschaft-

liche Zusammenhang zwischen anlagebedingter Hautempfindlichkeit und dem Risiko, ein berufsbedingtes Handekzem zu entwickeln, einerseits und dem Effekt von Haut- und Arbeitsschutzmaßnahmen auf die Manifestation von Hautschäden andererseits. Primäre Prävention kann verschiedene Zielgruppen haben:
- Arbeitnehmer als potentiell Gefährdete
- Arbeitgeber als Verantwortliche für den allgemeinen Arbeitsschutz und
- (gerade in Klein- und Mittelbetrieben) ebenfalls potentiell Gefährdete
- die Industrie als Zulieferer potentiell gefährdender Arbeitsstoffe
- die Verbraucher als Teil der Öffentlichkeit, der Dienstleistungen oder Waren erwirbt,
- die Berufsgenossenschaften als zuständiger Träger der Unfallversicherung
- Krankenkassen (und z.T. Rentenversicherungsträger) als weitere involvierte Institutionen der Sozialversicherung
- die staatliche Legislative (Arbeitsschutzgesetzgebung) und Exekutive (Gewerbeaufsichtsamt) und
- diverse Meinungsmultiplikatoren: Lehrkräfte in der Sekundarstufe, insbesondere an berufsbildenden Schulen, in Meisterkursen und bei Maßnahmen der beruflichen Bildung
- Ärzte, insbesondere Dermatologen und Arbeitsmediziner
- Fachmedien und öffentliche Medien

Wir konnten in den letzten 10 Jahren zeigen, dass sich Prävention optimieren lässt, wenn die o.g. Zielgruppen koordiniert miteinander unter Zugrundelegung eines gemeinsamen Konzeptes und bei jeweiliger Eigenverantwortlichkeit für Teilbereiche arbeiten (Netzwerk-Konzept).

2.1.1 Gesetzliche Regelungen

Das Jugendarbeitsschutzgesetz (Auszug in Anlage 1) erfasst vor Aufnahme der Berufstätigkeit Personen zwischen dem 14. und 18. Lebensjahr. Berufseingangsuntersuchungen werden ganz überwiegend von praktischen Ärzten oder Allgemeinmedizinern vorgenommen. Hierbei wird in weniger als 1% der Fälle eine Dermatose diagnostiziert.

Der § 38 des Jugendarbeitsschutzgesetzes befasst sich mit den „Ergänzungsuntersuchungen", die eine Möglichkeit darstellen, im Rahmen der Berufseingangsuntersuchung Spezialisten zu involvieren, wenn es Unsicherheiten bei der diagnostischen Einordnung gibt. Dies wird bisher bei Dermatosen nur sehr spärlich (weniger als 1 Promille) genutzt. Als Anlage 2 ist der Untersuchungsbogen (Ergänzungsuntersuchung) beigefügt.

Der aktuelle „berufsgenossenschaftliche Grundsatz 24" (G 24) ist in der Anlage 3 wiedergegeben. Hier wird dem aktuellen Stand des Wissens folgend die atopische Hautdisposition besonders beachtet. Die im G 24 vorgesehenen arbeitsmedizinischen Vorsorgeuntersuchungen werden allerdings in den verbindlichen Unfallverhütungsvorschriften „Arbeitsmedizinische Vorsorge" (VBG 100) nicht erwähnt und sind damit nicht rechtsgültig, d.h. der Arbeitgeber kann, aber muss sie nicht umsetzen.

Der Hautschutz zur Prävention von Berufsdermatosen ist ein Teil des Arbeitsschutzes und bedeutet überwiegend „Handschutz". Hierbei hat der Gesetzgeber dem Arbeitgeber eine Bereitstellungspflicht, dem Arbeitnehmer eine Anwendungspflicht auferlegt. So sollen die Risiken, die nach Ausschöpfung der technischen und organisatorischen Schutzmaßnahmen bleiben, minimiert werden. Das duale System des Arbeitsschutzes in der Bundesrepublik Deutschland basiert einerseits auf dem staatlichen Arbeitsschutz und andererseits auf den Arbeitsschutzvorschriften der Unfallversicherungsträger. Während z.B. der staatliche Arbeitsschutz durch die Gewerbeaufsichtsämter überwacht wird, setzen die Unfallversicherungsträger technische Aufsichtsdienstbeamte ein. Der Gesetzgeber hat als zentrale Regularien das *Arbeitsschutzgesetz* verabschiedet, welches die EU-Rahmenrichtlinien zum Arbeitsschutz und weitere Richtlinien in deutsches Recht übertragen hat. Das Gesetz zielt darauf ab, Sicherheit und Gesundheitsschutz der Beschäftigten bei der Arbeit umfassend zu sichern und zu verbessern. Im *Sozialgesetzbuch VII* sind die Rechtsgrundlagen zur Verhütung von Arbeitsunfällen, Berufskrankheiten und arbeitsbedingten Gesundheitsgefahren durch Unfallverhütungsvorschriften geregelt.

Primäre Prävention ■ 19

Anlage 1
Blatt 1

Zum Verbleib beim untersuchenden Arzt

Stempel des Arztes		Tag der Untersuchung

Untersuchungsbogen

Erstuntersuchung nach § 32 Abs. 1 Jugendarbeitsschutzgesetz (JArbSchG)

Name, Vorname, Geburtsdatum des Jugendlichen

Straße, Hausnummer, Postleitzahl, Wohnort

Beabsichtigte berufliche Tätigkeit

Name, Vorname, Postanschrift des Personensorgeberechtigten (falls abweichend von der Postanschrift des Jugendlichen)

	nein	unbekannt	ja
Zutreffendes bitte ☒ ankreuzen	☐	☐	☐
Erhebungsbogen liegt vor	☐		☐
Alter des Jugendlichen (Jahre)			
männlich			☐
weiblich			☐

Die Anamnese ist vom untersuchenden Arzt zu erheben!

1 Familienvorgeschichte

auffällig	☐		☐

Bei den Eltern und Geschwistern sind folgende Krankheiten /Behinderungen bekannt:

Allergie	☐	☐	☐	
Asthma	☐	☐	☐	
Hautkrankheiten	☐	☐	☐	
Zuckerkrankheit	☐	☐	☐	
Bluthochdruck	☐	☐	☐	
Herz-Kreislauf-Krankheiten	☐	☐	☐	
Anfallsleiden	☐	☐	☐	
andere Krankheiten	☐	☐	☐	welche: _____

2 Krankheitsvorgeschichte des Jugendlichen

auffällig	☐		☐

2.1 Krankheiten/Behinderungen   Erläuterungen (Häufigkeit; Zeitpunkt; Diagnosen)

Rheumatisches Fieber	☐	☐	☐	_____
wiederholt Mandelentzündungen	☐	☐	☐	_____
wiederholt Bronchitis	☐	☐	☐	_____
Allergien	☐	☐	☐	_____
Asthma	☐	☐	☐	_____

Präventionsmaßnahmen

— 2 — Anlage 2

	nein	unbekannt	ja	Erläuterungen (Häufigkeit; Zeitpunkt, Diagnosen)
Zutreffendes bitte [X] ankreuzen	☐	☐	☐	
Hautkrankheiten	☐	☐	☐	_____
Augenkrankheiten	☐	☐	☐	_____
Ohrenkrankheiten	☐	☐	☐	_____
Magen-Darm-Krankheiten	☐	☐	☐	_____
Blasen-Nieren-Krankheiten	☐	☐	☐	_____
Wirbelsäulen-Krankheiten	☐	☐	☐	_____
andere Knochen-Gelenk-Krankheiten	☐	☐	☐	_____
Zuckerkrankheit	☐	☐	☐	_____
Herz-Kreislauf-Krankheiten	☐	☐	☐	_____
Anfallsleiden	☐	☐	☐	_____
andere Krankheiten/Behinderungen	☐	☐	☐	welche: _____
2.2 angeborene Schäden/Behinderungen	☐		☐	welche: _____
2.3 Operationen	☐		☐	welche: _____
				wann: _____
noch Beschwerden	☐		☐	welche: _____
2.4 Unfälle	☐		☐	welche: _____
				wann: _____
noch Beschwerden/Folgen	☐		☐	welche: _____

2.5 Häufige Beschwerden

	nein		ja	
Husten/Auswurf	☐		☐	_____
Atemnot	☐		☐	_____
Schwindel	☐		☐	_____
Ohnmacht	☐		☐	_____
Kopfschmerz	☐		☐	_____
Übelkeit/Erbrechen	☐		☐	_____
Schlafstörungen	☐		☐	_____
Allergische Reaktionen	☐		☐	_____
Hautausschläge	☐		☐	_____
sonstige	☐		☐	welche: _____
bei weiblichen Jugendlichen: Zyklusstörungen, erhebliche Menstruationsbeschwerden	☐		☐	
2.6 Zur Zeit sonstige Beschwerden	☐		☐	welche: _____
2.7 Zur Zeit in ärztlicher Behandlung	☐		☐	Grund: _____
2.8 Zur Zeit eingenommene Medikamente	☐		☐	welche: _____

	nein	gelegentlich	täglich	
2.9 Alkoholkonsum	☐	☐	☐	
2.10 Rauchen	☐	☐	☐	
2.11 Drogen	☐	☐	☐	welche: _____

	nein		ja	
2.12 Uneingeschränkte Teilnahme am Schulsport	☐		☐	
Andere regelmäßige sportliche Betätigung	☐		☐	Sportart: _____

Diese Bescheinigung hat der Arbeitgeber nach § 41 Abs. 1 JArbSchG aufzubewahren!

Stempel des Arztes

Ärztliche Bescheinigung für den Arbeitgeber*

Erstuntersuchung nach § 32 Abs. 1 Jugendarbeitsschutzgesetz (JArbSchG)

Name, Vorname, Geburtsdatum des Jugendlichen

Straße, Hausnummer, Postleitzahl, Wohnort

Zutreffendes bitte ☒ ankreuzen

Aufgrund der Untersuchung halte ich die Gesundheit des Jugendlichen durch die Ausübung nachstehend angekreuzter Arbeiten für gefährdet*

	entfällt ☐	ja ☐
Es ist zu erwarten, daß diese Arbeiten die Gesundheit	vorübergehend ☐	dauernd gefährden. ☐
4.1 Arbeiten überwiegend im		
— Stehen	☐	☐
— Gehen	☐	☐
— Sitzen	☐	☐
— Bücken	☐	☐
— Hocken	☐	☐
— Knien	☐	☐
4.2 Arbeiten mit häufigem Heben, Tragen oder Bewegen von Lasten ohne mechanische Hilfsmittel	☐	☐
4.3 Arbeiten, die die volle Gebrauchsfähigkeit beider		
— Hände	☐	☐
— Arme	☐	☐
— Beine	☐	☐
erfordern.		
4.4 Arbeiten mit erhöhter Absturzgefahr	☐	☐

* Die Bescheinigung ist dem Arbeitgeber umgehend zuzuleiten.
** Nach § 40 Abs. 1 JArbSchG darf der Jugendliche mit diesen Arbeiten nicht beschäftigt werden.

Art.-Nr. 08000 Deutscher Ärzte-Verlag GmbH, Dieselstr. 2, 50859 Köln (Lövenich), Telefon (02234) 7011-0 Telefax-Nr. (02234) 7011470

22 ■ Präventionsmaßnahmen

— 2 —

	vorübergehend	dauernd
Zutreffendes bitte ☒ ankreuzen	☐	☐
4.5 Arbeiten überwiegend bei		
— Kälte	☐	☐
— Hitze	☐	☐
— Nässe	☐	☐
— Zugluft	☐	☐
— starken Temperaturschwankungen	☐	☐
4.6 Arbeiten unter Einwirkung von		
— Lärm	☐	☐
— mechanischen Schwingungen/Erschütterungen		
auf die Hände und Arme	☐	☐
auf den ganzen Körper	☐	☐
4.7 Arbeiten mit besonderer Belastung der Haut	☐	☐
4.8 Arbeiten mit besonderer Belastung der Schleimhäute der Atemwege durch Stäube, Gase, Dämpfe, Rauche	☐	☐
4.9 Arbeiten, die		
— volle Sehkraft ohne Sehhilfe	☐	☐
— Farbtüchtigkeit	☐	☐
erfordern.		
4.10 Sonstige Arbeiten: _____	☐	☐

_____   _____
(Ort, Datum der abschließenden Beurteilung)   (Unterschrift d. untersuchenden Arztes)

Zur Beachtung: Vor Ablauf des ersten Beschäftigungsjahres ist eine Nachuntersuchung erforderlich. Falls die öffentliche Berufsberatung in Anspruch genommen wird, sollte ihr von dem Personensorgeberechtigten im Interesse des Jugendlichen das vorstehende Untersuchungsergebnis mitgeteilt werden.

Anlage 2
Blatt 1

Überweisung zur Ergänzungsuntersuchung

nach § 38 des Jugendarbeitsschutzgesetzes vom 12. April 1976 (BGBl. I. S. 965) zum Untersuchungsberechtigungsschein nach § 2 der Verordnung über die ärztlichen Untersuchungen nach dem Jugendarbeitsschutzgesetz vom 2. Oktober 1961 (BGBl. I S. 1789) in der jeweils geltenden Fassung

ausgegeben von _____ am _____

Name des Arztes Datum
(Stempel)

Der/Die Jugendliche _____, geb. am _____
(Name, Vorname)

wohnhaft in _____

wird von mir erstuntersucht — erstmals nachuntersucht — wiederholt nachuntersucht — außerordentlich nachuntersucht — auf Veranlassung des Staatlichen Gewerbeaufsichtsamts/Bergamts untersucht. Zur abschließenden Beurteilung des Gesundheitszustandes ist folgende ärztliche Ergänzungsuntersuchung notwendig:

_____
_____

Ich bitte, diese Untersuchung vorzunehmen und den Befund unten (Anlage 6 Blatt 1) einzutragen.

Name des Arztes Datum
(Stempel)

Befundbericht

Die oben erbetene Untersuchung habe ich durchgeführt.
Folgender Befund wurde dabei erhoben:

_____
_____
_____
_____

Urschriftlich zurückgesandt.

Unterschrift)

Deutscher Ärzte-Verlag GmbH, Dieselstraße 2, 50859 Köln (Lövenich), Telefon (02234) 7011-0, Telefax (02234) 7011470

Verleger-Beilage in »Arbeitsmedizin Sozialmedizin Umweltmedizin« Heft 6, Juni 1996
Gentner Verlag Stuttgart, Postfach 10 17 42, 70015 Stuttgart

Vorwort zur Neufassung des G 24 „Hauterkrankungen (mit Ausnahme von Hautkrebs)"

Der derzeit gültige Berufsgenossenschaftliche Grundsatz für die arbeitsmedizinische Vorsorgeuntersuchung G 24 „Hauterkrankungen (mit Ausnahme von Hautkrebs)" wurde im Mai 1981 veröffentlicht.

Es gab mehrere Gründe, die es notwendig erscheinen ließen, den G 24 zu überarbeiten bzw. zu aktualisieren: Zum einen waren zwischenzeitlich gewonnene Forschungsergebnisse sowie eine neue Einschätzung von Risiken und die Änderungen von Bewertungen einzuarbeiten. Außerdem war von den ermächtigten Ärzten der Wunsch nach einem etwas mehr ins Detail gehenden G 24 geäußert worden. Auch diesem Wunsch aus der Praxis wurde Rechnung getragen, natürlich mit der Folge, daß der Text damit wesentlich umfangreicher werden mußte.

Im Anwendungsbereich wird ausgeführt, daß es trotz der neuen Erkenntnisse nach wie vor nicht möglich ist, die Personen ausfindig zu machen, die für eine Sensibilisierung disponiert sind. Als *der* Risikofaktor, ein subtoxisch kumulatives Handekzem zu entwickeln, wird die atopische Hautkonstitution aufgeführt. Entsprechend wurde der G 24 im Teil Anamnese und Untersuchung erweitert. Der Grundsatz enthält nun zusätzlich einen ausführlichen Anhang mit einer Bewertung der diagnostischen Merkmale in drei Gruppen. Auch hier wird der Atopie das größte Gewicht, der größte Raum als Risikofaktor zugewiesen. Für die Atopie als Risikofaktor werden im Grundsatz somit von der Anamnese über die Untersuchung bis hin zu den arbeitsmedizinischen Kriterien konkrete Angaben gemacht. Die Erfassung und Bewertung dieser individuellen Faktoren rücken dadurch für die arbeitsmedizinische Betreuung stärker ins Blickfeld. Für die im Grundsatz aufgeführten seltenen Dermatosen wird die Empfehlung ausgesprochen, sie im individuellen Fall vom erfahrenen Berufsdermatologen abklären zu lassen. Auch die ergänzenden Hinweise sind aufgrund der zwischenzeitlich gewonnenen Erkenntnisse im Text deutlich verändert worden.

Die Neufassung des G 24 wurde am 06. 02. 1996 vom Ausschuß ARBEITSMEDIZIN des Hauptverbandes der gewerblichen Berufsgenossenschaften beschlossen, nachdem der AK 6.1 ihn in 8 Sitzungen unter Beteiligung von Berufsdermatologen, Arbeitsmedizinern, Gewerbeärzten und Technischen Aufsichtsbeamten beraten hatte.

Für den G 24 sind noch keine Auswahlkriterien in der Reihe ZH 1/600 formuliert. Es wird daran intensiv gearbeitet.

Verfasser:
Dr. jur. F. Mosetter
Obmann des Arbeitskreises 6.1 „Hauterkrankungen" des Ausschusses ARBEITSMEDIZIN
Berufsgenossenschaft Nahrungsmittel und Gaststätten,
Dynamostraße 7–9
68165 Mannheim

Berufsgenossenschaftliche Grundätze für arbeitsmedizinische Vorsorgeuntersuchungen
Herausgeber: Hauptverband der gewerblichen Berufsgenossenschaften
Alte Heerstr. 111, 53757 Sankt Augustin

Hauterkrankungen
(mit Ausnahme von Hautkrebs)

– Fassung 03.08.1995 –

Federführend: Ausschuß ARBEITSMEDIZIN, Arbeitskreis 6.1 „Hauterkrankungen",
Berufsgenossenschaft Nahrungsmittel und Gaststätten, Dynamostraße 7–9, 68165 Mannheim

1 Anwendungsbereich

Dieser Grundsatz gibt Anhaltspunkte für gezielte arbeitsmedizinische Vorsorgeuntersuchungen von Versicherten, die in speziellen Arbeitsbereichen einem erhöhten Hauterkrankungsrisiko (z. B. Ekzemrisiko außer Hautkrebs) ausgesetzt sind/werden, um diese Hauterkrankungen zu verhindern oder frühzeitig zu erkennen.

Nach dem heutigen Erkenntnisstand sind vor allem Personen mit atopischer Hautkonstitution gefährdet,
a) bei entsprechender Feuchtbelastung sowie Umgang mit irritativen Substanzen sog. subtoxisch-kumulative Handekzeme und in der

Folge davon u.U. allergische Typ IV-Kontaktekzeme und/oder
b) Typ I-Kontaktallergien zu entwickeln.

Nach wie vor ist es nicht möglich, vor der ersten Exposition gegenüber einer bestimmten Substanz die Personen ausfindig zu machen, die für eine Sensibilisierung durch diesen Stoff prädisponiert sind. Sog. prophetische Allergie-Testungen sind daher nicht indiziert.

Dermatosen, die zur Verschlimmerung durch berufliche Einflüsse neigen sind zu berücksichtigen (siehe Anhang Punkt 4).

2 Untersuchungsarten

2.1. Erstuntersuchung

Vor Aufnahme einer hautbelastenden Tätigkeit.

2.2 Nachuntersuchungen

Während dieser Tätigkeit.

2.3 Nachgehende Untersuchungen

entfällt

3 Erstuntersuchung

3.1 Allgemeine Untersuchung

3.1.1 Feststellung der Vorgeschichte.

3.1.1.1 Arbeitsanamnese im Hinblick auf bisherige Verträglichkeit von hautbelastenden Tätigkeiten und auf berufsbedingte Hauterkrankungen.

3.1.1.2 Eigen- und Familienanamnese: sog. Milchschorf, symmetrische Beugeekzeme, vorbestehende Typ I- (z. B. allerg. Rhinitis, allerg. Asthma oder sonst. Allergien) oder Typ IV-Allergien (z. B. Modeschmuckallergie), Handekzeme, Dyshidrose bzw. Pompholyx, Atopiekriterien (z. B. Sebostase, Wollunverträglichkeit, Ohr-/Mundwinkelrhagaden, Mamillenekzem, keratotische Finger-/Fußrhagaden), sonstige Krankheiten oder Dispositionen, wie z. B. Psoriasis, Ichthyosen, erhöhte Lichtempfindlichkeit, Immundefekte.

3.2 Spezielle Untersuchung

3.2.1 Erforderlich

Untersuchung des gesamten Hautorgans, insbesondere im Hinblick auf:
a) Ekzemherde,
b) trockene Haut, keratotische Finger-/Fußrhagaden, Ohr-/Mundwinkelrhagaden, weißer Dermographismus
c) Hinweise auf Psoriasis und andere Dermatosen.

3.2.2 Erwünscht

entfällt

3.2.3 Bei unklaren Fällen

Herbeiziehung vorhandener Befunde, erforderlichenfalls Veranlassung gezielter dermatologischer Diagnostik.

3.3 Arbeitsmedizinische Kriterien

3.3.1 Gesundheitliche Bedenken

3.3.1.1 Dauernde gesundheitliche Bedenken

Personen mit Merkmalen 1. Ordnung (siehe Anhang)

Bei besonderen Hautkrankheiten für bestimmte Tätigkeiten (z. B. Lupus erythematodes für Beschäftigung mit starker Exposition gegenüber ultravioletter Strahlung).

3.3.1.2. Befristete gesundheitliche Bedenken

Personen mit behandlungsbedürftigen Hautkrankheiten im Bereich der beruflichen Expositionsstellen bis zur Abheilung (hier auch bakterielle, virale oder mykotische Infektionskrankheiten der Haut an den Expositionsstellen). Nach Abheilung: erneute Beurteilung unter Berücksichtigung der drei Merkmalsgruppen (s. Anhang)

3.3.2 Keine gesundheitlichen Bedenken unter bestimmten Voraussetzungen

3.3.2.1 Personen mit Merkmalen 2. Ordnung, besonders bei Kombination von Merkmalen der 2. und 3. Ordnung. Hierbei wird gedacht an:
– besondere technische und organisatorische Schutzmaßnahmen,
– persönliche Schutzausrüstung und Hautschutzmaßnahmen
– verkürzte Nachuntersuchungsfristen in Abhängigkeit vom Einzelfall nach Ermessen des Arztes (sinnvoll sind bei starker Hautbelastung Fristen von drei Monaten im ersten und sechs Monaten im zweiten Jahr).

3.3.2.2 Personen mit Merkmalen 3. Ordnung: siehe 3.3.2.1, jedoch sind hier bei starker Hautbelastung Nachuntersuchungen nach sechs, zwölf und 24 Monaten sinnvoll.

3.3.3 Keine gesundheitlichen Bedenken

alle anderen Personen

4 Nachuntersuchungen

4.1 Nachuntersuchungsfristen

4.1.1 erste Nachuntersuchung

Nach 9–24 Monaten oder nach Ermessen des Arztes.

4.1.2 weitere Nachuntersuchungen

In Abhängigkeit vom Einzelfall und von der Stärke der Hautbelastung nach Ermessen des Arztes, spätestens jedoch nach 60 Monaten.

4.1.3 vorzeitige Nachuntersuchung

– bei Auftreten von Hautbeschwerden (subjektiv oder objektiv wahrnehmbare Veränderungen oder Mißempfindungen am Hautorgan)
– bei Personen mit befristeten gesundheitlichen Bedenken (siehe 3.3.1.2–3.3.2.2)
– auf Wunsch des Arbeitnehmers, der einen ursächlichen Zusammenhang zwischen seiner Hauterkrankung und seiner Tätigkeit am Arbeitsplatz vermutet.

4.2 Allgemeine Untersuchung

siehe 3.1

4.3 Spezielle Untersuchung

siehe 3.2

4.4 Arbeitsmedizinische Kriterien[1]

4.4.1 gesundheitliche Bedenken

4.4.1.1 Dauernde gesundheitliche Bedenken

a) Therapieresistente Erkrankung der exponierten Haut mit beruflicher Relevanz, z. B. subtoxisch-kumulatives Handekzem oder Mineralfaserdermatitis,

b) Allergische Ekzeme mit Sensibilisierung gegenüber Allergenen, deren Kontakt bei der beruflichen Tätigkeit nicht zu meiden ist.

---

[1] Wichtig: Bei Möglichkeit von berufsbedingten Hauterkrankungen Hautarztverfahren einleiten, bei begründetem Verdacht BK-Anzeige erstatten.

4.4.1.2 Befristete gesundheitliche Bedenken

siehe 3.3.1.2

4.4.2 Keine gesundheitlichen Bedenken unter bestimmten Voraussetzungen

siehe 3.3.2 sowie
Personen mit zwischenzeitlich aufgetretenen berufsbedingten Hauterkrankungen

4.4.3 Keine gesundheitlichen Bedenken

alle anderen Personen

5 Nachgehende Untersuchungen

entfällt

6 Ergänzende Hinweise

6.1 Weitere Hinweise

- Liste der gefährlichen Stoffe und Zubereitungen nach § 4a Gefahrstoffverordnung (Einstufung und Kennzeichnung)
- TRGS 900 – Grenzwerte (S = Gefahr der Sensibilisierung)
- MAK-Werte-Liste der Deutschen Forschungsgemeinschaft (S, S (P) = sensibilisierend, bzw. photosensibilisierend)

Das Fehlen der genannten Einstufungen in diesen Listen bedeutet keinen Ausschluß einer sensibilisierenden Wirkung.

Weitere Hinweise auf hautgefährdende Belastungen geben die Technischen Regeln für Gefahrstoffe bzw. Arbeitsstoffe.

6.2 Vorkommen und Gefahrenquellen

Die Haut kann geschädigt werden durch Stoffe mit subtoxisch-kumulativer Wirkung, mit sensibilisierender Potenz, mit aknegener Potenz, durch physikalische Einwirkungen und Mikroorganismen.

6.2.1 Subtoxisch-kumulativ wirkende Stoffe, z. B.:

- Wasser bei Feuchtarbeit,
- Kühlschmierstoffe
- alkalische Substanzen,
- Lösemittel,
- techn. Öle und Fette,
- Benzine, Petroleum

6.2.2 Sensibilisierende Stoffe, z. B.:

Metallionen (von Nickel, Chrom, Kobalt u. a.), Dauerwellmittel, parasubstituierte Amine (Farbstoffe), Gummi- und Gummiinhaltsstoffe, Desinfektions- und Konservierungsstoffe, Emulgatoren, Acrylate, Epoxide (Kleber), Aminhärter, Kolophonium, Bleichmittel, Pflanzenbestandteile, Proteine

6.2.3 physikalische Einwirkungen, z. B.:

durch Mineral- und Keramikfasern, Metall- und Glassplitter, Haare, Strahlen, Hitze und Kälte

6.2.4 sonstige Einwirkungen

- hautpathogene Mikroorganismen spielen zahlenmäßig eine untergeordnete Rolle (vgl. BK Nr. 3101 u. 3102 der Anlage 1 zur BeKV)
- Stoffe mit aknegener Potenz z. B. durch chlorierte polyzyklische Kohlenwasserstoffe

6.3 Aufnahme

Berufsbedingte Hauterkrankungen werden in der Regel verursacht durch exogene Einwirkungen. Stoffe, die über die Haut resorbiert werden, jedoch an anderen Organen systemisch wirken, werden hier nicht berücksichtigt.

6.4 Wirkungsweise

Exogene Einwirkungen können regelmäßig oder gelegentlich allergen, toxisch irritativ, mikrotraumatisch oder infektiös zur Verursachung oder Verschlimmerung von Hauterkrankungen führen. Vorwiegend sind die den schädigenden Faktoren unmittelbar ausgesetzten Körperstellen betroffen; Ausbreitung auf andere Körperteile und Generalisation sind möglich. Oft treten Hauterkrankungen nur in Kombination mehrerer Faktoren auf: z. B. durch die Verbindung von mechanischen, chemischen und physikalischen Einwirkungen (zu letzteren sind auch das Raumklima, die Luftfeuchtigkeit, Tragen von Arbeitsschutzkleidungen, Gummihandschuhen, -stiefel, usw. zu rechnen) sowie bei gleichzeitiger verminderter epidermaler Barriere.

6.5 Krankheitsbild

6.5.1 Die überwiegende Anzahl der berufsbedingten Dermatosen wird von der Gruppe der Ekzeme gebildet (über 95 %). Es kann vereinfachend unterteilt werden in:
- atopisches Ekzem, anlagebedingt, jedoch Verschlimmerung unter beruflichen Bedingungen
- subtoxisch-kumulatives Ekzem
- allergisches Kontaktekzem bzw. Kontakturtikaria.

Sie können isoliert oder als Zwei- oder Dreiphasenekzeme nacheinander auftreten. Mischformen sind sehr häufig.

6.5.2 Von den anderen, erheblich selteneren Hauterkrankungen verschiedenen Ursprungs sind zu nennen:

- die Akne gewerblicher Herkunft durch Mineralöle, Teer (siehe Grundsatz G 4 „Arbeitsstoffe, die Hautkrebs oder zur Krebsbildung neigende Hautveränderungen hervorrufen"), Chlorderivate bestimmer aromatischer Kohlenwasserstoffe
- die Dermatomykosen
- die bakteriellen Superinfektionen
- die Virusdermatosen (Kuhpocken, „Melkerknoten", bestimmte Ornithosen usw.)
- die Dermatozoonosen
- die durch Strahleneinwirkung (ultraviolette, ionisierende, thermische Strahlung) hervorgerufenen Dermatosen
- die durch den Einschluß von Fremdkörpern aus toxischem Material (Beryllium, Anilin, Asbest) verursachten Dermatosen
- die Hyperkeratosen durch wiederholte mechanische Reize, durch Arsen usw. (siehe auch Grundsatz G 16 „Arsen oder seine Verbindungen")

6.6 Beratung zum Hautschutz

Die Beratung soll entsprechend der Arbeitsplatzsituation und der individuellen Hautkonstitution erfolgen. Entsprechende „Hinweise enthalten insbesondere die Regeln für den Einsatz von Hautschutz" (ZH 1/708) und die 'Regeln für den Einsatz von Schutzhandschuhen'.(ZH 1/706).

6.7 Rechtsgrundlagen

6.7.1 Rechtsgrundlagen für spezielle arbeitsmedizinische Vorsorgeuntersuchungen

entfällt

6.7.2 Berufskrankheit

§ 551 Abs. 1 Reichsversicherungsordnung (RVO) Nr. 5101 der Anlage 1 zur Berufskrankheitenverordnung (BeKV) „Schwere oder wiederholt rückfällige Hauterkrankungen, die zur Unterlassung aller Tätigkeiten gezwungen haben, die für die Entstehung, die Verschlimmerung oder das Wiederaufleben der Krankheit ursächlich waren oder sein können"

6.7.3 Beschäftigungsverbote

entfällt

6.8 Literatur

Adams, R. M.: Occupational Skin Diseases. 2nd Edition, W.B. Saunders, Philadelphia London Toronto (1990)
Diepgen, T. L., Fartasch, M., Hornstein, O. P.: Kriterien zur Beurteilung der atopischen Hautdiathese. Dermatosen 39: 79–83 (1991)
Diepgen, T.: Die atopische Hautdiathese. Gentner Verlag Stuttgart, (1991)
Diepgen, T. L., Schmidt, A., Schmidt, M., Fartasch, M.: Berufskezeme und Berufskrankheitsverfahren – epidemiologische Aspekte: Allergologie 17: 84–89 (1994)
Elsner, P., Maibach, H.: Irritant Dermatitis: New clinical and experimental aspects. Karger Basel (1995)
Fartasch, M., Schmidt, A., Diepgen, T. L.: Die „Schwere" der Hauterkrankung nach BeKV 5101 in der gutachtlichen Beurteilung: Dermatosen 41: 242–245 (1993)
Funke, U., Diepgen, T. L., Fartasch, M.: Identification of high-risk groups for irritant contact dermatitis by occupational physicians. In: *P. Elsner, H. Maibach* (eds.) Irritant Dermatitis: New clinical an experimental aspects. Karger Basel (1995)
Fisher, A. A.: Contact Dermatitis. 3rd Edition, Lea & Febiger, Philadelphia 1986
Kühl, M., Klaschka, F.: Berufsdermatosen. Urban & Schwarzenberg, München–Wien–Baltimore (1990)

Menné, T., Frosch, P. J.: Textbook of Contact Dermatitis. 2nd Edition, Springer, Berlin-Heidelberg-New York (1995)
Smit, H. A., Burdorf, A., Coenraads, P. J.: The prevalence of hand dermatitis in different occupations. Int. J. Epidemol 22:288–293 (1993)
Merkblatt für Betriebsärzte über den Verfahrensablauf beim Auftreten von Hauterkrankungen, ZH 1/568, Oktober 1994
Regeln für den Einsatz von Hautschutz, ZH 1/708, April 1994
Regeln für den Einsatz von Schutzhandschuhen, ZH 1/706, April 1994

Anhang

Wertung der diagnostischen Merkmale

Die Bewertung hat immer individuell unter Berücksichtigung der Arbeitsplatzverhältnisse zu erfolgen. Es kann sich nur um Hinweise handeln, von denen bei entsprechender Begründung selbstverständlich abgewichen werden kann.

1. Merkmale erster Ordnung:

– Schweres atopisches Ekzem mit längerer oder wiederholter Beteiligung der Hände. Ausgeprägtes chronisches oder chronisch-rezidivierendes Handekzem (kumulativ-subtoxischer oder kontaktallergischer Genese)
– Klinisch relevante Sensibilisierung gegenüber Allergenen, deren Kontakt bei der geplanten Tätigkeit nicht zu meiden ist
– Schwere, therapieresistente Psoriasis der Hände bei mechanisch oder chemisch stark belastender Tätigkeit (Köbner Phänomen)
– Berufsbedingte Hauterkrankung, die aufgrund einer anlagebedingten Minderbelastbarkeit der Haut zur Tätigkeitsaufgabe gezwungen hat

2. Merkmale zweiter Ordnung:

Atopische Ekzemreaktionen ohne Beteiligung der Hände (Beugeekzem, Ohrrhagaden, sog. Pulpitis sicca der Füße, sog. Pityriasis alba), leichtere Ekzemmanifestationen der Hände (z. B. Dyshidrose bzw. Pompholyx), allerg. Metallsalzreaktionen in Kombination mit atopischer Diathese. Allerg. Rhinitis oder allerg. Asthma bei Berufen die Typ I-Allergien auslösen können (z. B. Mehlstauballergie bei Bäckern). Psoriasis palmaris bei manuell stark belastenden Tätigkeiter

3. Merkmale dritter Ordnung:

Hinweise für verstärkte Irritationsbereitschaft der Haut: Anamnestische Wollunverträglichkeit, Juckreiz beim Schwitzen. Sebostase (besonders in Verbindung mit sog. hyperlinearen Palmae und Keratosis pilaris)

4. Besondere Dermatosen (hautempfindliche Personen):

Die folgenden zum Teil sehr seltenen Erkrankungen sollen im individuellen Fall von einem erfahrenen Berufsdermatologen beurteilt werden.
a) Hierzu gehören: erbliche Verhornungsstörungen der Haut, wie schwere Verläufe der autosomal dominanten oder X-chromosomalen Ichthyosis vulgaris, Ichthyosis congenita, bullöse ichthyosiforme congenitale Erythrodermie, Pachyonychia congenita und Palmoplantarkeratosen mit Neigung zur Blasenbildung, Epidermolysen, erbliche Immundefekte (z. B. chronische mukokutane Candidose)
b) Dermatosen mit erhöhter Lichtempfindlichkeit bei beruflicher UV-Exposition: Lupus erythematc des integumentalis, ggf. visceralis, Porphyrien, persistierende Lichtreaktionen, Albinismus, ausgeprägte Vitiligo.

De facto ist das duale System des Arbeitsschutzes eng verzahnt, so werden die technischen Regeln für Gefahrstoffe (TRGS*) vom Ausschuss für Gefahrstoffe (AGS) durch Vertreter der Unfallversicherungsträger aufgestellt und im Anschluss durch das Bundesministerium für Arbeit und Sozialordnung im Bundesarbeitsblatt bekannt gegeben. Für die Berufsdermatologie sind die folgenden technischen Regeln für Gefahrstoffe von besonderer Bedeutung:

Die *TRGS 220** befasst sich mit den *Sicherheitsdatenblättern* und fordert in der neuen Fassung, dass z.B. bezüglich erforderlicher Schutzhandschuhe anzugeben ist, welches Handschuhmaterial und welche Durchdringungszeit des Handschuhmaterials in Abhängigkeit von Stärke und Dauer der Hautexposition anzugeben ist.

Die *TRGS 530** befasst sich explizit mit dem *Friseurhandwerk*, da hier nach wie vor die meisten Berufsdermatosen beobachtet werden. Die *TRGS 531** ist analog zur TRGS 530 entwickelt worden und befasst sich mit Gefährdung der Haut durch Arbeiten im feuchten Milieu *(Feuchtarbeit)*. Entscheidend für beide vorgenannte Regeln ist, dass sie maximal die Hälfte der Arbeitszeit als Feuchtarbeit tolerieren. Hierdurch ist die ungelernte Tätigkeit z.B. der sog. „Shampoonösen" im Friseurhandwerk eingeschränkt.

Die *TRGS 540** befasst sich mit *sensibilisierenden Stoffen* und wird ergänzt durch die *TRGS 907**, dem *Verzeichnis sensibilisierender Stoffe*. Diese Regeln haben eine konkrete Bedeutung für die Gutachtertätigkeit des Dermatologen.

Maßnahmen zur Prävention sind gesetzlich mit einer Rangfolge versehen, die grundsätzlich technischen und organisatorischen Schutzmaßnahmen einen Vorrang vor persönlichen Schutzmaßnahmen einräumt. Primär wird versucht, schädliche Arbeitsstoffe zu ersetzen. Sofern Ersatzstoffe nicht zur Verfügung stehen, wird versucht, geschlossene Systeme einzusetzen, die beispielsweise das kontaktlose Mischen von zwei Arbeitsstoffen ermöglichen. Bei einer Gefahr durch Gase, Dämpfe oder Schwebstoffe sind Absauganlagen zu installieren. Arbeitsabläufe müssen so organisiert sein, dass hautbelastende Tätigkeiten nicht einseitig auf einzelne Beschäftigte oder Beschäftigtengruppen konzentriert werden. Im Rahmen der primären Prävention allergischer Kontaktekzeme wird insbesondere angestrebt, hochpotente Allergene (wie z.B. Glycerylmonothioglycolat als „Bestandteil der sauren Dauerwelle") durch hautverträgliche Substanzen zu ersetzen oder den zusätzlichen Einsatz eines allergenspezifischen Hautschutzes, insbesondere wenn ein Allergenersatz nicht möglich ist, sicherzustellen.

Persönliche Schutzmaßnahmen im Sinne eines präparativen Hautschutzes durch Externa oder Schutzhandschuhe kommen nach den technischen und organisatorischen Maßnahmen zum Einsatz. Hautschutzpräparate unterliegen den Anforderungen der Kosmetik-Richtlinie, für ausgelobte Produkteigenschaften ist ein Wirksamkeitsnachweis zu führen (Richtlinie 9335 EWG). Besondere Bedeutung für die Arbeitgeber hat die Richtlinie 89/656/EWG, die sich mit den persönlichen Schutzausrüstungen durch Arbeitnehmer bei der Arbeit (sog. PSA-Benutzerrichtlinie) befasst. Hier sind die Anforderungen an Produkte formuliert, die zum Gesundheitsschutz eingesetzt werden.[1]

In den letzten Jahren konnte durch diverse Studien belegt werden, dass gerade in der Primärprävention pädagogische Maßnahmen notwendig und erfolgreich sind. Berufsdermatosen können provoziert werden durch ein unsachgemäßes Verhalten der Arbeitnehmer oder durch gesundheitsgefährdende Arbeitsverhältnisse. Folgerichtig wird bei gesundheitspädagogischen Maßnahmen darauf abgezielt, bei Arbeitnehmern (und Arbeitgebern) einen sachgerechten Informationsstand zu erreichen, eingeübtes Verhalten zu überprüfen, Verdrän-

---

* Bezugsquelle für sämtliche TRGS:
Carl Heymanns Verlag, Luxemburger Str. 449, 50939 Köln, Tel.: 0221/943730, Fax: 0221/9437 3-603, e-mail: verkauf@heymanns.com

[1] Bezüglich weiterer Details zum Einsatz einzelner Produkte wird auf die Broschüre „Hautkrankheiten und Hautschutz" GUV 50.0.11 verwiesen, die kostenfrei beim Bundesverband der Unfallkassen, Fockensteinstr. 1, 81539 München, bezogen werden kann.

gungsstrategien aufzudecken, unsachgemäßes kollektiv praktiziertes Verhalten zu hinterfragen, bei Arbeitnehmern in Einzelfällen die Konfliktfähigkeit zu fördern und alle Beteiligten in ihrer Handlungskompetenz zu stärken und – soweit erforderlich – zu einem revidierten Gesundheitsverständnis beizutragen.

Im Rahmen der primären Prävention ist als unabdingbare ärztliche Leistung für alle Interessenten an Tätigkeiten in hautbelastenden Berufen, wie insbesondere Feuchtberufen, eine *Berufseingangsberatung durch Dermatologen* oder spezialisierte Arbeitsmediziner notwendig, um die individuelle Hautempfindlichkeit abzuschätzen und eine adäquate Beratung bezüglich der erforderlichen Hautschutzmaßnahmen durchzuführen. Diese Berufseingangsberatung kann die im Jugendarbeitsschutzgesetz vorgesehene – in der Praxis aber insuffiziente – Ergänzungsuntersuchung sinnvoll ersetzen und sollte im Sozialversicherungssystem verankert werden.

2.2 Sekundäre Prävention

■ **Definition.** Ziel der Sekundärprävention ist die Früherkennung erster Hautsymptome oder Sensibilisierungen. Unmittelbar im Anschluss an die Diagnostik werden alle Möglichkeiten einer geeigneten Frühintervention genutzt.

Wir haben exemplarisch gezeigt, dass bei berufsbedingten Kontaktekzemen dem Interdigitalraumekzem eine Schrittmacherfunktion zukommt. Bei dieser Form des toxischen Kontaktekzems wird der „Locus minoris resistentiae" initial geschädigt. Die Hautveränderungen sind in der Regel toxischer Genese, und Sensibilisierungen sind selten. Dementsprechend kann durch die Umsetzung adäquaten Hautschutzes und dessen sachgerechte Anwendung (eben auch in den Interdigitalräumen) eine optimale Frühintervention durch Dermatologen und Arbeitsmediziner initiiert werden.

Es ist für Ärzte häufig erstaunlich, dass Versicherte ihre Hautveränderungen zum Teil negieren, zum Teil über Jahre nicht ärztlich behandeln lassen und häufig erst mit sehr schweren toxischen und allergischen Kontaktekzemen einen Dermatologen erstmals aufsuchen. Um dieses Verhalten nachvollziehen zu können, sollten psychosoziale Mechanismen stets berücksichtigt werden:

Hautveränderungen schränken die Funktionstüchtigkeit der Hände in zweierlei Hinsicht ein: Die Hand ist zum einen das elementare *Werkzeug* des Menschen, entsprechend sind die sozialen Folgen im Falle der Beschädigung. Zum anderen hat sie neben dem Gesicht die Funktion eines *Kontaktorgans*. Der Zustand der Hände ermöglicht Rückschlüsse u. a. auf Alter, Rasse und Beruf (z. B. Schwielenbildung). Sie unterstreichen durch Gestik die verbale Kommunikation. Es ist ein typisches kulturelles Verhalten, jemandem die Hand zu geben. Diese Funktion ist bei Handekzemen eingeschränkt oder nicht möglich.

Wir haben gezeigt, dass für Patienten mit atopischen Handekzemen die psychische Belastung einen höheren Stellenwert einnimmt als die soziale. Wenn man zudem berücksichtigt, dass der Hautzustand der Hände in Verbindung gebracht wird mit Eigenschaften wie Sauberkeit und Gepflegtheit, so liegt hier *ein* Erklärungsansatz dafür, dass Personen mit Handekzemen diese lange negieren und sich häufig nicht in ärztliche Behandlung begeben. Denn dies setzt die Einsicht voraus, sich selbst nicht mehr helfen zu können und professioneller Hilfe zu bedürfen.

Personen mit erstmals manifesten berufsbedingten Ekzemen verarbeiten diese neue Erfahrung in Interaktionen mit Arbeitskollegen und – gerade in Klein- und Mittelbetrieben – dem Arbeitgeber. Die gemeinsame Erfahrung, dass Hautveränderungen häufig auftreten, kann insofern zum einen deren Akzeptanz nach sich ziehen, diese als ein „*normales Berufsmerkmal*" zu akzeptieren. Zum anderen legt die Struktur gerade von Kleinbetrieben nahe, dass das Betriebsziel, Gewinne zu erwirtschaften, eine Solidarisierung aller Beschäftigten bewirkt, so dass die Arbeitnehmer bereit sind, „*Sparmaßnahmen im Haut- und Arbeitsschutz*" zu akzeptieren unter dem vermeintlich höherwertigen Aspekt eines prosperierenden (Klein-)Unternehmens. Die Folge ist qualitativ und/oder quantitativ unzureichender Haut- und Arbeitsschutz. Hinzu kommt gerade in Kleinbetrieben eine so dominierende Rolle des Arbeitgebers, dass er auch bezüglich des selbst praktizierten Hautschutzverhaltens eine *Vorbildfunktion* ausübt.

In der Praxis hat für die Sekundärprävention von Berufsdermatosen das Hautarztverfahren eine zentrale Bedeutung (siehe Kap. 3). Dieses Verfahren ermöglicht dem Dermatologen, die sog. § 3-Maßnahmen zu empfehlen. Er kann konkret Verbesserungen der Arbeitsbedingungen vorschlagen oder den technischen Aufsichtsdienst der Berufsgenossenschaften auffordern, die Arbeitsplatzverhältnisse zu überprüfen und ggf. unter Arbeitsschutzaspekten zu optimieren. Daneben bestehen Möglichkeiten, konkrete *Hautschutzmaßnahmen* zu initiieren. Hierbei werden Externa empfohlen in Abhängigkeit vom Hautbefund. Zudem sind häufig geeignete Schutzhandschuhe erforderlich. [Sofern bereits Kontaktallergien bestehen und sich diese gegen Inhaltsstoffe von Schutzhandschuhen richten, ist es hilfreich, unter www.gisbau.de (derzeit unter der Rubrik „Aktuelles") zu suchen.] Es können *Heilverfahren* vom Dermatologen im Rahmen des Hautarztberichtes vorgeschlagen werden. In der Regel sind *ambulante Heilverfahren* ausreichend, um die Hautveränderungen vollständig zur Abheilung zu bringen. Häufig wird in der Praxis zu wenig berücksichtigt, dass die Versicherten die hautbelastenden Tätigkeiten über einige Wochen nicht ausüben sollten, um tatsächlich eine vollständige Abheilung der Hautveränderungen zu erreichen. In besonders schweren Fällen, in denen ambulant keine Abheilung erreicht werden kann, ist die Durchführung eines *stationären Heilverfahrens mit ergänzenden psychologischen und gesundheitspädagogischen Maßnahmen* empfehlenswert. Wir konnten in einem Modellvorhaben zeigen, dass ein Jahr nach Durchführung eines solchen Verfahrens zwei Drittel der vom Arbeitsplatzverlust bedrohten Versicherten in ihrem Beruf verbleiben können.

Bei Personen mit anlagebedingt erhöhter Hautempfindlichkeit oder multiplen Kontaktallergien ist es möglich, im Rahmen des § 3 eine *Umschulung* zu empfehlen. Dies sollte allerdings als letzte Maßnahme erwogen werden. Tatsächlich kann auch bei Personen mit atopischer Hautdisposition durch einen optimierten Haut- und Arbeitsschutz häufig ein Verbleiben im Beruf ermöglicht werden, insbesondere wenn die geeigneten Schutzmaßnahmen frühzeitig ergriffen werden.

Ein *innerbetrieblicher Arbeitsplatzwechsel* ist in Mittel- oder Großbetrieben oft möglich und in der Regel für alle Beteiligten eine elegante Lösung.

Die sekundäre Prävention erfordert eine gezielte dermatologische und häufig allergologische Diagnostik, eine ärztliche Sensibilität für die psychischen Implikationen von Handekzemen. Zumindest in den Fällen, in denen durch ärztliche Einzelberatung keine angemessene Verhaltensänderung erzielt werden kann, sollte geprüft werden, ob weitere Interventionen (z. B. Hautschutzseminare) oder verhältnispräventive Maßnahmen (z. B. Betriebsberatungen durch die zuständige Berufsgenossenschaft) erfolgversprechend sind. Die sekundäre Prävention berufsbedingter Hauterkrankungen wird in Zukunft weiter verbessert werden können durch eine Propagierung und Optimierung des Hautarztverfahrens.

2.3 Tertiäre Prävention

■ **Definition.** Die tertiäre Prävention zielt auf die Verbesserung des Krankheitsbildes bei bereits bestehender Berufsdermatose ab. Eine weitere Verschlechterung soll verhindert oder verzögert werden. Rezidive sollen vermieden werden.

Maßnahmen zur tertiären Prävention können sowohl im Rahmen des Hautarztverfahrens initiiert werden als auch nach Anerkennung einer Berufsdermatose als Berufskrankheit. Im Rahmen der Tertiärprävention werden ambulante oder stationäre Heilmaßnahmen durchgeführt: Neben den therapeutischen Möglichkeiten der modernen Dermatologie wird ein grundsätzliches Meiden toxischer oder sensibilisierender Substanzen angestrebt. Es werden intensive gesundheitspädagogische Schulungen durchgeführt und psychosoziale Maßnahmen umgesetzt.

Maßnahmen zur tertiären Prävention werden bei einer anerkannten Berufskrankheit vor allem durchgeführt, um das Ausmaß der Hautveränderungen bzw. des irritativ-toxischen Hautschadens zu begrenzen und möglichst zu beseitigen. Häufig ist im Anschluss an entsprechende Maßnahmen eine erneute Begutachtung seitens des Unfallversicherungsträgers vorgesehen, um überprüfen zu lassen, ob sich eine wesentliche Änderung der Berufskrankheitenfolgen ergeben hat dergestalt, dass die Einschätzung der Minderung der Erwerbsfähigkeit korrigiert werden muss.

Die Anforderungen an die behandelnden Ärzte sind im Rahmen der tertiären Prävention in der Regel besonders hoch, weil bei allergischen Kontaktekzemen und beim Verbleib des Versicherten am Arbeitsplatz alle technischen und persönlichen Möglichkeiten der Meidbarkeit geprüft werden müssen. Häufig muss parallel aufgrund der Resignation von Versicherten mit chronischen Erkrankungen eine adäquate Motivation erreicht werden. Ein Verbleib am Arbeitsplatz ist in der Regel nur dann möglich, wenn die Arbeitsbedingungen grundlegend verändert werden.

Literatur

1. Bock M, Schwanitz HJ (1998) Protective effects of topically applied CO-impregnated water. Skin Research and Technology 4:28–33
2. Diepgen TL, Fartasch M, Hornstein OP (1991) Kriterien zur Beurteilung der atopischen Hautdiathese. Dermatosen 39:79–83
3. Diepgen TL, Schmidt A (1994) Rechtliche Rahmenbedingungen des Hautschutzes in Deutschland. Dermatosen 42:5–9
4. Fartasch M (1990) Richtige Berufswahl, Jugendarbeitsschutzgesetz. In: Kühl M, Klaschka F (Hrsg) Berufsdermatosen. Urban & Schwarzenberg, München, Wien, Baltimore, S 147–157
5. Hohmann JS (1984) Berufskrankheiten in der Unfallversicherung. Pahl-Rugenstein, Köln
6. Hornstein OP, Klaschka F (Hrsg) (1989) Jugendarbeitsschutzgesetz – ärztliche Durchführung bei ekzemgefährdeten Berufsanfängern. Eine präventiv-medizinische Bringschuld. In: Aktuelle Beiträge zu Umwelt- und Berufskrankheiten der Haut 2. Grosse, Berlin
7. Klaschka F (Hrsg) (1995) Das Ekzem. In: Aktuelle Beiträge zu Umwelt- und Berufskrankheiten der Haut 4. BMV, Berlin
8. Meding B, Swanbeck G (1990) Predictive factors for hand eczema. Contact Dermatitis 23:154–161
9. Schwanitz HJ (1988) Atopic palmoplantar eczema. Springer, Heidelberg, Berlin, Tokio, New York
10. Schwanitz HJ (1993) Prävention chronischer Friseurekzeme. Allergologie 16:408–412
11. Schwanitz HJ (1994) Spezielle Aspekte des Hautschutzes in Deutschland – Bedeutung der Vorsorgeuntersuchung. H+G 69:338–340
12. Schwartz FW, Walter U, Robra B-P, Schmidt T (1998) Gesundheitsförderung und Prävention: Prävention. In: Schwartz FW (Hrsg) Das Public-Health-Buch. München, Wien, Baltimore, S 151–170
13. Steinbrunner B, Schwanitz HJ (1992) Dermatologische Berufseingangsuntersuchung für Feuchtberufe. Allergologie 15:433–435
14. Storrs FJ (1984) Permanent wave contact dermatitis: Contact allergy to glycerylmonothioglycolate. J Am Acad Dermatol 11:74–85
15. Stresemann E, Rudolph R, Fischer K (1992) Wiederherstellung berufskranker Friseure. Ein neues Rehabilitationsmodell. Dustri, München-Deisenhofen
16. Uter W, Pfahlberg A, Gefeller O, Schwanitz HJ (1998) Prevalence and incidence of hand dermatitis in hairdressing apprentices: results of the POSH study. Int Arch Occup Environ Health 71:487–492
17. Wulfhorst B, John SM, Schwanitz HJ (1992) Schutzhandschuhe für das Friseurhandwerk. Problematik der Prüfung, Auswahl und Anwendung. Dermatosen 40:221–231

3 Verfahren zur Früherfassung beruflich bedingter Hautkrankheiten (Hautarztverfahren)

S. M. John

> Das „Verfahren zur Früherfassung berufsbedingter Hauterkrankungen" (Hautarztverfahren) stellt das für die Berufsdermatologie wichtigste präventive Instrument in der gesetzlichen Unfallversicherung dar. Bei keiner anderen beruflich bedingten Erkrankung kommen die Unfallversicherungsträger ihrem gesetzlich verankerten Präventionsauftrag derart weitreichend nach. Das Hautarztverfahren könnte deshalb als Modell für die Prävention auch anderer Berufskrankheiten dienen. Die im Rahmen des Hautarztverfahrens erstatteten Hautarztberichte bilden vielfach eine wichtige Entscheidungsgrundlage für spätere Begutachtungen.

3.1 Entwicklung des Hautarztverfahrens

Das „Verfahren zur Früherfassung berufsbedingter Hauterkrankungen" (Hautarztverfahren) ist mittlerweile 30 Jahre alt; eingeführt wurde es am 1. Juli 1972. Es ist allerdings erst seit 1. Juli 1996, als auch der „Landesverband Berlin, Brandenburg, Mecklenburg-Vorpommern der gewerblichen Berufsgenossenschaften (LVBG 3)" das Hautarztverfahren übernommen hatte, in allen Bundesländern etabliert[1]. Mit der Tatsache, dass sich dem Hautarztverfahren mittlerweile alle gesetzlichen Unfallversicherungsträger angeschlossen haben, mag zusammenhängen, dass das als zentrales präventives Instrument im Vorfeld von Berufskrankheiten der Haut gedachte Verfahren unter Dermatologen in den letzten Jahren bundesweit eine Renaissance erfahren hat. Der wesentliche Grund hierfür ist jedoch, dass sich das Hautarztverfahren in den letzten Jahrzehnten von seiner ursprünglich epidemiologisch-deskriptiven Zielsetzung („Früherfassung") weiterentwickelt hat und heute das ganze Spektrum gewerbedermatologischer Interventionen bis hin zur Therapie berufsbedingter Hautleiden umfasst (John 1999). Weiterhin mögen auch die Auflagen bezüglich der ärztlichen Versorgung, die im Bereich der gesetzlichen Krankenkassen zu beachten sind, zur deutlich gesteigerten Akzeptanz des Hautarztverfahrens beigetragen haben.

Unter Ärzten anderer Fachrichtungen, denen im Rahmen des Hautarztverfahrens eine wichtige Initiatorenfunktion zukommt, ist es nach wie vor weitgehend unbekannt. Der geringe Bekanntheitsgrad des Hautarztverfahrens in der Ärzteschaft mag auch darin begründet sein, dass es etwas Vergleichbares bei anderen Berufskrankheiten nicht gibt. Von allen 68 Listenpositionen der amtlichen Berufskrankheitenliste[2] ist bisher nur bei der BK 5101 „Haut" ein solches Vorfeldverfahren etabliert. Diese Sonderstellung im Berufskrankheitengeschehen ist begründet in der langjährigen Spitzenposition der Hauterkrankungen bei den BK-Meldungen (vgl. 1.3.1).

---

[1] In den übrigen neuen Bundesländern ist das Hautarztverfahren bereits im Rahmen der Überleitung der gesetzlichen Unfallversicherung in den neuen Bundesländern ab dem 01.01.1991 eingeführt worden.

[2] Stand 1.10.2002: An diesem Tage trat die „Verordnung zur Änderung der Berufskrankheitenverordnung" vom 5.9.2002 (BGBl I, 3541) in Kraft.

> **Hautarztverfahren im Vorfeld der BK 5101:**
> - Früherfassung, Dokumentation und Diagnostik berufsbedingter Hauterkrankungen.
> - Frühzeitige Einleitung aller geeigneten Präventionsmaßnahmen (z.B. technisch-organisatorische, medizinische, berufsfördernde)

3.2 Rechtliche Grundlagen

Mit dem 1. Januar 1997 wurde die gesetzliche Unfallversicherung in das Sozialgesetzbuch als Teil 7 (SGB VII) übernommen. Die Details des Berufskrankheitenrechts sind weiterhin in der Berufskrankheitenverordnung (BKV) geregelt (vgl. Teil II, Versicherungsrechtliche Grundlagen). Die BKV ist in diesem Zusammenhang überarbeitet worden und mit einigen Änderungen in der neuen Fassung am 1. Dezember 1997 in Kraft getreten.

Keine Änderungen ergaben sich im Absatz 1 des § 3 BKV, der die rechtliche Grundlage des Hautarztverfahrens darstellt. Wörtlich heißt es dort:

> *„Besteht für einen Versicherten die Gefahr, dass eine Berufskrankheit entsteht, wiederauflebt oder sich verschlimmert, so hat der Träger der Unfallversicherung **mit allen geeigneten Mitteln** dieser Gefahr entgegenzuwirken..."*

Dieser Absatz 1 des § 3 BKV kann bereits bei Auftreten erster Krankheitserscheinungen Rechtsgrundlage für das Einschreiten des Unfallversicherungsträgers sein. In Bezug auf die BK Haut ist es daher nicht erforderlich, dass zu diesem Zeitpunkt bereits die schädigende Tätigkeit unterlassen wurde beziehungsweise die übrigen Voraussetzungen zur Anerkennung dieser Berufserkrankung vorliegen. Vielmehr kann der Unfallversicherungsträger frühzeitig und *vor* einem regulären Berufskrankheiten-Feststellungsverfahren präventiv tätig werden (Blome 2000a). Allerdings sind durch den Unfallversicherungsträger gegebenenfalls im Rahmen des § 3 einzuleitende Präventionsmaßnahmen an Erkrankungen gebunden, die durch die *berufliche* Tätigkeit wesentlich verursacht oder mitverursacht wurden; das bedeutet, dass auch hier in jedem Einzelfall eine Kausalitätsprüfung erfolgen muss (Blome 1998). Die dafür geltenden Beweisanforderungen sind in Abb. 3.1 zusammengestellt.

3.2.1 Vertrag Ärzte/Unfallversicherungsträger (gültig seit 1.5.2001)

Der im ersten Absatz des § 3 BKV gesetzlich verankerte, weitgehende Präventionsauftrag der Unfallversicherungsträger stellt das *rechtliche Fundament* dar, auf dem das „Verfahren zur Früherfassung berufsbedingter Hauterkrankungen" entwickelt werden konnte; die die *Abwicklung* des Hautarztverfahrens betreffenden Regelungen sind im Vertrag Ärzte/Unfallversicherungsträger niedergelegt. Das Hautarztverfahren stellt in diesem Vertragswerk eine Besonderheit dar,
- weil sein Gegenstand das Vorfeld einer bestimmten Berufskrankheit (BK-Ziffer 5101) ist, während der Ärztevertrag ansonsten

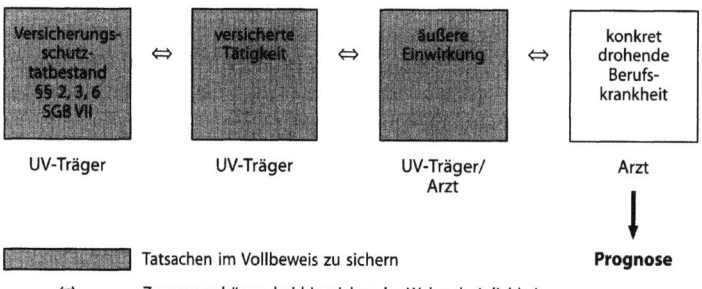

Abb. 3.1. Beweisanforderungen bei § 3 BKV (nach Blome 1998b)

Tabelle 3.1. Die das Hautarztverfahren betreffenden Paragraphen des Vertrages Ärzte/Unfallversicherungsträger sowie Nummer 130 der UV-GOÄ (Stand: 1.5.2001)

---

§ 41 Vorstellungspflicht beim Hautarzt

(1) Jeder Arzt ist verpflichtet, einen Versicherten mit krankhaften Hautveränderungen, bei dem die Möglichkeit besteht, dass daraus eine Hauterkrankung durch eine berufliche Tätigkeit im Sinne der Berufskrankheitenverordnung entsteht, wiederauflebt oder sich verschlimmert, unverzüglich einem Hautarzt vorzustellen.

(2) Der Hautarzt untersucht den Versicherten. Er erstattet unverzüglich den Hautarztbericht nach Vordruck F 6050 dem Unfallversicherungsträger und übersendet Durchschriften dem behandelnden Arzt und der Krankenkasse

(3) Für die Vorstellung beim Hautarzt hat der Arzt den Vordruck F 2900 ÜV zu verwenden.

§ 42 Wiedervorstellungspflicht

Soweit aus Gründen der Diagnostik erforderlich ist, kann der Hautarzt den Krankheitsverlauf durch Wiedervorstellung des Versicherten überwachen. Er hat unverzüglich den Hautarztbericht nach Vordruck F 6050 dem Unfallversicherungsträger zu erstatten und Durchschriften dem behandelnden Arzt und der Krankenkasse zu übersenden.

§ 43 Hauttestungen

(1) Der Hautarzt ist berechtigt, Tests durchzuführen, die zur Klärung des Ursachenzusammenhangs zwischen der Hauterkrankung und der beruflichen Tätigkeit erforderlich sind.

(2) Testungen sind auf das für die Erstattung des Hautarztberichtes erforderliche Maß zu beschränken. Darüber hinausgehende Testungen bedürfen der Zustimmung des Unfallversicherungsträgers.

Nummer 130:
Vordruck F 6050 Hautarztbericht   15,09 €
Portoauslagen und Tests (§ 43 Vertrag Ärzte/UV-Träger) werden gesondert vergütet.

---

traumatologisch/kurativ auf den bereits eingetretenen Arbeitsunfall orientiert ist (z.B. Durchgangsarztverfahren; Borelli 1985; Kühl, Klaschka 1990; Schindera 2001)

■ weil hier bereits im Vorfeld einer Berufserkrankung Diagnostik zu Lasten des Unfallversicherungsträgers durchgeführt werden kann.

Die Diagnostik zu Lasten des Unfallversicherungsträgers war allerdings bei der Einführung des Verfahrens mit Auflagen verbunden. Vor Durchführung gewerbedermatologischer Diagnostik musste in jedem Einzelfall die Zustimmung des Unfallversicherungsträgers eingeholt werden. Diese verwaltungstechnische Hürde war der Akzeptanz des Hautarztverfahrens abträglich und führte ferner zu einer Verzögerung in der Durchführung. Erst mit der am 21. Oktober 1988 in Kraft getretenen und diesbezüglich bis zum 30. April 2001 nicht mehr geänderten Fassung des „Abkommens Ärzte/Unfallversicherungsträger" wurde die Genehmigungspflicht von Tests abgeschafft. Auf diese Weise entstand ein weiteres Unikum im Unfallversicherungsrecht und ein besonderes Privileg für die involvierten Ärzte. Hieran hat sich auch durch die jüngste Überarbeitung des früheren Ärzteabkommens (jetziger „Ärztevertrag") nichts geändert. Tabelle 3.1 enthält die das Hautarztverfahren betreffenden Bestimmungen (Abschnitt V, § 41–43) in dem seit dem 1. Mai 2001 gültigen Vertrag Ärzte/Unfallversicherungsträger. Bei diesem Vertragswerk handelt es sich um eine Rechtsvereinbarung zwischen der Kassenärztlichen Bundesvereinigung (KBV) und den Spitzenverbänden der Gesetzlichen Unfallversicherung. Das bedeutet für das Hautarztverfahren, dass es – entgegen einer häufig vertretenen Ansicht – keinen Gesetzescharakter hat. Daher sind auch Änderungen der Durchführungsbestimmungen vergleichsweise einfach möglich. Gemeinsame Anstrengungen aller Dermatologen zur Qualitätssicherung im Hautarztverfahren erscheinen auch unter diesem Aspekt bedeutsam.

3.3 Handhabung

3.3.1 Einleitung des Verfahrens

Das Hautarztverfahren ist prinzipiell zweistufig aufgebaut: Die Zuweisung des Patienten an einen Hautarzt ist durch jeden Arzt (z. B. Hausarzt, Betriebsarzt) möglich. Der Hautarzt wird dann den so genannten Hautarztbericht erstatten, in dem er die erhobenen Befunde und seine Schlussfolgerungen dem Unfallversicherungsträger mitteilt. § 43 des Ärztevertrages legt dabei die vertragliche Verpflichtung für **jeden Arzt** fest, einen Versicherten, bei dem die Möglichkeit besteht, dass eine Hauterkrankung durch eine berufliche Tätigkeit im Sinne der Berufskrankheitenverordnung entsteht, wiederauflebt oder sich verschlimmert, unverzüglich dem am leichtesten erreichbaren Hautarzt zur Untersuchung vorzustellen.

Diese im Ärztevertrag vorgesehene Zuweisung von Patienten durch Nicht-Hautärzte mit dem Überweisungsvordruck F 2900 ÜV[3] (Abb. 3.2) im Rahmen des Hautarztverfahrens erfolgt allerdings wegen des geringen Bekanntheitsgrades dieses präventiven Instrumentes außerordentlich selten; sehr viel häufiger ist die Überweisung zum Dermatologen mit dem kassenärztlichen Überweisungsschein. Das Gros der Hautarztberichte wird aber derzeit weiterhin primär auf Grund der Initiative von Hautärzten erstattet (John 1999a). Hier ist eine wichtige zukünftige Aufgabe der Dermatologie zu sehen, das Hautarztverfahren bei Ärzten anderer Fachrichtungen, denen nach dem Ärztevertrag eine verbindliche Initiatorenfunktion zukommt, bekannt zu machen und für seine Implementierung zu werben.

■ **Einbindung der Betriebsärzte.** Ärzte anderer Fachrichtung können keinen Hautarztbericht erstatten; ausgenommen sind hier Betriebsärzte, die über die Gebietsbezeichnung „Arbeitsmedizin" beziehungsweise die Zusatzbezeichnung „Betriebsmedizin" verfügen; solche Berichte sollten aber einen Hinweis darauf enthalten, dass es sich um eine Stellungnahme eines Betriebsarztes im Rahmen des Hautarztverfahrens handelt (Blome 2000). In einem Merkblatt für Betriebsärzte (ZH 1/568 bzw. BGI Nr. 687[4]) des Hauptverbandes der gewerblichen Berufsgenossenschaften (HVBG) werden Handlungsempfehlungen über die bei Hauterkrankungen im Betrieb durchzuführenden Schritte zusammengefasst. Maßgeblich erscheint den Autoren im Sinne einer Intensivierung der Prävention am Arbeitsplatz, die Kooperation zwischen Betriebsarzt und Dermatologen weiter zu verbessern. Hier kommt dem Hautarztverfahren eine erhebliche Bedeutung als wechselseitig nutzbare Plattform zu.

3.3.2 Erstattung des Hautarztberichtes

■ **Versicherungs- und datenschutzrechtliche Voraussetzungen.** Voraussetzung für die Erstattung eines Hautarztberichtes ist in der Regel, dass der Betreffende einer sozialversicherungspflichtigen Tätigkeit nachgegangen ist beziehungsweise ein freiwilliges Versicherungsverhältnis mit der gesetzlichen Unfallversicherung besteht. Auch ausländische Staatsangehörige genießen unter diesen Voraussetzungen Versicherungsschutz. So genannte geringfügig entlohnte Tätigkeiten („325 €-Jobs") waren und sind ebenfalls versichert; an diesem Sachverhalt hat sich durch die am 1. April 1999 in Kraft getretene Gesetzesänderung bezüglich geringfügiger Beschäftigungsverhältnisse nichts geändert. Beschäftigte sind ferner auch dann gesetzlich unfallversichert, wenn der Arbeitgeber seiner Verpflichtung, sie bei dem zu-

---

[3] Vordrucke F 2900 ÜV für die Überweisung zum Hautarzt können bei den Kassenärztlichen Vereinigungen oder den Landesverbänden der gewerblichen Berufsgenossenschaften kostenlos bezogen werden. Ferner ist es möglich, das Formular aus dem Internet über *www.HVBG.de* (Formtexte) als Datei herunterzuladen.
Die Überweisung mit dem Vordruck F 2900 wird nach Nummer 145 der UV-GOÄ honoriert (derzeit 3,46 €). Im Gegensatz dazu ist die Überweisung mit dem kassenärztlichen Überweisungsschein durch den überweisenden Arzt nicht abrechnungsfähig.

[4] Zu beziehen über Carl Heymanns Verlag, Luxemburger Str. 449, 50939 Köln, Tel. 0221-943730, e-mail: verkauf@heymanns.com.

AOK	LKK	BKK	IKK	VdAK	AEV	Knapp-schaft

(Name d. Verletzten) (Vorname) (geb. am)

(Arbeitgeber/Unfallbetrieb)

(Wohnung des Versicherten)

(UV-Träger)

Überweisungs-Vordruck zur Vorstellung beim

☐ D-Arzt ☐ Augenarzt
☐ HNO-Arzt
☐ Hautarzt

nach einem Arbeitsunfall/Schulunfall

Unf.-Tag: ____________

☐ Der/Die Verletzte ist wegen der Unfallfolgen nicht in der Lage, Sie aufzusuchen
Gegen Tetanus wurde von mir verabreicht:

____ Einheiten menschl. Tet.-Serum, ____ ccm Tetanus-Toxoidimpfstoff, am ____________

Datum: ____________

(Anw. Stempel d. UV-Trägers) (Stempel d. D-Arztes) (Kassenarztstempel) (Unterschrift)
des zuweisenden Arztes

F 2900 0501 ÜV (Überweisung D-Arzt/HNO-, Augen-, Hautarzt)

Abb. 3.2. F 2900 ÜV zur Überweisung von Beschäftigten mit möglicherweise berufsbedingten Hauterkrankungen zum Hautarzt

ständigen Unfallversicherungsträger anzumelden, nicht nachgekommen ist; dies gilt auch für so genannte „Schwarzarbeit". In diesen Fällen erwarten den Arbeitgeber allerdings Konventionalstrafen.

Mit der Einführung des Sozialgesetzbuchs VII wurden die Datenschutzbestimmungen verschärft, was auch Auswirkungen auf den Hautarztbericht hat. Nach § 203 SGB VII muss der Versicherte über Sinn, Inhalt und Adressaten der Meldung aufgeklärt werden und sein Einverständnis geben (Blome 1998b; Blome 2000). Der Vordruck F 6050 wurde entsprechend um einen Datenschutzpassus erweitert (Abb. 3.3).

Versicherte können im Rahmen der Aufklärung durch den Hautarzt darauf hingewiesen werden, dass die Erstattung des Hautarztberichtes ihnen die frühzeitige Wahrung von Rechtsansprüchen gegenüber dem Unfallversicherungsträger erleichtert. Wenn Versicherte ihr Einverständnis nicht gewähren, wird dies heutzutage in der Regel damit begründet, dass Nachteile am Arbeitsplatz befürchtet werden. In solchen Fällen kann der Hautarzt anbieten, dass er im Hautarztbericht vermerkt, dass der Arbeitgeber *nicht* in das Ermittlungsverfahren einbezogen werden soll. Vielfach sind Versicherte unter dieser Prämisse bereit, ihr Einverständnis zu erteilen.

> **Zustimmungspflicht des Versicherten gemäß § 203 SGB VII:**
> **Argumente für den Hautarztbericht**
>
> - Wahrung von Ansprüchen an den Unfallversicherungsträger
> - Falls keine Hinzuziehung des Arbeitgebers gewünscht wird, kann der Hautarztbericht mit einem entsprechenden Vermerk versehen werden. Die BG-Verwaltungen werden einer derartigen Vorgabe in aller Regel Folge leisten.
> - Im Rahmen des Hautarztverfahrens ist – anders als im Rahmen der GKV – ggf. die ärztliche Verordnung möglich von:
>   – Hautschutzsalben,
>   – Hautreinigungspräparaten, Handschuhen,
>   – blanden Externa usw.
> - Keine Zuzahlung zu Verordnungen („Rezeptgebühr")
> - >3 Verordnungen pro Rezept
>
> *Nota bene: Bei Ablehnung eines Hautarztberichtes durch den Betroffenen und Verdacht auf ungenügenden Hautschutz am Arbeitsplatz kann ggf. der Technische Aufsichtsdienst (TAD) bzw. der Betriebsarzt eingeschaltet werden (ohne Namensnennung), um den Arbeitsplatz/das Unternehmen hinsichtlich der Einhaltung einschlägiger Unfallverhütungsvorschriften (z. B. TRGS 531) zu überprüfen.*

Formulare für die Erstattung des Hautarztberichtes (F 6050; Abb. 3.3) können bei den jeweiligen Landesverbänden der gewerblichen Berufsgenossenschaften angefordert werden. Ferner ist es möglich, das Formular aus dem Internet über www.HVBG.de (Formtexte) als Datei herunterzuladen. Das ansonsten seit der Einführung des Hautarztverfahrens im Jahre 1972 im Wesentlichen unveränderte Formular ist im Hinblick auf die Änderungen des SGB VII und die Währungsumstellung kürzlich geringfügig überarbeitet worden. Von den Bezirksverwaltungen der Unfallversicherungsträger werden auch in freier Form per EDV erstellte Hautarztberichte akzeptiert, wenn diese sich an den Wortlaut der Fragen im Vordruck F 6050 halten.

Der Hautarztbericht kann – falls die zuständige Berufsgenossenschaft nicht bekannt ist – auch einem anderen Unfallversicherungsträger, dem jeweiligen Landesverband der gewerblichen Berufsgenossenschaften (LVBG) oder dem staatlichen Gewerbearzt zugeleitet werden. Die Anschrift des Arbeitgebers muss allerdings in jedem Fall präzise angegeben werden. Die zuständige Berufsgenossenschaft wird dann auf dieser Basis ermittelt und der Hautarztbericht weitergeleitet.

■ **Diagnostik.** Für die Erstattung des Hautarztberichtes durch den Hautarzt ist lediglich erforderlich, dass eine berufsbedingte Hauterkrankung *möglicherweise* vorliegen könnte. Ein möglicher Berufszusammenhang von aufgetretenen Hautveränderungen kann zum Beispiel durch epikutane Testung beruflich relevanter Allergene zu Lasten des Unfallversicherungsträgers abgeklärt werden; die Indikation ist hier allerdings eng zu stellen. Wichtig ist, dass im Hautarztbericht nur die *Möglichkeit* eines Ursachenzusammenhangs geprüft werden soll und nicht eine erweiterte Kausalitätsprüfung gefordert ist wie im gewerbedermatologischen Zusammenhangsgutachten. Sehr umfangreich betriebene Diagnostik im Rahmen eines Hautarztberichtes kann zur Versagung der in Rechnung gestellten Leistungen durch den Unfallversicherungsträger führen[5]. Die frühere, die Testungen betreffende Formulierung der Leit-Nummer 62 im Abkommen-Ärzte-Unfallversicherungsträger, das bis zum 30.4.2001 in Kraft war, hat Missverständnisse hinsichtlich Art und Umfangs der im Hautarztverfahren sachgerechten Diagnostik begünstigt. Im „§ 43 Hauttestungen" des derzeit gültigen Ärztevertrages ist deshalb der Versuch unternommen worden, den Passus zu präzisieren (Tabelle 3.1). Die jetzige Formulierung ist allerdings in sich widersprüchlich; letztliche Rechtsklarheit konnte nicht hergestellt werden. Art und Umfang der Diagnostik im Hautarztverfahren sind nach wie vor gelegentlich Gegenstand von Kontroversen; hierauf wird unter 3.4.3 näher eingegangen. Neben (allergologischen) Testungen werden zum Teil auch diagnostische Leistungen wie mykologische Untersuchungen und Alkaliresistenzbestimmungen erbracht; von den meisten Unfallversicherungsträgern wird dies – wenn es in vertretbarem Umfang und bei strenger Indikationsstellung erfolgt – üblicherweise akzeptiert, obwohl es strenggenommen nicht dem Wortlaut

---

[5] Mit der Einführung der UV-GOÄ am 1.5.2001 wurde die Zahl der berechnungsfähigen Testungen im Rahmen des Hautarztverfahrens limitiert (max. 100 Epikutantestungen, max. 80 Prick- bzw. Intrakutantestungen).

Hautarztbericht

Für den Unfallversicherungsträger

Unfallversicherungsträger	Eingetroffen am	Uhrzeit
Name, Vorname des Versicherten Geburtsdatum	Krankenkasse (bei Fam.-Vers. Name des Mitglieds; in diesem Falle keine Kopie an die Krankenkasse)	
Beschäftigt als Seit wann	Bei Pflegeunfall Pflegekasse des Pflegebedürftigen	
Bezeichnung bzw. Name und Anschrift des Arbeitgebers, der Kindertageseinrichtung, der Schule oder Hochschule, des Pflegebedürftigen		
Wohnung des Versicherten, Straße, Postleitzahl, Ort	Telefon des Versicherten	Staatsangehörigkeit	Geschlecht ☐ männlich ☐ weiblich

A. Angaben des Versicherten über die berufliche Beschäftigung und Vorerkrankungen
(nur auszufüllen bei der ersten Erstattung des Hautarztberichtes)

1.1 Derzeitige Tätigkeit?

1.2 Seit wann ausgeübt?
1.3 Vorher beschäftigt bei: als:

2.1 Wann ist die Hauterkrankung zum ersten Male aufgetreten?
2.2 An welcher Körperregion?

2.3 Erfolgte deswegen bereits eine ärztliche Behandlung?
(Gegebenenfalls Name und Anschrift des Arztes angeben)

2.4 Bestand oder besteht wegen der Erkrankung Arbeitsunfähigkeit?   Ggf. von wann bis wann?

2.5 Wurde die Erkrankung bereits einem Unfallversicherungsträger gemeldet (ggf. welchem)?

3 Wodurch ist das Hautleiden nach Meinung des Versicherten entstanden?
3.1 Arbeitsstoffe:

3.2 Andere Ursache:

Abb. 3.3. Hautarztbericht (Vordruck F 6050), aktuelle Version 2002

4	Bisherige Testungen:
	(gegebenenfalls durch wen?)

B.
5 Untersuchungsbefund:

C.
6 Diagnose:

D.
7 Welche Maßnahmen werden vorgeschlagen?
7.1 Prophylaktische Maßnahmen (z. B. Anwendung von Schutzsalben, Meidung oder Austausch bestimmter Arbeitsstoffe, Tragen von Schutzhandschuhen):

7.2 Therapeutische Maßnahmen:

E.
8 Es besteht ein - kein - Anhalt für eine beruflich bedingte Hauterkrankung, weil

9 Zur Klärung der Diagnose ist eine Wiedervorstellung für den   vorgesehen, falls das Hautleiden bis dahin nicht abgeheilt ist. Der Versicherte wurde unterrichtet.

Abb. 3.3. Hautarztbericht (Vordruck F 6050), aktuelle Version 2002

- 3 -

| 10 | Die Aufgabe der jetzigen Tätigkeit ist zu prüfen, weil |

| 11 | Hautärztliche Behandlung ist erforderlich - nicht erforderlich. |

Datenschutz:
Ich habe die Hinweise nach § 201 SGB VII gegeben.

Rechnung

Pauschbetrag _____ EUR

Porto _____ EUR

zusammen _____ EUR

| Rechnungsnummer | Institutionskennzeichen (IK) |
| | **Falls kein IK - Bankverbindung -** |

_____
Unterschrift des Arztes

Sie erhalten eine Gebühr (Nr. 130) und Auslagen nach der UV-GOÄ

Verteiler
Unfallversicherungsträger
Krankenkasse
Behandelnder Arzt

F 6050 0102 Hautarztbericht

Abb. 3.3. Hautarztbericht (Vordruck F 6050), aktuelle Version 2002

Tabelle 3.2. Beschlussfassung der Arbeitsgruppe „Qualitätssicherung im BK-Verfahren" zur Diagnostik im Hautarztbericht (14. Sitzung der Arbeitsgruppe „Qualitätssicherung im BK-Verfahren" der Arbeitsgemeinschaft für Berufs- und Umweltdermatologie (ABD) am 12.5.99)

1. Es besteht Konsens, dass der Hautarztbericht in geringfügig überarbeiteter Form weiter ein zeitgemäßes Präventionsinstrument darstellt, sofern er inhaltlich genutzt wird.
2. Niemand kann derzeit aufgrund wissenschaftlicher Erkenntnisse ein generell verbindliches Testpanel im Rahmen des Hautarztverfahrens angeben.
3. Weiterhin ist also eine berufsspezifische Diagnostik notwendig, die jeweils auf den Einzelfall bezogen neu festgelegt werden muss.
4. Die Arbeitsgruppe Qualitätssicherung appelliert an die Kollegen, die Indikation für die Diagnostik sachgerecht und eng zu stellen, d.h. auch, dass sie auf Rückfrage detailliert begründbar sein muss.
5. Im Sinne einer verbesserten Expositionserfassung sollte, wo anwendbar, der zuständige Arbeitsmediziner bzw. Betriebsarzt in das Hautarztverfahren involviert werden.

des „§ 43 Hauttestungen" des Ärztevertrages entspricht. Auf die Möglichkeit, derartige Diagnostik ggf. zu Lasten des Krankenversicherungsträgers zu erbringen, sei hingewiesen. Die Arbeitsgruppe „Qualitätssicherung im BK-Verfahren" der Arbeitsgemeinschaft für Berufs- und Umweltdermatologie (ABD) hat bezüglich der Diagnostik im Hautarztverfahren kürzlich die in Tabelle 3.2 zusammengefassten Empfehlungen beschlossen.

■ **Formular F 6050 - fundierte Stellungnahme zur Prävention?** Der Hautarztbericht wird durch Ausfüllen eines zweiseitigen Formulars (F 6050) erstattet (Abb. 3.3). Der Vordruck F 6050 sieht eingangs Angaben zur Arbeitsplatzanamnese, der Beschäftigungsdauer, der Krankheitsvorgeschichte und den erhobenen Befunden vor. Der Untersuchungsbefund sollte detailliert geschildert werden und in eine präzise Diagnosestellung einmünden. Die Angabe „Kontaktekzem" unter dem Abschnitt „Diagnose" ist nicht als ausreichend zu betrachten; dies gilt umso mehr, wenn allergologische Untersuchungen oder andere Diagnostik zur Abklärung des Ursachenzusammenhangs durchgeführt wurden. Eine Steigerung der qualitativen Aussagefähigkeit von Hautarztberichten lässt sich nur durch exakte Angaben erreichen. In der Vergangenheit waren die in Hautarztberichten gemachten Angaben, die auch als Entscheidungsgrundlage bei späteren Begutachtungen heranziehbar sein sollten, oft nicht detailliert genug, insbesondere bezüglich der exakten Lokalisation und Befundung von Hautveränderungen, der Begleitumstände der Untersuchung sowie der vorgeschlagenen Präventionsmaßnahmen. Für die retrospektive gutachterliche Bewertung des Sachverhaltes ist es beispielsweise relevant, ob der Befund in arbeitsfreier Zeit erhoben wurde und ob der Patient unter Steroidtherapie stand. Hier ist unter anderem zu berücksichtigen, dass Hautschutz erst optimal im abgeheilten Zustand nach Restitution der epidermalen Barriere wirksam werden kann. Wie hautphysiologische Untersuchungen gezeigt haben, ist zum Beispiel klinische Abheilung unter lokaler Steroidtherapie nicht gleichzusetzen mit der Wiederherstellung der vollen funktionellen Belastbarkeit des Hautorgans (van der Valk, Maibach 1989; Le et al. 1997; Kolbe, Kligman, Stoudemayer 1998; Kolbe et al. 2001).

Im Hautarztbericht ist neben Therapieempfehlungen eine Stellungnahme zu den erforderlichen prophylaktischen Maßnahmen essenziell. Diese sollte das gesamte Spektrum von Maßnahmen berücksichtigen, das der § 3 BKV vorsieht, um Versicherten die Fortsetzung ihrer bisher ausgeübten Tätigkeit zu ermöglichen: Hier sind pauschale Angaben im Hautarztbericht wie „Hautschutz durch Handschuhe" nicht ausreichend. Zum Beispiel werden im Friseurgewerbe leider immer noch häufig Latex-Einmalhandschuhe empfohlen. Diese Handschuhe sind allein wegen ihrer Materialeigenschaften (Permeabilität) und Beschaffenheit (kurze Stulpe, „Dochteffekt") für diese Tätigkeit ungeeignet (Wulfhorst, John, Schwanitz 1992; Wulfhorst 1996a); ein Scheitern solcher „Arbeitsversuche" ist deshalb vorhersehbar. Auf die zusätzlich bestehenden Sensibilisierungsrisiken proteinreicher, gepuderter Latexhandschuhe, gerade bei Atopikern, ist hinzuweisen (Heese et al. 1995; Fuchs 1995; Przybilla, Rueff, Baur 1996; Baur, Allmers 1999; John, Schwanitz 1999; Mahler et al. 2000), ebenso auf die Bestimmungen der TRGS 540 „Sensibilisierende Stoffe".

> **Spektrum der Maßnahmen nach § 3 BKV, die im Rahmen des Hautarztverfahrens empfohlen werden können:**
> - Technische und organisatorische Maßnahmen
>   (z. B. Ersatz gefährdender Arbeitsstoffe, Änderung der Arbeitsweise, technische Schutzvorrichtungen; ggf. Überprüfung durch den Technischen Aufsichtsdienst des Unfallversicherungsträgers anregen).
> - Persönliche Schutzmaßnahmen
>   (z. B. Schutzhandschuhe, Schutzkleidung, Hautschutz).
> - Medizinische Maßnahmen
>   (ambulante oder stationäre Heilbehandlung, modifiziertes stationäres Heilverfahren, spezielle therapeutische Maßnahmen).
> - Gesundheitspädagogische Maßnahmen
>   (z. B. Hautschutz-Seminare, Einübung hautschonender Arbeitsweisen etc.)

Für eine spätere adäquate Beratung beziehungsweise spätere gutachterliche Bewertungen ist es deshalb im Interesse der Versicherten unabdingbar, die empfohlenen Schutzmaßnahmen nachvollziehbar darzulegen.

Vom Verfasser des Hautarztberichtes wird auch erwartet, anzugeben, ob und warum ein Anhalt für eine beruflich bedingte Hauterkrankung besteht, und gegebenenfalls, ob die „Aufgabe der jetzigen Tätigkeit" zu prüfen ist. Falls diese und die Frage nach dem beruflichen Zusammenhang eindeutig zu bejahen sind, wird in der Regel eine Ärztliche Anzeige über eine Berufskrankheit nach § 202 SGB VII zu erstatten sein (Mehrtens, Perlebach 1998; Schindera, Schindera 2001; Blome 1998b; vgl. Kap. 4).

3.3.3 Behandlung im Rahmen des Hautarztberichtes

Der Hautarzt kann den Unfallversicherungsträger durch den Hautarztbericht darauf hinweisen, dass dermatologische Therapie erforderlich ist, und einen Behandlungsauftrag beim zuständigen Unfallversicherungsträger beantragen. Die so genannte berufsgenossenschaftliche Heilbehandlung wird durch den Unfallversicherungsträger nach Kausalitätsprüfung (vgl. Abb. 3.1) in der Regel befristet genehmigt. Bis dies geschehen ist, geht die Behandlung zunächst zu Lasten des Krankenversicherers.

Für den Versicherten fallen im Rahmen der berufsgenossenschaftlichen Heilbehandlung keine Rezeptgebühren an, auch können mehr als drei Präparate auf einem Rezeptformular verordnet werden. Prinzipiell ist auch die Verordnung von blanden Externa, Handschuhen, Hautschutz-, Hautpflege- und Hautreinigungsmitteln etc. über einen begrenzten Zeitraum möglich; hier ist allerdings auch die allgemeine Fürsorgepflicht des Arbeitgebers zu berücksichtigen.

Die Erfordernis präventiver ärztlicher Therapie bei drohenden Berufskrankheiten zu Lasten des Unfallversicherungsträgers wird im SGB VII ausdrücklich hervorgehoben. Hinsichtlich des Umfangs dieser Therapie heißt es in § 28 Abs. 2 SGB VII:

> *„Die ärztliche Behandlung umfasst die Tätigkeit der Ärzte, die nach den Regeln der ärztlichen Kunst erforderlich und zweckmäßig ist."*

Einschränkungen der ärztlichen Versorgung, wie sie im Bereich der gesetzlichen Krankenkasse zu berücksichtigen sind, existieren hier also nicht. Allerdings sieht § 29 Abs. 1, Satz 2 SGB VII vor, dass auch bei Verordnungen im Rahmen der berufsgenossenschaftlichen Heilbehandlung die Festbeträge der gesetzlichen Krankenversicherung zu beachten sind.

3.4 Weiterentwicklung des Hautarztverfahrens

3.4.1 „BK-Arzt-Haut": Fortschritt oder Rückschritt?

Die Träger der gesetzlichen Unfallversicherung erhalten von einer Berufskrankheit eines Versicherten nach Schätzungen in etwa 90% der Fälle erst relativ spät, nämlich durch die

Ärztliche Anzeige, Kenntnis. Nur bei der BK Haut 5101 ist dies anders. Grund hierfür ist das Hautarztverfahren. Auf die damit gegebene faktische Sonderstellung des Hautarztverfahrens im BK-Verfahren wurde bereits eingegangen. Der Vorstand des HVBG hat deshalb bereits vor einiger Zeit darauf hingewiesen, dass das Hautarztverfahren als Modell der Prävention auch anderer Berufskrankheiten dienen könnte. Dennoch hat es immer wieder Kritik am Hautarztverfahren gegeben.

So ist in den letzten Jahren auf Seiten des HVBG diskutiert worden, analog zum D-Arztverfahren und dem D-Arzt ein so genanntes BK-Arzt-Verfahren und damit auch einen „BK-Arzt-Haut" einzuführen. Das Hautarztverfahren würde dann nur noch in den Händen spezialisierter Hautärzte und Arbeitsmediziner liegen. Durch unverzügliche und kompetente Durchführung eines modifizierten Hautarztverfahrens durch einen „BK-Arzt Haut" sollte zum Beispiel unheilvollen Fehlentwicklungen vorgebeugt werden, die nicht selten bei berufsbedingten Hauterkrankungen zu beobachten sind: Wegen geringfügiger Beschwerden wird Versicherten in hautbelastenden Berufen häufig voreilig angeraten, den Beruf aufzugeben, ohne dass eine fundierte Prüfung der Zusammenhänge, eine differente Behandlung sowie Beratung hinsichtlich des ganzen Instrumentariums heute zur Verfügung stehender, adäquater Hautschutzmaßnahmen erfolgt wären. Die weiterhin zu konstatierende Tatsache, dass Hautarztberichte in sehr unterschiedlicher Qualität und mit zum Teil ausufernder Diagnostik erstattet werden, haben Überlegungen hinsichtlich eines „BK-Arztes-Haut" zusätzlich gefördert. Die Einführung des neuen SGB VII hat die Diskussion wiederbelebt, weil den Unfallversicherungsträgern hierin sehr weitgehende Kompetenzen zur Ausgestaltung „besonderer Verfahren für die Heilbehandlung" eingeräumt werden (§ 34 Abs. 1 SGB VII).

Naturgemäß ergeben sich erhebliche Probleme bei der Frage der Ermächtigung „spezialisierter" Hautärzte und Arbeitsmediziner. Die Problematik der rechtlichen und verfahrensmäßigen Rahmenbedingungen hat auch ein 1993 regional begrenzt durchgeführtes „BK-Arzt-Haut"-Pilotprojekt des Landesverbandes Südwestdeutschland der gewerblichen Berufsgenossenschaften überschattet. Im Abschlussbericht des Projektträgers wird dennoch insgesamt ein positives Resümee gezogen. Es wird ausgeführt, dass es im Rahmen des Pilotprojektes möglich war, durchschnittlich nach nur 11 Wochen 84% der gemeldeten Fälle zur Entscheidungsreife zu führen und die erforderlichen Maßnahmen einzuleiten (LVBG Südwestdeutschland 1994). Ein weiteres derartiges Pilotprojekt wurde durch die Berufsgenossenschaft der Feinmechanik und Elektrotechnik unter Einbeziehung von fünf Hautkliniken und beschränkt auf die Versicherten dieser Berufsgenossenschaft durchgeführt (Pflug 1995). Hierfür wurde ein spezieller, dezidierter Fragebogen entwickelt; es gelang, das BK-Verfahren in 74,7% der 75 bearbeiteten Fälle innerhalb von neun Monaten abzuschließen (Pflug 1995).

Zur Zeit werden in den meisten Landesverbänden der gewerblichen Berufsgenossenschaften Erfahrungen mit einem alternativen Modell gesammelt, dem so genannten „BK-Beratungsarzt" (Wehrmann 2000). Hierbei wird derzeit von manchen BG-Verwaltungen so verfahren, dass jeder Versicherte, bei dem ein Hautarztbericht erstattet wurde, bei entsprechender Befundkonstellation zusätzlich einem versierten Berufsdermatologen („BK-Beratungsarzt") vorgestellt wird.

Von den „Vätern" des Hautarztverfahrens – auf ärztlicher Seite unter anderem Siegfried Borelli (Borelli 1985) – war seinerzeit daran gedacht worden, das Hautarztverfahren a priori nur in die Hände einiger besonders erfahrener Dermatologen zu legen; dieses Konzept wurde rückschauend auf die letzten 30 Jahre zu Recht nicht realisiert. Eine weitere Qualitätssteigerung von Hautarztberichten mit einer sachgerechten, auf das Erforderliche beschränkten Diagnostik und dezidierten Angaben sowie Beratung bezüglich zu ergreifender Präventionsmaßnahmen ist ein geeigneter Weg, um das Hautarztverfahren auf der derzeitigen Basis weiterzuentwickeln.

3.4.2 Arbeitsplatzbezogene Beratungsmodelle

Eine Verbesserung der mit dem Hautarztverfahren angestrebten sekundären Prävention (Früherkennung) von berufsbedingten Hauterkrankungen ist möglich. In diesem Zusammenhang erscheinen zum Beispiel **Beratungsoptionen** für Versicherte mit berufsbedingten Hauterkrankungen sinnvoll; auch im Rahmen der primären Prävention ist es erforderlich, bestehende Informationsdefizite abzubauen. Wie verschiedene Studien gezeigt haben, ist bisher allenthalben nur ein kleiner Prozentsatz der Beschäftigten in hautbelastenden Berufen über arbeitsplatzbezogene Erkrankungsrisiken ausreichend informiert (Budde-Wamhoff, Schwanitz 1992; Schöbel, Schwanitz 1993; Schwanitz, Uter, Wulfhorst 1996; Wulfhorst 1996b; Wigger-Alberti et al. 1997a,b; Wulfhorst, Schwanitz 2000; Schlesinger, Revermann, Schwanitz 2001). Wulfhorst hat im norddeutschen Raum Betriebsberatungen in 103 Friseursalons durchgeführt, in denen bereits berufsbedingte Hauterkrankungen aufgetreten sind (Wulfhorst 1996b,c,g; Schwanitz, Wulfhorst 2002). Mit diesem sowohl primär wie sekundär präventiven Ansatz konnte gezeigt werden, dass in 60,2% der beratenen Salons weitere Beschäftigte Hautprobleme aufwiesen. Die Motivation, ein solches Beratungsangebot anzunehmen und umzusetzen, ist größer, wenn Beschäftigte in hautbelastenden Berufen bereits durch im Betrieb erkrankte Kollegen mit der Problematik konfrontiert sind.

■ **Hautarztverfahren in Kleinbetrieben.** In hautbelastenden Arbeitsbereichen, in denen die Versicherten überwiegend in Kleinbetrieben beschäftigt sind, hat das Hautarztverfahren eine besondere Bedeutung. Häufig wird gerade in Kleinbetrieben prophylaktischen Maßnahmen und insbesondere dem Hautschutz wenig Bedeutung beigemessen, die Fürsorgepflicht gegenüber den Beschäftigten (z.B. Bereitstellung von geeigneten Handschuhen, Schutzcremes) von den Arbeitgebern nicht selten missachtet. Dies ist einer der Gründe, weshalb Berufsdermatosen ganz überwiegend bei Beschäftigten aus Kleinbetrieben auftreten.

Exemplarisch gilt diese Feststellung für das Friseurgewerbe. Entsprechend wichtig sind frühzeitige Präventionsmaßnahmen im Rahmen des Hautarztverfahrens; hier ist gegebenenfalls auch ein Gespräch des Hautarztes mit dem Betriebsinhaber sinnvoll (abrechnungsfähig sind Betriebsberatungen im Rahmen des Hautarztverfahrens allerdings bisher nicht; anderes gilt für BK-Beratungsärzte). Die Bereitschaft zur Durchführung von Hautschutzmaßnahmen ist bei Beschäftigten naturgemäß auch an die Akzeptanz auf Seiten des Betriebsinhabers gebunden; bei ärztlichen Beratungen sowohl von Beschäftigten als auch von Betriebsinhabern sollten deshalb Hinweise auf die gültige TRGS nicht fehlen. Mit der am 1. September 1992 in Kraft getretenen einschlägigen „Technischen Regel für Gefahrstoffe Friseurhandwerk" (TRGS 530; aktuelle Fassung September 2001) ist ein Regelwerk geschaffen worden, das bei strikter Einhaltung die Risiken der Entstehung von Hauterkrankungen im Friseurgewerbe wirkungsvoll reduzieren kann.

Nach einer Pilotphase an der Universität Osnabrück werden mittlerweile bundesweit durch die Berufsgenossenschaft Gesundheitsdienst und Wohlfahrtspflege Hautschutzseminare für Friseure angeboten. Der Modellversuch eines modifizierten stationären Heilverfahrens hat sich ebenfalls bewährt (Schwanitz 2002). Die Häufigkeit von Hauterkrankungen im Friseurgewerbe ist seit Mitte der neunziger Jahre stark rückläufig (John 2001; Dickel et al. 2002a,b).

Während sich in Großbetrieben heutzutage in aller Regel ein differenziertes Hautschutzangebot nebst betriebsärztlicher Betreuung findet, war dies bisher in Kleinbetrieben meist nicht gegeben. Die gesetzlich vorgeschriebene betriebsärztliche Betreuung auch von Kleinbetrieben muss sich in der Praxis erst bewähren, insbesondere hinsichtlich des Teilaspektes *Hauterkrankungen*. Die Effektivität der Betreuung wird hier maßgeblich von einer engen Kooperation zwischen Betriebsarzt und Dermatologen abhängen. Dem Hautarztverfahren kommt hier eine zentrale Bedeutung für die Zukunft zu. Zudem sind Impulse für die wünschenswerte interdisziplinäre Weiterentwicklung des Hautarztverfahrens zu erwarten.

3.4.3 Qualitätssicherung: Clearing-Verfahren der ABD

Mit der in den letzten Jahren deutlich gewachsenen Zahl der Hautarztberichte hat es vermehrt in Einzelfällen Beanstandungen der Unfallversicherungsträger bezüglich der durchgeführten Diagnostik im Hautarztverfahren gegeben. Die Kritik richtete sich meistens gegen einen dem Charakter eines derartigen Präventionsverfahrens nicht angemessenen Umfang der betriebenen Diagnostik. Auch wenn es sich bei der Durchführung von „Maximaldiagnostik" im Hautarztverfahren nur um Einzelfälle handelt, könnten diese doch dazu angetan sein, das Hautarztverfahren insgesamt zu diskreditieren.

Die Arbeitsgemeinschaft für Berufs- und Umweltdermatologie (ABD) hat vor diesem Hintergrund im Rahmen der Maßnahmen zur Qualitätssicherung im Hautarztverfahren beschlossen, ein Clearing-Verfahren einzurichten (Mai 1999). Dieser Beschluss wurde durch die Arbeitsgruppe „Qualitätssicherung im BK Verfahren" der ABD bestätigt. Danach können beanstandete Hautarztberichte in anonymisierter Form (sowohl bezüglich des betreffenden Versicherten als auch des erstellenden Hautarztes) zwei Gutachtern aus dem Kreise der gewählten dermatologischen Mitglieder der zuvor genannten Gremien vorgelegt werden, die unabhängig voneinander eine Stellungnahme abgeben. Der Ablauf des Verfahrens wird durch den Vorstand der ABD koordiniert.

■ **Ergebnisse.** In der Zeit von Mai 1999 bis März 2001 wurden dem Vorstand der ABD 97 Hautarztberichte und 2 „BK-Beratungsarzt Haut"-Stellungnahmen vorgelegt. Ferner wurde eine gutachterliche Bewertung der Honorarforderungen im Rahmen eines ambulanten BG-Heilverfahrens angefordert (Tabelle 3.3). Die Honorarforderungen der beanstandeten Hautarztberichte lagen im Schnitt bei 633 DM, wobei die Spanne zwischen 395 bis 1773 DM betrug.

Insgesamt wurden in 97 von 100 durchgeführten Begutachtungen die Beanstandung des Unfallversicherungsträgers als gerechtfertigt angesehen. Diese Einschätzung erfolgte zu 97% in weitgehender Übereinstimmung beider Gutachter. Hierfür ist ursächlich, dass dem Clearingverfahren überwiegend Liquidationen mit sehr umfangreicher Diagnostik vorgelegt wurden. Zum Teil wurde eine Diagnostik betrieben, die selbst im Rahmen eines gewerbedermatologischen Zusammenhangsgutachtens (Schwanitz, John, Brandenburg 1998) nicht angemessen gewesen wäre. Die

Tabelle 3.3. Entwicklung des Clearingverfahrens im Zeitraum von Mai 1999 bis März 2001

Clearing-Verfahren in Zahlen	
■ Hautarztberichte	97
■ BK-Beratungsarzt-Stellungnahmen	2
■ Ambul. BG-Heilverfahren (Therapie)	1
■ Involvierte Unfallversicherungsträger	11
■ Involvierte Hautärzte	48
Bearbeitungsdauer	ca. 2–3 Monate
Gegenstände	
■ 99 × Diagnostik	Epi-, Prick-, Intrakutantestung, IgE (Serologie), Mykologie, Hautfunktionsdiagnostik Horonarforderungen: ∅ = 633 DM, Spanne: 395–1773 DM
■ 1 × Therapie	Bei BK 5102
■ 3 × Dermatologische, Ergänzungsuntersuchungen n. § 38 JArbSchG	

Kritik der Gutachter richtete sich in erster Linie gegen die Indikationsstellung bei der Diagnostik (besonders Epikutan-, Prick-, Intrakutantestung, IgE-Serologie), ferner gegen mangelnde Befunddokumentation, unzureichende anamnestische und klinische Befundung (Diskrepanz zur durchgeführten Diagnostik), fehlende Relevanzbeurteilung von Sensibilisierungen, unpräzise Diagnosestellung sowie gegen unsachgemäße Testmodalitäten (z. B. fehlende Spätablesungen, Doppeltestungen, mangelnde Dokumentation).

Gerade bei Landwirten und Berufen in der Nahrungsmittelindustrie wurde in den beanstandeten Berichten häufig umfangreiche Typ-I-Diagnostik betrieben. Im Rahmen des Hautarztverfahrens ist bezüglich einer beruflichen Schleimhautsymptomatik allenfalls eine durch berufliche Typ-I-Allergene bedingte Konjunktivitis diagnostisch abklärbar; bereits bei bestehenden rhinitischen, insbesondere aber bei bronchialen Beschwerden darf im Rahmen des Hautarztverfahrens keine Diagnostik erfolgen. Das Hautarztverfahren greift nur im Vorfeld der BK Nr. 5101, die diese zuletzt genannten Erkrankungssymptome nicht umfasst. Bei entsprechendem, begründeten Verdacht bezüglich beruflicher Rhinitiden oder allergischen Asthmas ist eine „Ärztliche Anzeige über eine Berufskrankheit" nach § 202

SGB VII (Vordruck F 6000; Kap. 4) zu erstatten. Die Diagnostik ist in diesem Falle allerdings nicht zu Lasten des Unfallversicherungsträgers liquidierbar. An diesem Beispiel wird nochmals das besondere Privileg und die logistische Vereinfachung deutlich, die das Hautarztverfahren als Vorfeldverfahren im Bereich der BK Nr. 5101 bedeutet. Es sei angemerkt, dass für die Erstattung einer Ärztlichen Anzeige – anders als beim Hautarztbericht – das Einverständnis der/des Versicherten nicht zwingend erforderlich ist (Blome 2000).

Eine Darstellung von Einzelfällen ist bereits andernorts publiziert worden (John, Schwanitz 2003). Auf der Basis von im Berichtszeitraum häufig geäußerten Beanstandungen der Gutachter sind im Folgenden einige Postulate hinsichtlich der Erstattung von Hautarztberichten zusammengefasst (Tabelle 3.4).

In manchen der beanstandeten Berichte wurde umfangreiche Typ-I-Diagnostik (bis zu 70 Prick- oder Intrakutantestungen und z.T. bis zu 15 serologische Bestimmungen von Gesamt-IgE bzw. spezifischem IgE) durch ein „Atopie-Screening" motiviert. Die Gutachter haben in diesen Fällen auf die vorliegenden, übereinstimmenden epidemiologischen Daten hingewiesen, die die geringe Relevanz einer Inhalativatopie für das Haut-Erkrankungsrisiko in Feuchtberufen belegen (Uter et al. 1998; Uter 1999; Berndt 1999; Diepgen 2003). Diese epidemiologischen Daten untermauern andererseits die Bedeutung der Erhebung von anamnestischen und klinischen atopischen Major- und Minorkriterien für die Abschätzung des Vorliegens einer atopischen Hautdisposition, um die es im Rahmen des Hautarztverfahrens in erster Linie geht. Von den Gutachtern wurde primär auf diese Erfordernis hingewiesen; ggf. kann ergänzend durch eine orientierende Pricktestung einiger Leitantigene die Atopie-Diagnostik vervollständigt werden.

■ **Schlussfolgerungen.** Hinsichtlich einer angemessenen Diagnostik im Hautarztverfahren gibt es unter tätigen Berufsdermatologen aus Klinik und Praxis einen breiten Konsens. Das machen die überwiegend kongruenten Gutachtervoten im Clearingverfahren deutlich.

Entsprechend ist bei Zugrundelegung der Ergebnisse des Clearingverfahrens festzustellen, dass es nur sehr wenige Hautärzte sind, die eine dem Sinn des Verfahrens zuwider laufende, ausufernde Diagnostik betreiben. Wenn angenommen wird, dass jährlich bundesweit mindestens 8000 Hautarztberichte erstattet werden, dann liegt die Zahl der dem Clearing-Verfahren im Berichtszeitraum unterzogenen Beanstandungen deutlich unter 1%.

Leider können auch diese wenigen Fälle von „Maximaldiagnostik" das Hautarztverfahren insgesamt diskreditieren. Bei den Diskussionen in den Gremien über die Neufassung der früheren Leit-Nr. 62 (jetziger § 43 Hauttestungen; vgl. Tabelle 3.1) hat sich dies gezeigt. Es ist der Besonnenheit aller Beteiligten zu danken, dass auch die jetzige Regelung im Ärztevertrag die für die Effizienz dieses Frühinterventionsverfahrens essenzielle Möglichkeit einer zeitnahen Diagnostik fortschreibt.

Es wäre dem Clearing-Verfahren zu wünschen, dass es seine Effizienz dadurch unter Beweis stellt, dass es zukünftig mangels Bedarf kaum noch in Anspruch genommen wird. Die Chancen hierfür können günstig beurteilt werden:

Tabelle 3.4. Zusammenfassende Postulate der Gutachter für die Erstattung von Hautarztberichten auf der Basis von häufig geäußerten Beanstandungen im Clearing-Verfahren der ABD.

- Adäquate, dezidierte dermatologische Befundbeschreibung (einschl. Lokalisationsangabe)
- anamnestische und klinische Atopie-Diagnostik (atop. Hautdisposition)
- Testung lege artis (DKG-Leitlinien): Aufklärung, Zusammensetzung der Test-Blöcke, Ablesungszeitpunkte, präzise Dokumentation (einschließlich verwendeter Testkonzentrationen, Vehikel, Nomenklatur)
- Gezielte Testung verdächtiger arbeitsplatzbezogener Allergene, keine schrotschußartige Untersuchung umfangreicher Testbatterien
- Prick i.R. ausreichend
- sIgE i.R. nur bei unmittelbar berufsrelevanten Allergenen
- Keine exotischen Hautfunktionsproben (z.B. basaler TEWL, RHF; Oszillationsmessung, transcutaner pO$_2$, usw.)
- Keine Asthma/Rhinitis-Diagnostik
- Relevanz-Bewertung gefundener Sensibilisierungen (beruflich/klinisch)
- Differenzierte fachärztliche Diagnose
- Dezidierte Angaben zur erforderlichen Prävention (einschließlich TAD, Hautschutzseminare, ambulantes oder z.B. modifiziertes stationäres Heilverfahren, etc.)

- Zu erwartende normative Effekte durch die Existenz des Verfahrens
- Überarbeitung der bisherigen Leit-Nr. 62
- Begrenzung der Zahl der berechenbaren Testungen in der UV-GOÄ
- Anhebung des Sockelbetrags für die Erstattung des Hautarztberichts (Vordruck F 6050) und die Untersuchung der Versicherten[6]

Von maßgeblicher Bedeutung erscheint in diesem Zusammenhang, dass mit der seitens der ABD vorgeschlagenen weiteren Optimierung des Hautarztverfahrens (vgl. 3.4.4) eine angemessene Honorierung der eigentlichen ärztlichen Leistungen angestrebt wird (Schwanitz 2000). Letzteres dürfte das Bedürfnis minimieren, die aufgewendete Arbeitszeit über das Honorar für umfangreiche Diagnostik zu kompensieren.

Das Hautarztverfahren ist die für die Berufsdermatologie praktisch wichtigste Regelung im Unfallversicherungsrecht. Es muss deshalb ein vorrangiges gewerbedermatologisches Ziel sein, dieses wirksame Instrument der frühzeitigen und gezielten Sekundär-Prävention über die erreichten Qualitätsstandards hinaus weiter zu entwickeln. In diesem Gesamtkonzept ist eine Qualitätsprüfung, die aus den Reihen der Dermatologen aus Klinik und Praxis erfolgt und die notwendige Transparenz herstellt, ein wesentlicher Baustein.

3.4.4 Qualitätssteigerung: Optimiertes Hautarztverfahren

Das Hautarztverfahren ist in den 30 Jahren seines Bestehens ohne Zweifel ein wegweisendes Instrument der Prävention gewesen. Das Erhebungsinstrument (Fragebogen) ist seit der Einführung des Hautarztverfahrens inhaltlich nahezu unverändert geblieben; wesentliche Potentiale einer wirksamen Optimierung blieben ungenutzt. So ist es z.B. bisher nicht gelungen, die Ergebnisse der in den letzten Jahren vorgelegten epidemiologischen Studien, die die Schwerpunkte einer gezielten und wirksamen Prävention von Berufsdermatosen präzise formuliert haben, umzusetzen und in das Hautarztverfahren zu implementieren. Vor diesem Hintergrund erscheint es deshalb zwingend, wissenschaftlich begründete Perspektiven für die zukünftige Qualitätssicherung und Weiterentwicklung arbeitsplatzbezogener Präventionsmaßnahmen in Gestalt eines optimierten Hautarztverfahrens zu entwickeln.

Kürzlich hat sich auf Einladung des Hauptverbandes der gewerblichen Berufsgenossenschaften (HVBG) unter Beteiligung der Arbeitsgemeinschaft für Berufs- und Umweltdermatologie (ABD) in der Deutschen Dermatologischen Gesellschaft (DDG) und des Berufsverbandes der Deutschen Dermatologen (BVDD) eine interdisziplinäre Arbeitsgruppe „Verbesserung des Hautarztverfahrens" konstituiert und neu strukturierte, an modernen Erkenntnissen orientierte Formtexte für den Hautarztbericht vorgelegt, die als Basis für ein optimiertes Hautarztverfahren konzipiert sind (Schwanitz 2000). Auch die im Clearing Verfahren der ABD (vgl. 3.4.3; Tabelle 3.4) gesammelten Beobachtungen wurden berücksichtigt.

Die Vorschläge der Arbeitsgruppe sind mittlerweile in verschiedenen Gremien des HVBG und der ABD (z.B. Arbeitsgruppe „Qualitätssicherung im BK-Verfahren") beraten und ergänzt worden. Ihren vorläufigen Abschluss haben die bisherigen Arbeiten in Form eines neuen Hautarztberichtes gefunden, der bewusst den Zusatztitel „Einleitung Hautarztverfahren/ Stellungnahme Prävention" enthält (Abb. 3.4). Bei der Durchsicht des Formulars wird deutlich, dass es bezüglich der berufsspezifischen Anamnese ausführlicher geworden ist. So sollen z.B. die Anteile von Feuchtarbeiten oder verschmutzenden Tätigkeiten quantifiziert werden. Des Weiteren wird genauer erfasst, welche Art von „persönlicher Schutzausrüstung" eingesetzt worden ist, also Schutzhandschuhe, Hautschutzmittel, Hautreinigungs- und -pflegemittel. Im Hautbefund wird – dem aktuellen Stand des Wissens folgend – detaillierter als bisher auf eine mögliche atopische Hautdisposition oder auf atopische Merkmale eingegangen; ferner werden die Fragen zum Ergebnis der Befunderhebung und ihrer Begleitumstände präzisiert.

In dem Abschnitt „Empfehlungen" wird neben der klassischen dermatologischen Therapie erneut der Hautschutz angesprochen. Des

---
[6] Gebührenverzeichnis Nr. 130 zuzügl. Nr. 1.

Hautarztbericht - UV-Träger -
- Einleitung Hautarztverfahren/Stellungnahme Prävention

Ihr Zeichen:
Ihre Nachricht vom:
Unser Zeichen:
Ihr Ansprechpartner:
Telefon:
Telefax:
E-Mail:

Datum:

1 Angaben zum Versicherten

1.1 Name, Vorname: Geburtsdatum:

1.2 Anschrift: Telefon-Nr.:

1.3 Staatsangehörigkeit: Geschlecht:

1.4 Name und Anschrift des Arbeitgebers (der Kindertageseinrichtung, der Schule oder Hochschule):

1.5 Krankenkasse (bei Fam.-Vers. Name des Mitglieds; in diesem Falle keine Kopie an die Krankenkasse):

2 Angaben zur beruflichen Beschäftigung

2.1 Derzeitige Tätigkeit?

2.2 Seit wann ausgeübt?

3 Angaben zu Hautbelastungen/Schutzmaßnahmen

3.1 Arbeitsstoffe:

Bemerkungen:

3.2 Feuchtarbeit: Stunden pro Tag
Bemerkungen:

3.3 Verschmutzung: Stunden pro Tag
Bemerkungen:

3.4 Persönliche Schutzausrüstung:
- Handschuhe: ☐ Nein   ☐ Ja   Wenn ja, welche:
- Hautschutzmittel: ☐ Nein   ☐ Ja   Wenn ja, welche:
- Hautreinigungsmittel:☐ Nein   ☐ Ja   Wenn ja, welche:
- Hautpflegemittel: ☐ Nein   ☐ Ja   Wenn ja, welche:
Bemerkungen:

F 6050/08 0102 Erstbericht Hautarzt BK 5101

Abb. 3.4. Optimiertes Hautarztverfahren I: „Einleitung Hautarztverfahren / Stellungnahme Prävention"

- 2 -

4 Angaben zur Erkrankung
4.1 Wann ist die Hauterkrankung erstmals aufgetreten?
4.2 Wo ist die Hauterkrankung erstmals aufgetreten?

4.3 Art der Hautveränderungen?

4.4 Erfolgte deswegen bereits eine ärztliche Behandlung? ☐ Nein ☐ Ja
Wenn ja,
Zeitpunkt der Behandlung   Name, Anschrift   Häufigkeit d. Beh.   Arbeitsunfähigkeit (ggf. Zeitraum)
                                                                                                        bis

4.5 Wurde ein Betriebsarzt eingeschaltet bzw. informiert? ☐ Nein ☐ Ja

4.6 Wurde die Erkrankung bereits gemeldet? ☐ Nein ☐ Ja, bei UV-Tr.:

5 Hautbefund
5.1 Beurteilungsgrundlage:
☐ Während der Berufstätigkeit ☐ Während arbeitsfreier Zeit (Arbeitsunfähigkeit/Urlaub) ☐ Unter Cortisontherapie

5.2 Aktueller Hautbefund - **bitte Detailangaben auf Beiblatt** -:
- Morphe:

- Lokalisation:

5.3 Atopie:
(u. a. Beugenekzem, vorberufliches Handekzem inklusive Pompholyx, Juckreiz beim Schwitzen oder nach dem Duschen, Ohrrhagaden, Pityriasis alba, Herthogezeichen, weißer Dermographismus)
- anamnestisch: ☐ keine Hinweise ☐ Ja, folgende:
- klinisch: ☐ keine Hinweise ☐ Ja, folgende:

5.4 Sonstiger Befund:

6 Testungen
☐ sind vorgesehen, voraussichtlich am
☐ sind nicht vorgesehen
☐ wurden von mir am   durchgeführt (Testprotokolle sind beigefügt)
☐ wurden von   durchgeführt (Testprotokolle sind beigefügt)
Bemerkungen:

7 Diagnosen

F 6050/08 0102 Erstbericht Hautarzt BK 5101

Abb. 3.4. Optimiertes Hautarztverfahren I: „Einleitung Hautarztverfahren / Stellungnahme Prävention"

- 3 -

8 Beurteilung
8.1 Anhaltspunkte für eine beruflich verursachte Hauterkrankung:
☐ Nein ☐ Ja, folgende - bitte begründen -:

9 Empfehlungen
9.1 Therapie:
☐ Vorgesehene Maßnahmen:

☐ Wiedervorstellung veranlasst am
☐ Behandlung zu Lasten des UV-Trägers ☐ durch mich ☐ durch

9.2 Hautschutz:
- Externa:
- Schutzhandschuhe:

9.3 Aufgabe der derzeit ausgeübten Tätigkeit:
☐ erscheint nicht erforderlich ☐ ist zu prüfen, weil - bitte begründen -:

9.4 Sonstige Maßnahmen (z. B. am Arbeitsplatz) - bitte begründen -:

Datenschutz:
Ich habe die Hinweise nach § 201 SGB VII gegeben.

Rechnung
Pauschbetrag _____ EUR
Porto _____ EUR
zusammen _____ EUR

Rechnungsnummer	Institutionskennzeichen (IK)
	Falls kein IK - Bankverbindung -

_____
Unterschrift des Arztes

Sie erhalten eine Gebühr (Nr. 130) und Auslagen nach der UV-GOÄ

Verteiler
Unfallversicherungsträger
Krankenkasse

F 6050/08 0102 Erstbericht Hautarzt BK 5101

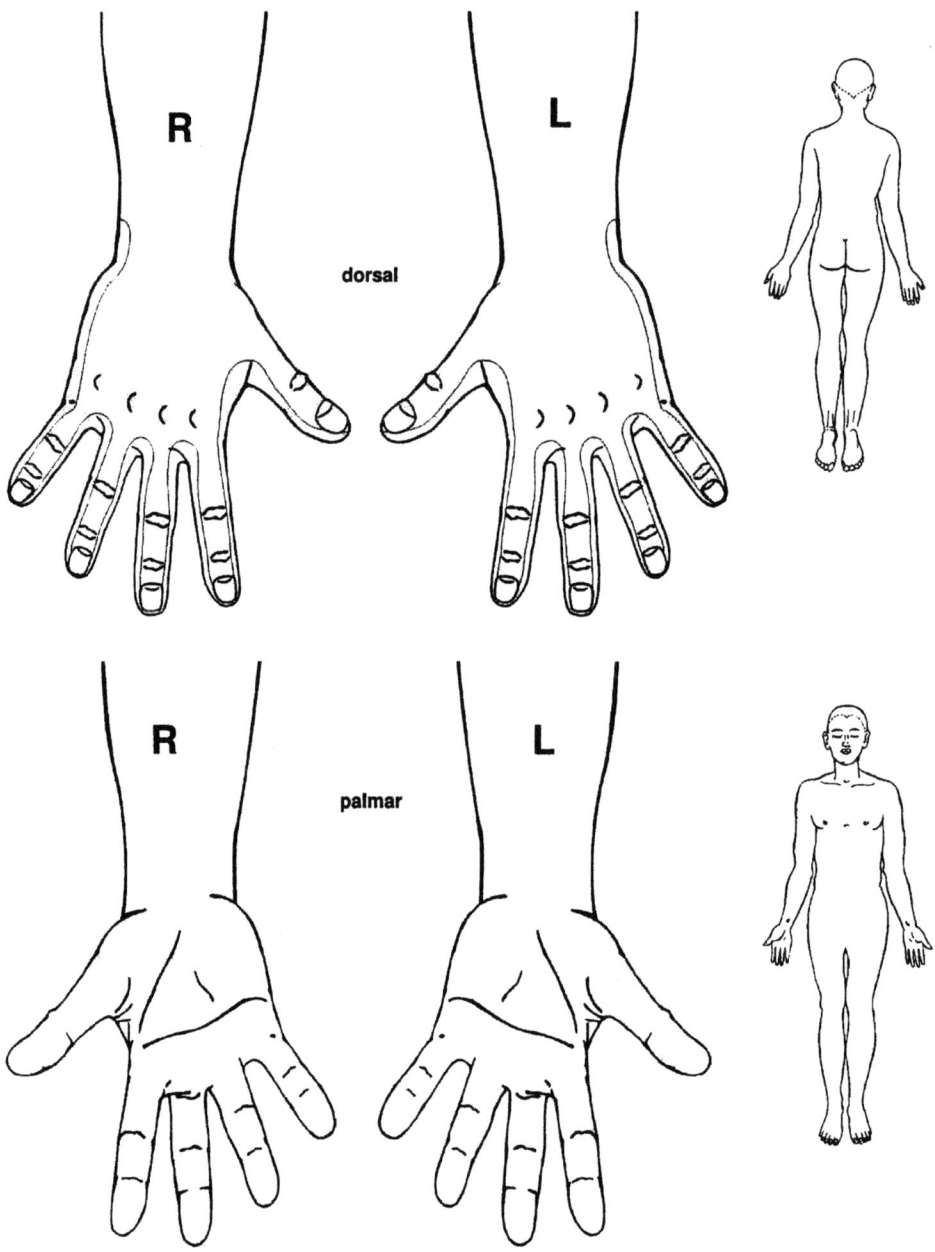

Abb. 3.4. Optimiertes Hautarztverfahren I: „Einleitung Hautarztverfahren / Stellungnahme Prävention"

Information zum Datenschutz

Die bei der Behandlung erhobenen Daten (die Diagnose, Ihre Angaben zur Entstehung der Erkrankung und dem Verlauf der Heilbehandlung) werden dem zuständigen Unfallversicherungsträger mitgeteilt. Grundlage ist die Verpflichtung nach § 201 Sozialgesetzbuch VII.

Übermittelt werden nur die Angaben, die der Unfallversicherungsträger benötigt, um über die gesetzlichen Leistungen bei einer Berufskrankheit zu entscheiden (z. B. Übernahme der Heilbehandlungskosten, Verletztengeld usw.).

Nähere Informationen können Sie von Ihrem Unfallversicherungsträger verlangen.

Erklärung

Ich bin damit einverstanden, dass

1. der Unfallversicherungsträger folgende Ärzte über medizinische Feststellungen bzw. das Ergebnis der Ermittlungen unterrichtet:

    ☐ Hautarzt _____

    Anschrift: _____

    ☐ Betriebsarzt   Name - soweit bekannt -: _____

    ☐ Hausarzt _____

    Anschrift: _____

2. Auskünfte über Erkenntnisse bei der betriebsärztlichen Betreuung (medizinische Befunde, Arbeitsplatzverhältnisse)

    ☐ bei dem Betriebsarzt   Name - soweit bekannt -: _____

    eingeholt werden.

Für Rückfragen:
   Ihre Telefon-Nr.:
   Fax-Nr.:

_____   _____
(Datum)   (Unterschrift)

F 6050/08 0102 Erstbericht Hautarzt BK 5101

Hautarztbericht
-Behandlungsverlauf

- UV-Träger -

Mein Zeichen:

Telefon:
Telefax:
E-Mail:

Datum:
**Aktenzeichen des
UV-Trägers**
- soweit bekannt -

1 Angaben zum Versicherten	
1.1 Name, Vorname:	Geburtsdatum:

2 Angaben zur beruflichen Beschäftigung	☐ keine Veränderungen gegenüber dem Vorbericht
2.1 Derzeitige Tätigkeit?	
2.2 Seit wann ausgeübt?	

3 Angaben zu Hautbelastungen/Schutzmaßnahmen	☐ keine Veränderungen gegenüber dem Vorbericht
3.1 Arbeitsstoffe:	
Bemerkungen:	
3.2 Feuchtarbeit: Stunden pro Tag	☐ keine Veränderungen gegenüber dem Vorbericht
Bemerkungen:	
3.3 Verschmutzung: Stunden pro Tag	☐ keine Veränderungen gegenüber dem Vorbericht
Bemerkungen:	
3.4 Persönliche Schutzausrüstung:	☐ keine Veränderungen gegenüber dem Vorbericht
- Handschuhe: ☐ nein ☐ ja Wenn ja, welche:	
- Hautschutzmittel: ☐ nein ☐ ja Wenn ja, welche:	
- Hautreinigungsmittel: ☐ nein ☐ ja Wenn ja, welche:	
- Hautpflegemittel: ☐ nein ☐ ja Wenn ja, welche:	
Bemerkungen:	

4 Angaben zur Erkrankung
4.1 Verlauf seit letzter Berichterstattung:

Verlaufsbericht Hautarzt 0102

Abb. 3.5. Optimiertes Hautarztverfahren II: Gestrafftes Formular zur Dokumentation des „Behandlungsverlaufs"

5 Hautbefund

5.1 Beurteilungsgrundlage:
☐ Während der Berufstätigkeit ☐ Während arbeitsfreier Zeit (Arbeitsunfähigkeit/Urlaub) ☐ Unter Cortisontherapie

5.2 Aktueller Hautbefund - bitte Detailangaben auf Beiblatt -:
- Morphe:

- Lokalisation:

5.3 Atopie:
(u. a. Beugenekzem, vorberufliches Handekzem inklusive Pompholyx, Juckreiz beim Schwitzen oder nach dem Duschen, Ohrrhagaden, Pityriasis alba, Herthogezeichen, weißer Dermographismus)
- klinisch: ☐ Keine Hinweise ☐ ja, folgende:

5.4 Sonstiger Befund:

6 Diagnosen

7 Beurteilung

7.1 Verlauf:

7.2 Anhaltspunkte für eine beruflich verursachte Hauterkrankung:
☐ nein ☐ ja, folgende - bitte begründen -:

8 Empfehlungen

8.1 Therapie:
☐ Vorgesehene Maßnahmen:

☐ Wiedervorstellung veranlasst am
☐ Behandlung zu Lasten des UV-Trägers ☐ durch mich ☐ durch

8.2 Hautschutz:
- Externa:
- Schutzhandschuhe:

8.3 Aufgabe der derzeit ausgeübten Tätigkeit:
☐ erscheint nicht erforderlich ☐ ist zu prüfen, weil - bitte begründen -:

8.4 Sonstige Massnahmen (z. B. am Arbeitsplatz) - bitte begründen -:

Datenschutz:
Ich habe die Hinweise nach § 201 SGB VII gegeben.

Rechnung
Pauschbetrag _____ EUR
Porto _____ EUR
zusammen _____ EUR

| Rechnungsnummer | **Institutionskennzeichen (IK)** |
| | **Falls kein IK** - Bankverbindung - |

Unterschrift des Arztes

Verteiler
Unfallversicherungsträger
Krankenkasse

Verlaufsbericht Hautarzt 0102

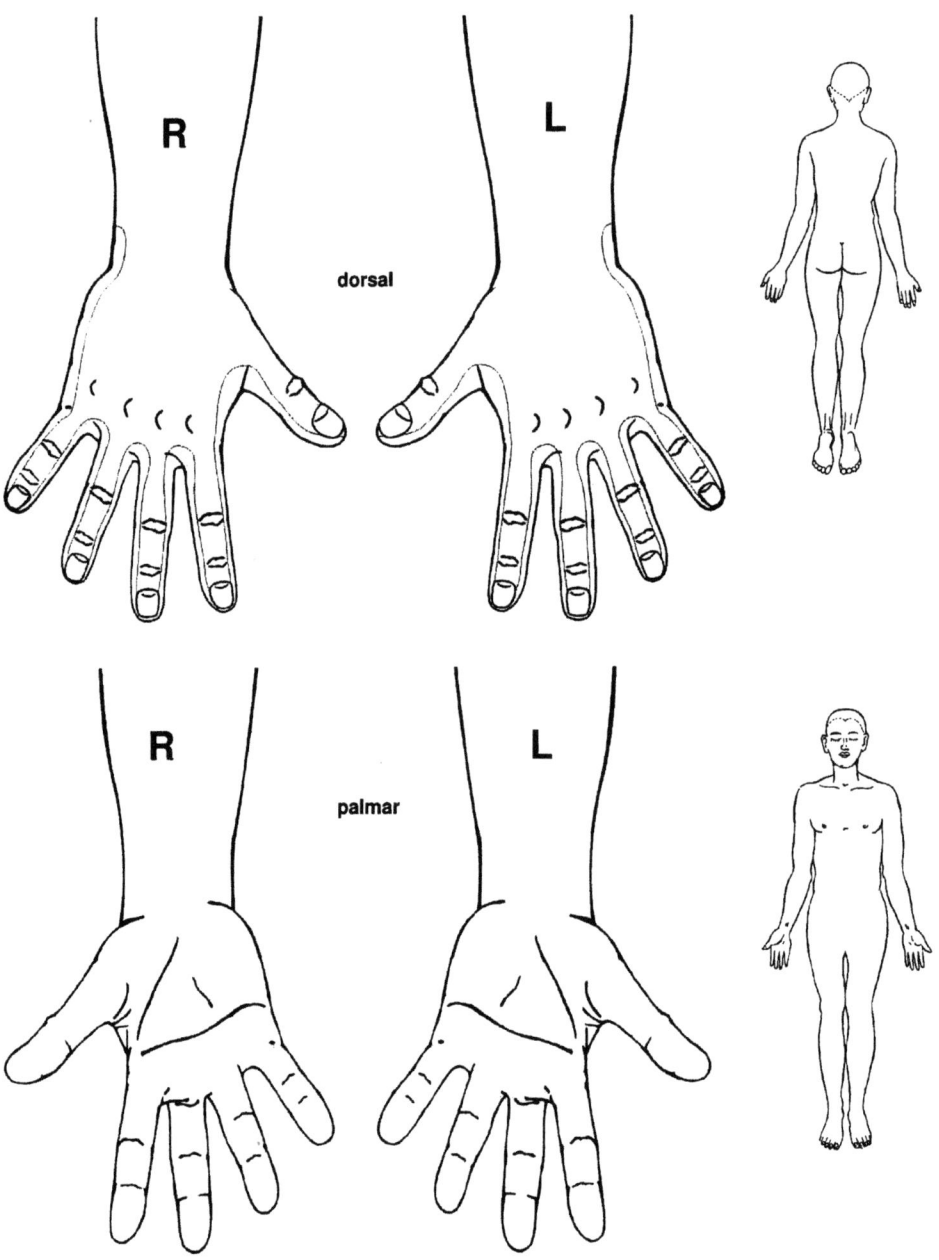

Abb. 3.5. Optimiertes Hautarztverfahren II: Gestrafftes Formular zur Dokumentation des „Behandlungsverlaufs"

Weiteren ist unter Punkt 9.4 die Möglichkeit gegeben, arbeitsplatzbezogene Hinweise zu formulieren. An dieser Stelle könnte auch der Einsatz des technischen Aufsichtsbeamten (TAD) der zuständigen Berufsgenossenschaft empfohlen werden. Der Schrifttext wird ergänzt durch ein Beiblatt „Hautbefund", welches sich sicher bei der Präzisierung der Dokumentation bewähren wird. Es folgen die vom Gesetzgeber geforderten Informationen zum Datenschutz. Es besteht die Möglichkeit mit Hilfe dieses Formulars Kontakte zwischen Haut- und Betriebsarzt wie auch Hausarzt herzustellen. Als weitere Neuerung ist für Verlaufsberichte ein eigenes Formular „Hautarztbericht" mit der Zusatzüberschrift „Behandlungsverlauf" konzipiert worden (Abb. 3.5), welches deutlich gestrafft ist und so bei einer erneuten Vorstellung des Versicherten eine rasche Bearbeitung ermöglicht.

Diese Formulare erfordern insbesondere bei der Einleitung des Hautarztverfahrens einen deutlich erhöhten Arbeitsaufwand und -einsatz der beteiligten Hautärztinnen und Hautärzte. Folgerichtig war es in der Arbeitsgruppe „Verbesserung des Hautarztverfahrens" unstrittig, dass hier eine zeitgemäße und (im Vergleich zur bisherigen) deutlich erhöhte Vergütung erforderlich ist. Von Bedeutung ist, dass durch einen erweiterten, substantiierten Hautarztbericht mit einer wesentlich verbesserten Aussagefähigkeit auch die derzeit vielfach geübte Praxis, dass Hautarztberichte zunächst BK-Beratungsärzten bzw. beratenden Ärzten der Berufsgenossenschaften für eine erweiterte Stellungnahme vorgelegt werden (häufig unter erneuten Testungen), im Rahmen des neuen, optimierten Verfahrens voraussichtlich entfallen könnte.

Es ist vorgesehen, die neuen Formulare auch auf PC-geeigneten Datenträgern zur Verfügung zu stellen und sie zunächst in den Jahren 2003 bis 2004 in einer regional begrenzten Pilotphase zu erproben und zu evaluieren. Hierfür ist der Zuständigkeitsbereich des Landesverbandes Nordwestdeutschland der gewerblichen Berufsgenossenschaften vorgesehen. In dieser Erprobungsphase besteht die Möglichkeit, die Formulare weiter zu verbessern. Ab dem Jahre 2004 ist ein flächendeckender Einsatz vorgesehen.

Der Vorstand der ABD sieht in diesem optimierten Hautarztverfahren eine wesentliche Maßnahme der Qualitätssteigerung, die auch dazu beitragen könnte, die dem Verfahren immanenten und wichtigen Beratungsoptionen im Interesse der Versicherten vermehrt zu nutzen. Die Effizienz dieses vorgeschlagenen optimierten Präventionsinstrumentes wird ab origo fortlaufend wissenschaftlich evaluiert werden; die Ergebnisse stellen eine Basis für die zukünftige Weiterentwicklung des Hautarztverfahrens dar und erlauben es, bereits während der Pilotphase konzeptionelle Adjustierungen vorzunehmen (Schwanitz, John 2003; Dickel et al. 2003). Zentrales Ziel des optimierten Hautarztverfahrens ist, hautkranken Beschäftigten in Risikoberufen den *Berufsverbleib* durch frühzeitige Ausschöpfung des heute zur Verfügung stehenden, umfangreichen Instrumentariums wirksamen Haut- und Arbeitsschutzes sowie adäquater Therapie zu ermöglichen und eine deutliche Senkung der Ekzemmorbidität in diesen Berufen zu erreichen.

Literatur

Baur X, Allmers H (1999) Anamnese und arbeitsplatzbezogener Expositionstest bei Latexallergie. Art und Häufigkeit einzelner Organmanifestationen. Dt Ärztebl 96:A-1351–1353

Berndt U, Hinnen U, Iliev D, Elsner P (1999) Role of the atopy score and of single atopic features as risk factors for the development of hand eczema in trainee metalworkers. Br J Dermatol 140:922–924

Blome O (1998a) Arbeitsbedingte Erkrankungen – § 3 BKV. Ergo Med 22:276–282

Blome O (1998b) Der Arzt im Spannungsfeld zwischen der Schweigepflicht und der Anzeigepflicht von Berufskrankheiten. Pneumologie 52:680–683

Blome O (2000) Der Hautarzt im Spannungsfeld zwischen der ärztlichen Schweigepflicht und dem Datenschutz bei der Erstattung des Hautarztberichtes. Dermatol Beruf Umwelt/Occup Environ Dermatol 48:134–137

Borelli S (1985) Hautarztbericht – Hautarztverfahren. Dt Derm 33:1339–1343

Budde-Wamhoff U, Schwanitz HJ (1992) Primäre und sekundäre Prävention von Hautschäden durch Individualberatungen Angehöriger des Friseurhandwerks? Rehab 4:117–121

Dickel H, Blome O, Hagemann KH, Schwanitz HJ, Kuss O, John SM (2003) Berufsbedingte Hauterkrankungen – Paradigma der Sekundärprävention: Das Hautarztverfahren. Gestern, Heute, Morgen. Trauma und Rehabilitation (im Druck)

Dickel H, Bruckner T, Bernhard-Klimt C, Koch T, Scheidt R, Diepgen TL (2002a) Surveillance scheme for occupational skin disease in the Saarland, FRG: First report from BKH-S. Contact Dermatitis 46:197–206

Dickel H, Kuss O, Schmidt A, Diepgen TL (2002b) Impact of preventive strategies on trend of occupational skin disease in hairdressers: population based register study. BMJ 324(7351):1422–1423

Diepgen TL (2003) Atopiediagnostik im Rahmen des Hautarztverfahrens. BK-Report: 4. Dermatologisches Alpenseminar, Grainau 1.6. – 4.6.2000. HVBG (im Druck)

Fuchs T (1995) Gummi und Allergie. Dustri, München-Deisenhofen

Heese A, Peters KP, Koch HU, Hornstein OP (1995) Sofort-Typ-Allergien gegen Latexhandschuhe. Ein multifaktorielles Problem mit zunehmender Bedeutung. Dt Ärztebl 92:A-2914–2922

John SM (1999) Hautarztverfahren 1999. Dermatosen 47 (3):118–131

John SM (2001) Klinische und experimentelle Untersuchungen zur Diagnostik in der Berufsdermatologie. Konzeption einer wissenschaftlich begründeten Qualitätssicherung in der sozialmedizinischen Begutachtung. In: Schwanitz HJ (Hrsg.) Studien zur Prävention in Allergologie, Berufs- und Umweltdermatologie (ABU 4). Universitätsverlag Rasch, Osnabrück

John SM, Schwanitz HJ (1999) Naturlatexallergie. Verpflichtung zum Handeln. Dt Ärztebl 46:A-2989–2990

John SM, Schwanitz HJ (2003) Erste Erfahrungen mit der Clearing-Stelle der ABD zur Qualitätssicherung im Hautarztverfahren. BK-Report. HVBG, St. Augustin (im Druck)

Kolbe L, Kligman AM, Schreiner V, Stoudemayer T (2001) Corticosteroid-induced atrophy and barrier impairment measured by non-invasive methods in human skin. Skin research and technology 7:73–77

Kolbe L, Kligman AM, Stoudemayer T (1998) The sodium hydroxide erosion assay: a revision of the alkali resistance test. Arch Derm Res 290:382–387

Kühl M, Klaschka F (1990) Berufsdermatosen. Urban und Schwarzenberg, München

Le TK, De Mon P, Schalkwijk J, van der Valk PG (1997) Effect of a topical corticosteroid, a retinoid and a vitamin D3 derivative on sodium dodecyl sulphate induced skin irritation. Contact Derm 37:19–26

Mahler V, Fischer S, Fuchs T, Ghannadan M, Valent P, Fartasch M, Seybold B, Schuler G, Kraft D, Valenta R (2000) Primäre Prävention der Typ I-Allergie gegen Latex durch Einsatz „hypoallergener" Latexhandschuhe. In: Plettenberg A, Meigel WN, Moll I (Hrsg.) Dermatologie an der Schwelle zum neuen Jahrtausend. Aktueller Stand von Klinik und Forschung. Springer Berlin, Heidelberg, New York. S. 161–163

Mehrtens G, Perlebach E (1998) Die Berufskrankheitenverordnung (BeKV). Kommentar, 33. Lfg. Erich Schmidt, Berlin

Merkblatt für Betriebsärzte über den Verfahrensablauf beim Auftreten von Hauterkrankungen. Ausschuss „Arbeitsmedizin" des HVBG. ZH 1/568. Herausgeber: Hauptverband der gewerblichen Berufsgenossenschaften, St. Augustin. Carl Heymanns Verlag KG, Köln

Pflug B (1995) Qualifiziertes berufsdermatologisches Beratungsarztverfahren – Vorschläge zur Qualitätssicherung der Begutachtung von Berufsdermatosen. Berufsgenossenschaft der Feinmechanik und Elektrotechnik, Köln

Przybilla B, Rueff F, Baur X (1996) Zur gesundheitlichen Gefährdung durch die Allergie vom Soforttyp gegenüber Naturlatex. Positionspapier der Deutschen Gesellschaft für Allergie- und Immunitätsforschung. Allergo J 5:185–192

Riehl U (2001) Interventionsstudie zur Prävention von Hauterkrankungen bei Auszubildenden des Friseurhandwerks. In: Schwanitz HJ (Hrsg.) Studien zur Allergologie, Berufs- und Umweltdermatologie (ABU 3). Universitätsverlag Rasch, Osnabrück

Schindera I, Schindera KM (2001) BK-Haut Berufskrankheit Nr. 5101, 4. überarb. Aufl. Asche AG, Hamburg

Schlesinger T, Revermann K, Schwanitz HJ (2001) Dermatosen bei Auszubildenden des Friseurhandwerks in Niedersachsen. Ein Vergleich zwischen 1989, 1994 und 1999. Dermat Beruf Umwelt/Occup Environ Dermatol 49:185–192

Schöbel K, Schwanitz HJ (1993) Schutzhandschuhe im Friseurhandwerk. Empirische Untersuchungen zur Akzeptanz bei Friseuren und Kunden. TW Dermatologie 23:37–43

Schwanitz HJ, Uter W, Wulfhorst B (1996) Neue Wege zur Prävention – Paradigma Friseurekzem. Universitätsverlag Rasch, Osnabrück

Schwanitz HJ (2000) Verbesserung des Hautarztverfahrens. Dermatol Beruf Umwelt 48(6):224–231

Schwanitz HJ (2002) Tertiäre Prävention von Berufsdermatosen. Dermat Beruf Umwelt/Occup Environ Dermatol 50:212–217

Schwanitz HJ, John SM, Brandenburg S (1998) Empfehlungen für die Diagnostik von Berufskrankheiten nach BK 5101. Dermatosen 46:253–260

Schwanitz HJ, Wulfhorst B (2000) Workers Education. In: Kanerva L, Elsner P, Wahlberg JE, Maibach HI (Hrsg.) Occupational Dermatoses Handbook. Springer, Berlin, Heidelberg, New York, S. 441–443

Schwanitz HJ, John SM (2003) Optimiertes Hautarztverfahren. Tagungsband Herbsttagung des

Verbandes Deutscher Betriebs- und Werksärzte 2002, Bremen (im Druck)
TRGS 540: Sensibilisierende Stoffe. Bundesarbeitsblatt 12/97:5/8–6/3
Uter W (1999) Epidemiologie und Prävention von Handekzemen in Feuchtberufen am Beispiel des Friseurhandwerks. In: Schwanitz HJ (Hrsg.) Studien zur Prävention in Allergologie, Berufs- und Umweltdermatologie (ABU 2). Universitätsverlag Rasch, Osnabrück
Uter W, Pfahlberg A, Gefeller O, Schwanitz HJ (1998) Risk Factors for Hand Dermatitis in Hairdressing Apprentices. Results of the „"Prevention of Occupational Skin Disease in Hairdressers" study. Dermatosen 46:151–158
Van der Valk PGM, Maibach HI (1989a) Do topical corticosteroids modulate skin irritation in human beings? Assessment by transepidermal water loss and visual scoring. J Am Acad Dermatol 21(3 Pt 1):519–522
Wehrmann W (2000) BK-Beratungsarzt-Verfahren 1999. Dermatol Beruf Umwelt/Occup Environ Dermatol 48:60–65
Wigger-Alberti W, Maraffio B, Wernli M, Elsner P (1997 a) Training workers at risk for occupational contact dermatitis in the application of protective creams: Efficacy of a fluorescence technique. Dermatology 195:129–133
Wigger-Alberti W, Maraffio B, Wernli M, Elsner P (1997 b) Self-application of a protective cream. Arch Dermatol 133:861–864
Wulfhorst B (2001) Konzeption, Implementation und Evaluation einer gesundheitspädagogischen Maßnahme. Reihe Studien zur Prävention in Allergologie, Berufs- und Umweltdermatologie (ABU 5). Universitätsverlag Rasch, Osnabrück
Wulfhorst B (1996a) Schutzhandschuhe. In: Schwanitz HJ, Uter W, Wulfhorst B (Hrsg.) Neue Wege zur Prävention – Paradigma Friseurekzem. (ABU 1). Universitätsverlag Rasch, Osnabrück, S. 92–104
Wulfhorst B (1996 b) Sekundäre Prävention von Hautschäden im Friseurberuf. In: Schriftenreihe der Bundesanstalt für Arbeitsmedizin (Hrsg.) Tagungsbericht 8, Gesundheitsgefährdung im Friseurhandwerk, S. 19–39, Wirtschaftsverlag NW, Bremerhaven
Wulfhorst B (1996 c) Betriebsberatungen. In: Schwanitz HJ, Uter W, Wulfhorst B (Hrsg.) Neue Wege zur Prävention – Paradigma Friseurekzem. (ABU 1) Universitätsverlag Rasch, Osnabrück, S. 187–199
Wulfhorst B (1996 d) Hautschutzseminare. In: Schwanitz HJ, Uter W, Wulfhorst B (Hrsg.) Neue Wege zur Prävention Paradigma Friseurekzem (ABU 1). Universitätsverlag Rasch, Osnabrück, S. 176–186
Wulfhorst B, John SM, Schwanitz HJ (1992) Schutzhandschuhe für das Friseurhandwerk. Problematik der Prüfung, Auswahl und Anwendung. Dermatosen 40:221–231

3.5 Fakten und Thesen

1. Das Hautarztverfahren nimmt eine *Sonderstellung* im BK-Verfahren ein. Bei keiner anderen Berufserkrankung kommt die gesetzliche Unfallversicherung ihrem Präventionsauftrag derart weitreichend nach.
2. Bei Ärzten anderer Fachrichtungen, denen nach dem Ärztevertrag eine verbindliche *Initiatorenfunktion* für das Hautarztverfahren zukommt, ist es weitgehend unbekannt.
3. Im Rahmen des Hautarztverfahrens ist eine *berufsspezifische Diagnostik* sinnvoll, die jeweils auf den Einzelfall bezogen neu festgelegt werden muss. Die Indikation ist sachgerecht und eng zu stellen, das heißt auch, dass sie detailliert begründbar sein muss.
4. Das Hautarztverfahren ist die für die Berufsdermatologie praktisch wichtigste Regelung im Unfallversicherungsrecht. Dieses wirksame Instrument der Sekundär-Prävention muss über die erreichten Qualitätsstandards hinaus weiter entwickelt werden.
5. *Qualitätssicherung*: Clearing-Verfahren der ABD; *Qualitätssteigerung*: Optimiertes Hautarztverfahren.

4 Ärztliche Anzeige einer Berufskrankheit

S. M. John

Das Hautarztverfahren greift im Vorfeld von Berufskrankheiten der Haut, wo es sinnvoll seiner Zweckbestimmung, der Entwicklung berufsbedingter Hauterkrankungen vorzubeugen, gerecht werden kann. Falls bereits ein „begründeter Verdacht auf das Vorliegen einer *Berufskrankheit*" gegeben ist, muss eine „Ärztliche Anzeige über eine Berufskrankheit" (Vordruck F 6000, Abb. 4.1) gemäß § 202 SGB VII erstattet werden. In der Praxis herrschen gelegentlich Zweifel, welches der beiden Formulare zu verwenden ist:

Wenn der Hautarzt	erstattet der Hautarzt
Fall 1	es für *möglich* hält, dass eine berufliche Hauterkrankung entsteht, wiederauflebt oder sich verschlimmert (§ 41 Ärztevertrag)	nur den Hautarztbericht (F 6050)
Fall 2	den *„begründeten Verdacht"* hat, dass eine berufliche Hauterkrankung besteht (§ 44 Ärztevertrag)	nur die Ärztliche Anzeige (F 6000)
Fall 3	zunächst den Fall 1 für gegeben erachtet, aber später z.B. durch den weiteren Erkrankungsverlauf oder neue Befunde zu der Erkenntnis gelangt, dass auch der Fall 2 eingetreten ist	Hautarztbericht und Ärztliche Anzeige

Modifiziert nach Kühl 1982, Blome 2000

Der „begründete Verdacht" des Vorliegens einer „Berufskrankheit Haut" ist naturgemäß nur dann gegeben, wenn die definitorischen Voraussetzungen einer BK nach Ziffer 5101 erfüllt sein könnten („schwere oder wiederholt rückfällige Hauterkrankung, die zur Aufgabe der gefährdenden Tätigkeit zwingt"; vgl. Teil II, Unfallversicherungsrechtliche Grundlagen). Entsprechend kann als Faustregel nach einem Vorschlag von Schindera (2001) die Beantwortung der folgenden drei Fragen zur Entscheidungsfindung beitragen:

- Besteht eine beruflich bedingte Erkrankung?
- Ist sie schwer oder wiederholt rückfällig?
- Muss sich der Patient zwingend beruflich verändern?

Wenn alle drei Fragen mit „Ja" zu beantworten sind, sollte eine „Ärztliche Anzeige über eine Berufskrankheit" (BK-Anzeige) gestellt werden. Wenn nur eine Frage nicht zu bejahen ist, so sollte ggf. ein Hautarztbericht erstattet werden.

> Die Erstattung einer BK-Anzeige bedarf nicht der Einwilligung des Versicherten; ferner können diagnostische Leistungen hier nicht zu Lasten des Unfallversicherungsträgers (sondern nur zu Lasten des Krankenversicherers) erbracht werden.

Für die Erstattung der „Ärztlichen Anzeige über eine Berufskrankheit" ist ein Formblatt (F 6000) auszufüllen, das Fragen enthält

- zum Versicherten (Stammdaten, Beschäftigungsverhältnis)
- zu den Krankheitserscheinungen, dem Erkrankungsbeginn und der Exposition
- zu Details der beruflichen Tätigkeit des Versicherten.

Die Fragen sind sehr allgemein gehalten, weil das Formblatt Basis für die Meldung sämtlicher 68 Berufskrankheiten der BK-Liste und für Verdachtsfälle nach § 9 Abs. 2 SGB VII darstellt. Der Informationswert der Anzeige bezüglich Hautkrankheiten ist deshalb relativ

ÄRZTLICHE ANZEIGE BEI VERDACHT AUF EINE BERUFSKRANKHEIT

1 Name und Anschrift des Arztes

2 Empfänger

| **3** Name, Vorname des Versicherten | | **4** Geburtsdatum | Tag | Monat | Jahr |

5 Straße, Hausnummer — Postleitzahl — Ort

6 Geschlecht ☐ männlich ☐ weiblich | **7** Staatsangehörigkeit | **8** Ist der Versicherte verstorben? ☐ nein ☐ ja, am | Tag | Monat | Jahr

9 Fand eine Leichenöffnung statt? Wenn ja, wann und durch wen?

10 Welche Berufskrankheit, Berufskrankheiten kommen in Betracht? (ggf. BK-Nummer)

11 Krankheitserscheinungen, Beschwerden des Versicherten, Ergebnis der Untersuchung mit Diagnose (Befundunterlagen bitte beifügen), Angaben zur Behandlungsbedürftigkeit

12 Wann traten die Beschwerden erstmals auf?

13 Erkrankungen oder Bereiche von Erkrankungen, die mit dem Untersuchungsergebnis in einem ursächlichen Zusammenhang stehen können

14 Welche gefährdenden Einwirkungen und Stoffe am Arbeitsplatz bzw. welche Tätigkeiten werden für die Entstehung der Erkrankung als ursächlich angesehen? Welche Tätigkeit übt/übte der Versicherte wie lange aus?

15 Besteht Arbeitsunfähigkeit? Wenn ja, voraussichtlich wie lange?

16 In welchem Unternehmen ist der Versicherte oder war er zuletzt tätig? In welchem Unternehmen war er den unter Nummer 14 genannten Einwirkungen und Stoffen zuletzt ausgesetzt?

17 Krankenkasse des Versicherten (Name, PLZ, Ort)

18 Name und Anschrift des behandelnden Arztes/Krankenhauses (soweit bekannt auch Telefon- und Faxnummer)

19 Der Unterzeichner bestätigt, den Versicherten über den Inhalt der Anzeige und den Empfänger (Unfallversicherungsträger oder für den medizinischen Arbeitsschutz zuständige Landesbehörde) informiert zu haben.

20 Datum — Arzt — Telefon-Nr. für Rückfragen (Ansprechpartner)

Bank/Postbank — Kontonummer — Bankleitzahl

Abb. 4.1. Ärztliche Anzeige (Formblatt F 6000) in der seit 1.8.2002 gültigen Form. Hiermit können neben den 68 Listen-Berufskrankheiten auch „Quasi-BKen" nach § 9 Abs. 2 SGB VII (z.B. UV-bedingter Hautkrebs bei einem Skilehrer etc.) angezeigt werden

gering, leider gerade auch bezüglich späterer gutachterlicher Bewertungen. Einige Fragen sind für gewerbedermatologische Meldungen vollständig irrelevant. Die gewerbedermatologisch einschlägigen Fragen sollten aber möglichst konkret beantwortet werden; insbesondere ist eine dezidierte Diagnosestellung („Ekzem" ist ungenügend) und Auflistung beruflicher Kontaktnoxen erforderlich. Eventuell vorhandene Testbefunde sollten am besten mit Kopien der Testprotokolle übermittelt werden (Schindera, Schindera 2001). Testungen und weitere dermatologische Diagnostik kann – anders als im Hautarztverfahren – bei der Erstattung einer ärztlichen BK-Anzeige nur zu Lasten des Krankenversicherungsträgers liquidiert werden.

Die kürzliche Überarbeitung des Formblatts F 6000, das in der aktuellen Form seit 1.8.2002 gültig ist, ermöglicht präzisere Angaben auch bei Berufsdermatosen (Abb. 4.1). Das Formblatt kann ebenso wie zugehörige Erläuterungen (F 6000 E) aus dem Internet heruntergeladen werden (http://www.hvbg-service.de/cgi-bin/formtext). Diese Erläuterungen sind bezüglich der Erstattung einer Ärztlichen Anzeige bei Berufsdermatosen allerdings missverständlich formuliert. So wird zu einer frühzeitigen Erstattung einer Anzeige geraten; angesichts des vertraglich fixierten Hautarztverfahrens lässt sich diese Empfehlung nicht auf beruflich bedingte Hauterkrankungen anwenden. Wenig zweckdienlich sind ferner die genannten Beispielkonstellationen („Handekzem bei Maurern, Malern, Krankenschwestern, Reinigungspersonal"), die von den Autoren unter anderem als Indikation für die Erstattung einer Ärztlichen Anzeige angeführt werden. Auch hier wurde die Existenz des Hautarztverfahrens leider nicht berücksichtigt.

4.1 Zustimmungspflicht und ärztliche Schweigepflicht

Die vertraglich fixierte Pflicht, nach dem Vertrag Ärzte-Unfallversicherungsträger einen Hautarztbericht zu erstatten, hat nicht den Rang einer gesetzlichen Meldepflicht (Blome 2000). Deshalb darf ein Hautarztbericht nur mit Einverständnis des Versicherten erstattet werden.

Ein grundsätzlich anderer Sachverhalt liegt vor, wenn ein Arzt (oder Zahnarzt) den begründeten Verdacht hegt, dass eine Berufskrankheit bestehen könnte. In diesem Fall ist er gesetzlich verpflichtet, eine „Ärztliche Anzeige einer Berufskrankheit" zu erstatten. Das Geheimhaltungsinteresse des Einzelnen wird in diesem Fall dem konkurrierenden öffentlichen Interesse der Aufdeckung von arbeitsplatzbezogenen Risiken nachgeordnet (§ 202 SGB VII; Blome 2000; Schindera, Schindera 2000). Hieraus resultiert eine gesetzliche Meldepflicht für alle Ärzte. Im ungünstigsten Fall bedeutet das, dass der Arzt eine solche „Ärztliche Anzeige" trotz des expliziten Widerspruchs des Betreffenden erstatten muss. Hierbei kommt der meldende Arzt – zumindest juristisch – nicht in Konflikt mit der ärztlichen Schweigepflicht nach § 203 des Strafgesetzbuchs in Verbindung mit § 3 der Berufsordnung der deutschen Ärztinnen und Ärzte (Drexler, Brandenburg 1998; Blome 2000); dies gilt allerdings nur, wenn die Voraussetzungen zur Erstattung einer BK-Anzeige wirklich gegeben waren (vgl. 4.2). In aller Regel wird der Arzt jedoch bemüht sein, durch eine entsprechende ausführliche Aufklärung über die medizinischen und juristischen Hintergründe die Zustimmung des Betreffenden zu erlangen. Wenn Versicherte ihr Einverständnis nicht gewähren, wird dies in der Regel damit begründet, dass sie Repressalien am Arbeitsplatz befürchten. In solchen Fällen kann es hilfreich sein, wenn der Hautarzt anbietet, den UVT zu ersuchen, bei dem Arbeitgeber zunächst ohne Namensnennung des Versicherten zu ermitteln.

Als Besonderheit ist festzustellen, dass die oben gemachten Angaben nur für BK-Anzeigen bei Listen-BKen gelten. Bei Verdachtsfällen einer BK nach § 9 Abs. 2 (z. B. UV-bedingte Karzinome bei einem Outdoor-Arbeiter) muss der Versicherte sein Einverständnis zur Erstattung einer Anzeige erklären.

Nach § 202 SGB VII Satz 2, der inhaltlich in § 44 Absatz 2 des Ärztevertrages wiederholt wird, hat der Arzt den Versicherten in jedem Fall über den Inhalt der Anzeige zu unterrichten und ihm den Adressaten der Anzeige zu nennen.

4.2 Ärztliche Anzeigen und Hautarztberichte: aktuelle Trends

In der Vergangenheit wurden wegen des geringen Bekanntheitsgrades beziehungsweise der mangelnden Akzeptanz des Hautarztverfahrens bei berufsbedingten Hauterkrankungen sehr viel häufiger BK-Anzeigen als Hautarztberichte erstattet. Nach Zahlen des HVBG ergab sich 1986 ein Verhältnis von etwa viermal mehr BK-Anzeigen als Hautarztberichten: 3361 Hautarztberichte standen rund 12 500 Verdachtsmeldungen einer BK 5101 gegenüber; 1988 waren es 4515 Hautarztberichte gegenüber 16 759 BK-Verdachtsmeldungen (Hamacher 1988). Hamacher führte damals aus: „Der Hautarztbericht ist gegenüber der grünen BK-Anzeige vorrangig, weil er bereits im Vorfeld der Erkrankung zu erstatten ist". Entsprechend forderte der Autor, dass die Proportionen umgekehrt sein sollten. Dieses Postulat ist mittlerweile verwirklicht: Nach aktuellen Zahlen der Berufsgenossenschaft für Gesundheitsdienst und Wohlfahrtspflege (BGW, Hamburg) wurden im Bundesgebiet bezüglich Hauterkrankungen bei Versicherten der BGW mehr als doppelt soviele Hautarztberichte wie Ärztliche Anzeigen erstattet (Tabelle 4.1).

Analoge Zahlen liegen aus Nordbayern vor: Hinsichtlich Hauterkrankungen (alle Branchen) wurden 1998 450 Hautarztberichte und 300 BK-Anzeigen erstattet. Die Zahl der resultierenden BK-Anerkennungen war in der Gruppe der Hautarztberichte etwa gleich groß wie in der Gruppe der BK-Anzeigen (Diepgen 1999; vgl. Kühl, Schmidt 1999). Dies deutet darauf hin, dass Hautarztberichte zum Teil auch bei bereits bestehendem „begründeten Verdacht" des Vorliegens einer Berufserkrankung erstattet werden. Es ist auch Aufgabe einer Qualitätssicherung, dafür Sorge zu tragen, dass die prinzipiell begrüßenswerte Entwicklung der zunehmenden Akzeptanz und Nutzung des Hautarztverfahrens nicht über ihr Ziel hinausschießt.

Das Vorgehen der einzelnen Berufsgenossenschaften nach Vorliegen ärztlicher Meldungen ist unterschiedlich; nur von einigen UVT wird auf der Basis des Hautarztberichtes bei entsprechenden Fallkonstellationen prinzipiell ein Ermittlungsverfahren eingeleitet; obligat ist dies nur bei Vorliegen einer Ärztlichen Anzeige. Ferner besteht – anders als bei der Ärztlichen Anzeige – für Hautarztberichte keine Dokumentationspflicht gegenüber dem Bundesarbeitsminister (Kühl, Schmidt 1999); insofern wird das tatsächliche Ausmaß berufsbedingter Hauterkrankungen nicht vollständig erfasst.

Wenn ein Hautarztbericht erstattet wird, wird dadurch zeitnahes Reagieren ermöglicht (z. B. Einleitung eines ambulanten Heilverfahrens etc.). Die Dauer eines regulären Feststellungsverfahrens, wie es durch eine BK-Anzeige ausgelöst wird, betrug bei anerkannten BK 5101 im letzten Jahrzehnt durchschnittlich etwa zwei Jahre; im Jahre 1999 waren es 1,8 Jahre (HVBG 2001). Die Bearbeitungsdauer auch im Falle ablehnender Bescheide ist erfahrungsgemäß vielfach ähnlich lang. Versicherte haben in der Zwischenzeit häufig bereits einen Arbeitsplatzverlust erlitten.

Die Frage, ob eine Berufsaufgabe tatsächlich erforderlich ist, sollte gründlich geprüft werden. Leider wird auch heute noch von vielen Hautärzten bei berufsbedingten Hauterkrankungen in hautbelastenden Berufen wie dem Friseurgewerbe pauschal die Ansicht ver-

Tabelle 4.1. Hautarztberichte versus Ärztliche Anzeigen bezüglich Hauterkrankungen im Bundesgebiet bei Versicherten der Berufsgenossenschaft für Gesundheitsdienst und Wohlfahrtspflege, Hamburg (persönliche Mitteilung S. Brandenburg 2002)

Posteingang*	1996	1997	1998	1999	2000
■ Hautarztberichte	2879	3335	3881	3749	3862
■ Ärztliche Anzeigen	1967	2076	2041	1796	1573
– *Anteil Hautarztbericht in %*	*59*	*62*	*66*	*68*	*71*

* Dokumentiert wird nur der Posteingang. Es ist möglich, dass in einigen Fällen der Hautarztbericht bzw. die Ärztliche Anzeige nachträglich noch übersandt wurden bzw. a priori beide Posteingänge vorlagen

treten, dass das Problem nur durch die Berufsaufgabe zu lösen sei. Entsprechend wird betroffenen Patienten häufig schon frühzeitig bzw. bei geringfügigen Hautveränderungen zur Aufgabe geraten, anstatt in eine dezidierte Beratung bezüglich des heute zur Verfügung stehenden Instrumentariums von Hautschutz- und -pflegemaßnahmen einzutreten und verstärkte medizinische und gesundheitspädagogische Rehabilitationsanstrengungen zu unternehmen.

Bei leichtfertig ausgesprochenen Umschulungsempfehlungen wird nicht zuletzt übersehen, wie einschneidend ein solcher Schritt für die Betroffenen ist und welche gravierenden neuen Probleme sich dadurch auftun können. Hier ist das Friseurgewerbe, in dem die Erkrankungsinzidenz am höchsten ist, nicht selten ein unrühmliches Paradebeispiel verfehlter Beratungen (John 1996). Angesichts der heutigen Arbeitsmarktsituation und möglicherweise begrenzter räumlicher Mobilität der Versicherten sind in diesem Zusammenhang auch die faktischen alternativen Erwerbsmöglichkeiten zu berücksichtigen; die reflexartige Empfehlung einer Berufsaufgabe bei atopischer Hautdiathese bzw. berufsbedingten Sensibilisierungen ist aufgrund der Erfolge von Rehabilitationsanstrengungen – gerade im Friseurgewerbe – bei derartigen Erkrankungskonstellationen heute nicht mehr generell zu rechtfertigen (Wulfhorst 2001; Schwanitz 2002; Dickel et al. 2002 a,b). Die Ausschöpfung zur Verfügung stehender Rehabilitationsmöglichkeiten ist auch unter dem Aspekt sinnvoll, dass gerade bei handwerklichen Tätigkeiten die als Umschulungsberufe meist alternativ empfohlenen Schreibtischberufe häufig nicht zur beruflichen Zufriedenheit der Versicherten führen. Angesichts der Zuspitzung der Situation auf dem Arbeitsmarkt sind zudem die Vermittlungsperspektiven in diesem Bereich für Umschüler vielfach sehr ungünstig.

Wenn eine Berufsaufgabe nach gründlicher Prüfung im Einzelfall unumgänglich erscheint, ist es sinnvoll, zusätzlich zur BK-Meldung dem Betreffenden eine Bescheinigung für die Arbeitsverwaltung auszustellen, um die berufliche Rehabilitation zu beschleunigen.

Literatur

Blome O (2000) Der Hautarzt im Spannungsfeld zwischen der ärztlichen Schweigepflicht und dem Datenschutz bei der Erstattung des Hautarztberichtes. Dermatol Beruf Umwelt/Occup Environ Dermatol 48:134–137

Dickel H, Bruckner T, Bernhard-Klimt C, Koch T, Scheidt R, Diepgen TL (2002a) Surveillance scheme for occupational skin disease in the Saarland, FRG: First report from BKH-S. Contact Dermatitis 46:197–206

Dickel H, Kuss O, Schmidt A, Diepgen TL (2002 b) Impact of preventive strategies on trend of occupational skin disease in hairdressers: population based register study. BMJ 324(7351):1422–1423

Diepgen TL (1999) Epidemiologie und Begutachtung von Berufsdermatosen. Vortrag. 40. Tagung der DDG, Hamburg, 12.–15.5.1999

Drexler H, Brandenburg S (1998) Berufskrankheiten – Pflichtwissen für jeden Arzt. Dt Ärztebl 95:A-1295–1300

Hamacher E (1988) Hautarztverfahren. Dt Ärztebl 85:16–19

Hauptverband der gewerblichen Berufsgenossenschaften [HVBG] (2001) BK-DOK '99. Dokumentation des Berufskrankheiten-Geschehens in der Bundesrepublik Deutschland. HVBG, St. Augustin

John SM (1996) Umschulung. In: Schwanitz HJ, Uter W, Wulfhorst B (Hrsg.) Neue Wege zur Prävention – Paradigma Friseurekzem (ABU 1). Universitätsverlag Rasch, Osnabrück, S. 207–212

Kühl M (1982) Diskussionsbeitrag zum Thema Hautarztbericht oder/und ärztliche Anzeige des begründeten Verdachts einer Berufskrankheit. Dermatosen in Beruf und Umwelt 1:20–22

Kühl M, Schmidt A (1999) Erfahrungen mit Hautarztberichten. Dermatosen 47:249–250

Schindera I, Schindera KM (2001) BK-Haut Berufskrankheit Nr. 5101, 4. überarb. Aufl. Asche AG, Hamburg

Schindera KM, Schindera I (2000) Das Einverständnis des Patienten zur Abgabe einer Berufskrankheitenanzeige oder eines Hautarztberichtes. Hautarzt 51:3–6

Schwanitz HJ (2002) Tertiäre Prävention von Berufsdermatosen. Dermatol Beruf Umwelt/Occup Environ Dermatol 50:212–217

Wulfhorst B (2001) Konzeption, Implementation und Evaluation einer gesundheitspädagogischen Maßnahme. Reihe Studien zur Prävention in Allergologie, Berufs- und Umweltdermatologie (ABU 5). Universitätsverlag Rasch, Osnabrück

4.3 | Fakten und Thesen

1. Bei begründetem Verdacht auf das Vorliegen einer Berufskrankheit muss eine „Ärztliche Anzeige einer Berufskrankheit" (BK-Anzeige) erstattet werden (gesetzliche Meldepflicht für alle Ärzte und Zahnärzte; § 202 SGB VII). Die Zustimmung des Versicherten ist hier – anders als beim Hautarztbericht – nicht gefordert.
2. Diagnostische Leistungen können im Rahmen der Erstattung einer BK-Anzeige nicht zu Lasten des Unfallversicherungsträgers (UVT) erbracht werden.
3. Bei Vorliegen einer BK-Anzeige muss seitens des UVT ein Ermittlungsverfahren eingeleitet werden; ferner besteht Meldepflicht gegenüber dem Bundesminister für Arbeit (BMA).
4. Eine Dokumentationspflicht gegenüber dem BMA *auch für Hautarztberichte* ist zu fordern als Voraussetzung für Fortschritte der praktischen Epidemiologie von Berufsdermatosen in der BRD.

5 Begutachtung von Hauterkrankungen

H. J. Schwanitz

Unter den Berufskrankheiten (BK) ist die BK gemäß Ziffer 5101 der Anlage zur Berufskrankheitenverordnung bezüglich der angezeigten Verdachtsfälle mit ca. 20 000 Fällen pro Jahr seit der Mitte der neunziger Jahre der Spitzenreiter. Deren Definition lautet:

„*Schwere oder wiederholt rückfällige Hauterkrankungen, die zur Unterlassung einer Tätigkeit gezwungen haben, die für die Entstehung, die Verschlimmerung oder das Wiederaufleben der Krankheit ursächlich waren oder sein können.*" (BK 5101)

Der berufsdermatologisch tätige Gutachter sollte sich stets vor Aufnahme einer konkreten Begutachtung vergegenwärtigen, dass die „Versicherten" der Unfallversicherungsträger nicht seine „Patienten" sind. Während Ärzte traditionell gehalten sind, sich für die Interessen ihrer Patienten einzusetzen und als deren Anwalt im medizinischen Fachgebiet zu denken und zu handeln, ist der medizinische Gutachter ein fachkundiger Sachverständiger, der dem Unfallversicherungsträger Grundlagen für die Entscheidung liefert, ob eine BK vorliegt. Aufgrund dieses Sachverhalts ist es irrig, wenn ein Gutachter meint oder dem Versicherten den Eindruck vermittelt, *er* werde über den Sachverhalt entscheiden und gegebenenfalls eine MdE festsetzen. Richtig ist hingegen, dass er in der Regel wesentlich zur sachgerechten Klärung des Zusammenhangs zwischen einer Erkrankung und deren Verursachung beiträgt. Die Verursachung kann exogen oder endogen (genetisch) bedingt sein. Bei der exogenen Verursachung ist zu unterscheiden zwischen beruflicher und außerberuflicher Einwirkung. Ob es sich bei einer beruflichen Einwirkung tatsächlich um einen Versicherungsschutztatbestand handelt, wird der Unfallversicherungsträger genau überprüfen. Es muss sich mit Sicherheit um eine versicherte Tätigkeit handeln, bei der auch tatsächlich die angegebenen schädigenden Einwirkungen stattgefunden haben. Diese komplexen Zusammenhänge erfordern, dass der Gutachter sich bei jeder Aussage darum bemüht, diese hinreichend zu belegen und bei jeder Beurteilung nachweisen kann, auf welche Tatsachen er seine Beurteilung stützt. Entscheidend für ein gelungenes Gutachten ist also, möglichst alle relevanten Informationen, die zur Klärung des Sachverhaltes beitragen können, zu erfassen, exakt zu verknüpfen und bezüglich der medizinischen Informationen so zu verdichten, dass die Diagnose zutrifft.

- Die *Informationserfassung* beinhaltet eine ausführliche und berufsbezogene Anamnese und die bereits von dem Unfallversicherungsträger erhobenen und für die Beurteilung möglicherweise relevanten Tatsachen zum Versicherungsverhältnis, Arbeitsplatz und der tatsächlichen Exposition insbesondere gegenüber Noxen und Allergenen. Dem Gutachter steht hierzu die Akte beziehungsweise ein Aktenauszug des Unfallversicherungsträgers zur Verfügung. Falls diese Informationsquelle lückenhaft ist, sollte hierauf hingewiesen werden und der Unfallversicherungsträger gegebenenfalls aufgefordert werden, weitere Informationen z. B. über bestimmte Arbeitsplatzbelastungen zu erheben. Hierfür stehen in der Regel versierte technische Aufsichtsdienstbeamte zur Verfügung.

Die „vitale Informationsquelle" ist der Versicherte, der ausführlich befragt und untersucht wird. Hierbei ist ein besonderes Augenmerk auf die arbeitsplatzbezogene Anamnese und insbesondere den dermatologischen Befund der Hände zu richten.

- Durch eine *Informationsverdichtung* dessen, was in der Anamnese und durch die körperliche Untersuchung sowie allergolo-

gische Testungen an bekannten und neuen Tatsachen erfasst wurde, wird dann die dermatologische Diagnose gestellt.
- Im Anschluss folgt die Beurteilung, die eine *Informationsverknüpfung* zugrunde legt, wobei die erhobenen Daten in Kombination mit der – oder den – Diagnose(n) unter Berücksichtigung der versicherungsrechtlichen Vorgaben individuell für den Versicherten ausgewertet werden und hierauf basierend eine gutachterliche Einschätzung formuliert wird.

Im Folgenden werden die einzelnen Schritte der Gutachtenerstellung erläutert, wobei wir uns auf die „Empfehlungen für die Begutachtung von Erkrankungen nach BK 5101" stützen, so wie sie vom Grundsatzausschuss „Berufskrankheiten" des Vorstandes des Hauptverbandes der gewerblichen Berufsgenossenschaften (HVBG) am 20.09.1999 beschlossen wurden und in das „Bamberger Merkblatt" integriert wurden.

5.1 Einleitung und Aufbau des Gutachtens

Da es die Aufgabe des medizinischen Gutachters ist, den medizinischen Sachverhalt korrekt zu ermitteln und zugleich die für den Bereich der gesetzlichen Unfallversicherung geltenden Beweisanforderungen korrekt zu berücksichtigen, sollte das Gutachten schlüssig, plausibel und nachprüfbar sein. Deshalb empfiehlt es sich, zu Beginn des Gutachtens darauf hinzuweisen, wann der Auftrag seitens des Unfallversicherungsträgers zur Gutachtenerstellung erteilt wurde, wann und wo die Untersuchungen zur vollständigen Anamnese- und Befunderhebung durchgeführt wurden, sowie, welche weiteren Informationsquellen genutzt wurden. Hierzu sollte die Akte beziehungsweise der Aktenauszug des Unfallversicherungsträgers angeführt werden, möglichst unter Benennung des zur Verfügung gestellten Seitenumfangs. Der Unfallversicherungsträger als Auftraggeber für das Gutachten ist an einer raschen Erstellung desselben interessiert und setzt hierfür in der Regel eine Frist von 3 Wochen. Diese Frist ist des Öfteren seitens der Gutachter nicht einzuhalten. Die Gründe hierfür sollten gegebenenfalls angeführt werden (z. B. Nichterscheinen des Versicherten aufgrund von Urlaub oder Krankheit, erforderliche externe Laboruntersuchungen, Verzögerungen aufgrund notwendig gewordener ergänzender Ermittlungen seitens des Technischen Aufsichtsdienstes usw.).

5.2 Anamnese

Die Anamnese bestimmt den Verlauf der Begutachtung und hilft, unter anderem die Fragen zu beantworten:
- Besteht ein ursächlicher Zusammenhang zwischen der oder den eingetretenen Hauterkrankung(en) und einer gefährdenden beruflichen Einwirkung?
- Sind die besonderen versicherungsrechtlichen Voraussetzungen erfüllt, um eine BK 5101 anzuerkennen?
- Liegen Voraussetzungen für die Gewährung vorbeugender Leistungen im Rahmen des § 3 BKV vor? Gegebenenfalls welche?

Während der Anamneseerhebung können Widersprüche auftauchen zwischen dem seitens des Unfallversicherungsträgers bereits dokumentierten Akteninhalt und den Angaben des Untersuchten. Hierauf sollte bereits in der Anamnese dezidiert hingewiesen werden. In der abschließenden gutachterlichen Beurteilung können aus widersprüchlichen Aussagen unterschiedliche Konsequenzen gefolgert werden. Um eine systematische Gutachtenbearbeitung zu erleichtern, ist als Anlage 1 ein Erhebungsbogen beigefügt, der dem Gutachter ermöglicht, systematisch die relevanten Fakten zusammenzufassen. Vorbereitend werden Informationen über die berufliche Tätigkeit und Ausbildung erfasst, es wird eine Problemstellung formuliert, die im Rahmen der Anamnese aufgearbeitet wird. Die Fakten aus dem Aktenstudium berücksichtigen insbesondere vorhandene Hautarztberichte, BK-Anzeigen, dokumentierte Arbeitsunfähigkeitszeiten sowie dokumentierte Therapien und deren Ergebnis. Bei der Behandlung ist zu prüfen, durch wen (praktischer Arzt, Dermatologe) und mit welchen Mitteln sie erfolgte.

■ **Familienanamnese.** In der Familienanamnese werden vorhandene Dermatosen und Allergien erfasst, um Hinweise auf eine genetische Disposition für z.B. eine Psoriasis, atopische Dermatitis oder ein erhöhtes familiäres Expositionsrisiko gegenüber Noxen, Erregern oder Allergenen zu gewinnen.

■ **Eigenanamnese.** In der Eigenanamnese wird bewusst nach anderen als dermatologischen Erkrankungen geforscht, da ein Berufsverbleib häufig auch durch konkurrierende körperliche Beschwerden, z.B. orthopädischen oder internistischen Ursprungs, gefährdet ist. Es kann sich im Rahmen der Eigenanamnese die Notwendigkeit ergeben, weitere Gutachter in das Verfahren zu integrieren, z.B. bei Verdacht auf Vorliegen einer weiteren Organmanifestation bei einer atopischen Dermatitis, die neben der Haut die Schleimhäute betrifft (BK 4301/4302).

■ **Soziale und Freizeit-Anamnese.** Die soziale und Freizeit-Anamnese ermöglicht die Erfassung außerberuflicher hautbelastender Expositionen, z.B. Bastelarbeiten mit Epoxidharzhaltigen Klebstoffen, Wartungsarbeiten an Maschinen und Kraftfahrzeugen, Renovierungstätigkeiten in der eigenen Wohnung oder bei Freunden und Nachbarn. Der „Nachbarschaftshilfe" kommt hierbei bisweilen eine gewisse rechtliche Brisanz zu.

■ **Berufsanamnese.** Die Berufsanamnese gibt den beruflichen Werdegang wieder einschließlich aller Qualifikationsnachweise. Bei häufigen Tätigkeitswechseln ist zu erfassen, welche Ursachen der Versicherte hierfür angibt (ökonomische Gründe, Anforderungsprofil zu hoch/zu niedrig, gesundheitliche Belastungen...).

Die exakte Abfolge der beruflichen Tätigkeiten sollte mit dem ersten Auftreten von Hautveränderungen in Zusammenhang gebracht werden, weil so die verursachende Berufstätigkeit erfasst werden kann. Die aktuelle Berufstätigkeit muss nicht notwendigerweise Ursache einer berufsbedingten und derzeit manifesten Hauterkrankung sein.

■ **Arbeitsplatzbeschreibung.** Die Arbeitsplatzbeschreibung sollte detailliert erfolgen, wobei stärker belastende Tätigkeiten möglichst quantifiziert werden sollten. Über welchen Zeitraum müssen verschmutzende Tätigkeiten ausgeübt werden? Über welchen Zeitraum werden Feuchtarbeiten verrichtet? Welche Schutzmaßnahmen werden wann und wie oft eingesetzt? Häufig ergeben sich bereits bei der Erhebung der Arbeitsplatzbeschreibung Ansatzpunkte für optimierte Präventionsmaßnahmen, die gegebenenfalls zu Lasten des Arbeitgebers oder im Rahmen des § 3 BKV umgesetzt werden können. Wenn Unklarheiten über berufsspezifische Noxen auftreten, ist der TAD oder Betriebsarzt einzuschalten.

■ **Spezielle Haut-Anamnese.** In der speziellen Haut-Anamnese werden alle Informationen erfasst, die für die Entstehung oder Verschlimmerung einer möglicherweise berufsbedingten Hauterkrankung von Bedeutung gewesen waren oder sein können. Hier ist unter anderem darauf zu achten, wo welche Hautveränderungen wann auftraten (z.B. ob ein bestehendes Hand- und Fußekzem primär an den Füßen auftrat – möglicherweise ein Hinweis auf eine berufsunabhängige Eigendynamik).

Es sollte geklärt werden, ob bereits Hautveränderungen immer mal wieder an den Händen bestanden, die dann zu einem bestimmten Zeitpunkt aufgrund bestimmter Expositionen häufiger und störender oder chronisch vorhanden waren (Sachverhalt der Verschlimmerung). Ferner sollte erfasst werden, wenn ein Handekzem berufsbedingt auftrat und später durch zusätzliche ekzematöse Hautveränderungen, z.B. im Gesicht, kompliziert wurde. Hieraus lassen sich Hinweise bezüglich der Pathogenese (ein atopisches Hand- und Fußekzem ist primär eigendynamisch bedingt) oder des Grades der Sensibilisierung (die Hautveränderungen im Gesicht werden durch aerogene Expositionen ausgelöst bei vorbestehendem allergischen Kontaktekzem der Hände) ableiten. Der vom Versicherten geschilderte Verlauf der Hautveränderungen sollte korreliert werden mit den dokumentierten ärztlichen Behandlungen (Häufigkeit, Dauer) und den dokumentierten Arbeitsunfähigkeitszeiten. Wurden aufgrund der aufgetretenen Hautveränderungen zusätzliche präventive Maßnahmen realisiert? Wenn ja, veranlasst durch den Betrieb (Betriebsarzt) oder durch den Versicherten selbst?

Dieser Teil der Anamnese hat die größte Bedeutung für die spätere Beurteilung, da er Hinweise sowohl zur Verursachung als auch der Schwere und wiederholten Rückfälligkeit der Erkrankung gibt. Häufig ist nur aufgrund einer umfassenden speziellen Anamnese zu klären, ob tatsächlich der objektive Zwang zur Aufgabe einer schädigenden (Teil-) Tätigkeit vorgelegen hat, weil tatsächlich alle zumutbaren Haut- und Arbeitsschutzmaßnahmen bereits realisiert wurden.

5.3 Befunderhebung

Im Rahmen der körperlichen Untersuchung findet immer auch eine *orientierende klinische Untersuchung* statt, um gegebenenfalls Hinweise auf Erkrankungen innerer Organe, des Nervensystems, der Wirbelsäule etc. zu dokumentieren (Untersuchungsbogen).

Bei der dermatologischen Untersuchung wird im Rahmen der Begutachtung der BK-Ziffer 5101 in der Regel die *Hand* besonders exakt untersucht, detailliert werden Ausdehnung und Befundlokalisationen (wie z. B. Handinnenflächen, Handrücken, Fingerseitenkanten, Schwimmhäute, Nagelveränderungen, Nagelhäutchen etc.) verbal und gegebenenfalls ergänzend mittels eines Handsymbols erfasst. Eine Fotodokumentation kann auch ergänzend erfolgen. Die dermatologische Untersuchung impliziert stets eine Ganzkörperuntersuchung, um Hinweise auf anlagebedingte Dermatosen (z. B. atopische Hautdispositition, Psoriasis) sowie den Hauttyp und Hautzustand (Bräunungsgrad als Kontraindikation für die Epikutantestung) zu erfassen. Wir bitten die Versicherten, ihren aktuellen Hautzustand mittels des Schulnotensystems subjektiv zu bewerten. So erhalten wir einen Aufschluss über die subjektive Gewichtung der objektiven Befunde durch die Versicherten. Dies ist zur Einschätzung des vom Versicherten geschilderten individuellen Erkrankungsverlaufs häufig hilfreich.

Die Befundbeschreibung zielt auch darauf ab, den zeitlichen Verlauf der Hautveränderungen zu erfassen, um abschätzen zu können, ob diese akut, subakut, chronisch-rezidivierend oder chronisch sind.

5.4 Hauttestungen

Hauttestungen haben die Aufgabe, die physiologischen Eigenschaften der Haut (z. B. im Kontakt mit Irritanzien) sowie deren mögliche Einschränkungen zu objektivieren und Sensibilisierungen (insbesondere vom Spät-, aber auch Soforttyp) zu identifizieren.

Im Rahmen der Diagnostik von Berufsdermatosen schließen sich die Testungen an eine umfassende Anamnese und sehr detaillierte dermatologische Befunderhebung als dritte Komponente der Informationserfassung an. In der Regel werden allergologische und hautphysiologische Tests durchgeführt, um eine begründete Diagnosestellung (Informationsverdichtung) zu ermöglichen. Hauttests haben die Funktion eines diagnostischen Instruments, welches beherrscht werden muss in seiner sachgerechten Anwendung, Durchführung und Interpretation. Für die allergologischen Tests bedeutet dies: Die Auswahl der zu testenden Substanzen sollte die spezielle Anamnese und den Hautbefund berücksichtigen.

Epikutantests sollten in Übereinstimmung mit den Empfehlungen der Deutschen Kontaktallergie-Gruppe (DKG) erfolgen. Ablesungen sind nach 24 beziehungsweise 48 sowie nach 72 Stunden notwendig. In Zweifelsfällen sind weitere Ablesungen nach z. B. 96 h/120 h notwendig.

Ein Epikutantest mit Berufsstoffen, deren Zusammensetzung nicht genau bekannt ist, sollte aus rechtlichen und ethischen Überlegungen nicht routinemäßig erfolgen. Hier ist eine Einzelfallprüfung erforderlich unter Abwägung der diagnostischen Bedeutung für die Begutachtung toxikologischer Aspekte und haftungsrechtlicher Konsequenzen. Für die toxikologische und dermatologische Beurteilung von Berufsstoffen können Informationen seitens des Technischen Aufsichtsdienstes oder des Betriebsarztes beigebracht werden (u. a. Sicherheitsdatenblätter). Häufig empfiehlt es sich, den Test mit Berufsstoffen berufsnah in Form des Repeated Open Application Tests (ROAT) durchzuführen.

Wenn Substanzen in Vortestungen bereits zu sehr starken Reaktionen (dreifach positiv) geführt haben, sollten sie nur mit besonderer Begründung erneut reproduziert werden. Eine

Wiederholung von Epikutantestungen innerhalb von 6 Monaten ist in der Regel nicht notwendig.

Häufig werden Pricktestungen und/oder IgE-Bestimmungen durchgeführt, um das Atopie-Screening zu unterstützen.

Hautfunktionstests sind bisher nicht so standardisiert, dass sie routinemäßig gefordert werden müssen. Die Alkaliresistenz führt relativ häufig bei Anwendung über 30 Minuten zu irritativen Reaktionen im 3. Zeitintervall. Deshalb ist dieser Test modifiziert worden unter Ergänzung der klinischen Ablesung durch die Bestimmung des transepidermalen Wasserverlustes. Um einen berufsbedingten Hautschaden der Hände von der physiologischen, individuell vorgegebenen Hautempfindlichkeit abgrenzen zu können, wurde der differentielle Hautirritationstest (DIT) von uns entwickelt, der es ermöglicht, bei einer erhöhten Hautempfindlichkeit am Handrücken im Vergleich zum Unterarm den berufsbedingten irritativen Hautschaden zu objektivieren. Möglicherweise wird dieses Testverfahren in Zukunft noch ergänzt werden durch Expositionstests mit anderen Irritanzien. Zum jetzigen Zeitpunkt lässt sich feststellen, dass alleinige Bestimmungen von Basalwerten für die hautphysiologische Diagnostik von Berufsdermatosen keine Relevanz haben.

Grundsätzlich gilt für Hauttestungen, dass diese dazu dienen sollen, die Besonderheiten des Einzelfalles korrekt zu erfassen und dementsprechend so geplant werden sollten, dass alle Möglichkeiten, die zum derzeitigen Stand der Wissenschaft vorhanden sind, sachgerecht genutzt werden. Es wird bei der Durchführung von Hauttestungen vorausgesetzt, dass der Gutachter über hinreichende Kenntnisse und Erfahrungen in der Allergologie und Hautphysiologie verfügt und befähigt ist, die Testreaktionen korrekt zu interpretieren, was z. B. bedeutet, dass bei Epikutantestreaktionen zwischen irritativen und allergischen Reaktionen differenziert wird. Wenn Sensibilisierungen nachgewiesen werden, so ist zu prüfen, ob diesen eine klinische Relevanz zukommt, d. h. ob sie das vorliegende oder dokumentierte Krankheitsbild bestimmt, mitbestimmt oder beeinflusst haben.

In der Tabelle 5.1 sind berufsgruppenspezifische Testempfehlungen für Bäcker, Bauberufe, Friseure und Metallbearbeiter aufgelistet, die von der Arbeitsgruppe „Gutachtenqualität" in der ABD entwickelt wurden.

Tabelle 5.1. Testempfehlungen

1.1	**Bäcker**
1.1.1	Epikutantestungen
	Europäische Standardreihe – obligat
	Konservierungsmittel und Antioxidantien – obligat
	Duftstoffreihe – obligat
	Bei Bedarf eigene Berufsstoffe (Spülmittel u. a.)
1.1.2	Scratch- oder Pricktestung
	von Mehlen, Backhilfsstoffen, Gewürzen
1.1.3	Scratch-Chamber-Test
	von im Pricktest positiven Mehlen, Backhilfsstoffen u. ä.
1.1.4	Expositionsteste
	ggf. z. B. Knettest mit Teig
1.1.5	Nativtestung
	von klinisch relevanten Lebensmitteln
1.2	**Bauberufe**
1.2.1	Epikutantestungen
	Standardreihe – obligat
	Kunststoffreihe – obligat
	Gummireihe – obligat
	Industrielle Biozide – empfohlen
1.2.2	Cave
1.2.2.1	Mitgebrachte Kleber, Harze, Härter 1%ig in Methylethylketon
1.2.2.2	Mörtel nicht testen (Kunststoff-Additive!)
1.3	**Friseure**
1.3.1	Epikutantestungen
	Europäische Standardreihe – obligat
	Friseurstoffreihe – obligat
	Konservierungsmittel und Antioxidantien – obligat
	Duftstoffreihe – dringend empfohlen
1.3.2	Reib- und Scratchtestung
	von Ammoniumpersulfat und Glycerylmonothioglycolat
	ggf. auch Latex – empfohlen
1.4	**Metallarbeiter**
1.4.1	Epikutantestungen
	Standardreihe – obligat
	Antiseptika, Industriechemikalien – obligat
	Metallverarbeitung – obligat
	Bei klinischer Relevanz empfohlen:
	Gummireihe, Duftstoffe, Salbengrundlagen
1.4.2	Kühlschmierstoffe (pH-Wert bestimmen!)

5.5 Diagnose und Beurteilung

Die Diagnose verdichtet die aufgrund von Anamnese, klinischer Untersuchung und Hauttests gewonnenen Befunde und ist die eigentliche intellektuelle Leistung des Gutachters. Hierbei ist zu berücksichtigen, dass eine Diagnose in der Regel eine Hypothese darstellt, die bezogen auf die Person Versicherter (A) zu einem definierten Zeitpunkt (x) von dem Gutachter mit seinem speziellen Wissen aufgrund des derzeitigen aktuellen Wissensstandes (Person B) getroffen wird. Wissenschaftstheoretisch bedeutet dies, dass zumindest drei Variablen in die Diagnosestellung eingehen:

> Der Versicherte hat eine Krankheit häufig im Laufe von Jahren entwickelt: Es ist denkbar, dass er vorberuflich (Zeitpunkt X_1) ein atopisches Ekzem hatte, dass er dann (Zeitpunkt X_2) berufsbedingt zunächst ein irritatives Kontaktekzem bei atopischer Hautdisposition entwickelte und jetzt zum Zeitpunkt X_3 der Begutachtung berufsspezifische Typ-IV-Sensibilisierungen erworben hat: Folgerichtig wird die Diagnose lauten: „Allergisches Kontaktekzem bei atopischer Hautdisposition". Bei genauem Aktenstudium kann auffallen, dass bereits vorberuflich ein atopisches Ekzem und im Rahmen eines Hautarztberichtes nach Arbeitsaufnahme ein irritatives Kontaktekzem diagnostiziert wurden. Es wäre falsch, die vorgenannten Diagnosen als unzutreffend zu beurteilen, da sie zu den damaligen früheren Zeitpunkten korrekt gewesen sind.

Der Gutachter könnte in dieser Situation auch so vorgehen, dass er 3 Diagnosen stellt:
1. Allergisches Kontaktekzem bei atopischer Disposition (Zeitpunkt X_3)
2. Zustand nach irritativem Kontaktekzem bei atopischer Disposition (Zeitpunkt X_2)
3. Zustand nach atopischer Dermatitis (Zeitpunkt X_1)

> Um die Gutachten für die Sachbearbeiter der Berufsgenossenschaften verständlich zu gestalten, empfehlen wir, dass Gutachter sich auf möglichst eine Hauptdiagnose beschränken und alle weiteren Diagnosen als Nebendiagnosen anschließen, also z. B. als Hauptdiagnose „Allergisches Kontaktekzem", als Nebendiagnosen „Tinea pedum, Verrucae vulgares, aktinische Keratosen".

Bei der Interpretation der Testergebnisse ergibt sich nicht selten, dass klinisch stumme Sensibilisierungen erfasst wurden. In diesen Fällen empfiehlt sich, nach den Diagnosen als weitere Rubrik „Auffällige Befunde" anzufügen.

Nachdem die Diagnostik abgeschlossen ist, folgt die berufsdermatologische Beurteilung, die dem Unfallversicherungsträger eine sachgerechte Entscheidung ermöglichen soll. In diesem Stadium der Informationsverknüpfung geht es darum zu klären, inwieweit ein ursächlicher Zusammenhang zwischen der Hauterkrankung und der beruflichen Tätigkeit besteht. Der Maurer mit allergischem Kontaktekzem gegenüber Chromat und Kobalt ist auf den ersten Blick ein einfaches Beispiel, da hier davon auszugehen ist, dass er die Chromat-Sensibilisierung beruflich erworben hat und aufgrund der Chromat-Sensibilisierung ein allergisches Kontaktekzem bekommen hat. In diesem Fall hat sich die Hauterkrankung berufsbedingt erstmanifestiert, die Berufstätigkeit ist die alleinige Ursache.

Anders stellt sich die Situation bereits dann dar, wenn der Maurer schon vorberuflich hin und wieder Hautveränderungen auch an den Händen hatte, diese allerdings unspezifisch verliefen und auch während der Berufstätigkeit verschwanden, später dann allerdings nur noch während des Urlaubs abheilten und schließlich persistierten. Anhand der Akte stellt sich in solchen Fällen häufig heraus, dass initial keine Chromat-Sensibilisierung bei der Hauterkrankung vorlag, diese allerdings im Verlauf der Erkrankung aufgetreten ist. Eine solche Konstellation entspricht häufig der Diagnose „Allergisches Kontaktekzem bei atopischer Hautdisposition". Die Chromat-Sensibilisierung ist wiederum berufsbedingt. Die Hauterkrankung hat sich durch die Berufstätigkeit wesentlich verschlimmert. Bereits bevor die Chromat-Sensibilisierung nachweisbar war, kommt der Berufstätigkeit der Charakter einer wesentlichen Teilursache zu, da es bereits zuvor aufgrund der irritativ-toxischen Hautbelastungen zu einem kumulativ-subtoxischen Kontaktekzem bei atopischer Disposition gekommen war.

Wieder anders verhält es sich bei einer Friseurin, die bereits im ersten Ausbildungsjahr nach zwei Wochen Hautveränderungen bekommt, die vergleichbar sind mit denjenigen, die sie bereits vor Aufnahme der Berufstätigkeit im Rahmen von Feuchtarbeiten im elterlichen Haushalt bemerkte. Sie bricht daraufhin die Ausbildung im zweiten Ausbildungsmonat ab. Im Rahmen der gutachterlichen Untersuchung sind keine berufsspezifischen Sensibilisierungen nachweisbar, wohl aber ist eine atopische Dermatitis zu diagnostizieren. Bei dieser Konstellation kommt der Berufstätigkeit der Charakter einer Gelegenheitsursache zu, die Versicherte ist anlagebedingt derartig hautempfindlich, so dass jegliche Feuchtbelastungen bzw. verschmutzende Tätigkeiten mit anschließenden Reinigungsprozeduren Hautveränderungen provozieren. Diese Einschätzung wird dadurch gestützt, dass die Versicherte nach Berufsaufgabe auch immer mal wieder bei entsprechenden Belastungen ein irritatives Handekzem entwickelt.

Diese drei Beispiele sollen verdeutlichen, dass beim Ursachenzusammenhang zu unterscheiden ist zwischen der alleinigen (beruflichen) Verursachung, der wesentlichen Mit-Ursache der Berufstätigkeit für die Entstehung oder Verschlimmerung der Hauterkrankung und schließlich der Gelegenheitsursache, die versicherungsrechtlich bedeutet, dass der Unfallversicherungsträger in der Regel keine Berufskrankheit anerkennen wird. Der Gutachter sollte sich stets fragen, ob *für einen Ursachenzusammenhang grundsätzlich mehr spricht als dagegen*. In diesem Falle ist von einer *wahrscheinlichen* Verursachung auszugehen. Die Möglichkeit einer Verursachung ist rechtlich nicht ausreichend.

Unabhängig von diesen Anforderungen ist grundsätzlich jeder Versicherte so versichert, wie er in den Beruf eintritt, d.h. z.B., dass jemand mit hochgradiger atopischer Hautdisposition und bereits vorberuflich bestehenden Handekzemen sehr wohl einen Anspruch auf Leistungen im Rahmen des § 3 der BKVO hat und z.B. mit besonderen persönlichen Schutzmaßnahmen (Externa, Handschuhe) zu Lasten des Unfallversicherungsträgers ausgerüstet werden kann.

Diese Zusammenhänge werden in dem als Anlage 1 beigefügten Erhebungsbogen konkret abgefragt (s. S. 74).

5.6 Schwere Hauterkrankung im medizinischen Sinn

W. WEHRMANN

Die Schwere einer Hauterkrankung ist neben der wiederholten Rückfälligkeit eine Voraussetzung zur Anerkennung als Berufskrankheit (BK). Sie ist zu bewerten nach dem Krankheitsbild (klinische Morphe) und dem Verlauf und hängt von der Art und Dauer einer schädigenden beruflichen Einwirkung sowie individuellen Faktoren ab.

Die Vorgaben des Sozialgesetzbuches VII (SGB VII) definieren die Bewertungsgrundlagen einer Hauterkrankung als schwer im medizinischen Sinn, d.h., die betreffende *Hauterkrankung muss von ärztlicher Seite behandelt worden sein*, um dem Anspruch der Berufskrankheitenverordnung genügen zu können.

Im SGB VII § 28 ist festgeschrieben: „Die ärztliche Behandlung umfasst die Tätigkeit der Ärzte, die nach den Regeln der ärztlichen Kunst erforderlich und zweckmäßig ist."

Behandlungsbedürftigkeit bedeutet, dass eine *ärztliche Behandlung* erforderlich ist, um einen krankhaften Hautzustand zu heilen oder zu bessern, um eine Verschlimmerung zu verhindern oder um Schmerzen oder andere Beschwerden zu lindern (Mehrtens, Perlebach: Kommentar zur BKV, E § 9 SGB VII, 44.1). Die *Selbstbehandlung* eines Versicherten kann demzufolge nicht das Kriterium der schweren Hauterkrankung im medizinischen Sinn erfüllen. Eine *Behandlung durch Nichtärzte* (z.B. Heilpraktiker) erfüllt nur dann die oben genannten Voraussetzungen, wenn diese durch einen Arzt angeordnet oder verantwortet werden (SGB VII § 28, 1).

Als wesentlich muss die *objektive Nachvollziehbarkeit der Schwere* einer Hauterkrankung

Gutachtenbogen

Aus: BK-Haut in der Begutachtung.
Bericht über das Fachgespräch vom 18./19. 11. 1993 in Bamberg. Herausgeber:
Hauptverband der gewerblichen Berufsgenossenschaften. JSBN 3-88383-348-7

Erhebungsbogen

Grundlagen des Aufbaus, der Diagnostik, Dokumentation
und Begründung in dermatologischen Gutachten

Auftrag, Eingang am

Auftraggeber: AZ:

Einbestellt am

Herr/Frau:

Geburtsdatum:

Untersuchung am

Berufliche Tätigkeit

Ausbildungsberuf:

Aktuelle berufliche Tätigkeit:

Hier: vom   bis

Problemstellung:

Akteninhalt

Hautarztbericht   (Bl   )

BK-Anzeige Arzt   (Bl   )

BK-Anzeige Arbeitgeber   (Bl   )

TAD-Bericht   (Bl   )

Sonstiges   (Bl   )

Dokumentierte AU wg HV (Bl   )   1. vom   bis
   2. vom   bis   3. vom   bis
   4. vom   bis   5. vom   bis

Behandlungs-
bedürftigkeit (Bb)   (Bl   )   1. von   bis
   2. von   bis   3. von   bis

Abheilung nach AU/Bb	nein	ja,
a) bei gleicher Exposition		
b) bei gleicher Exposition + Hautschutz		
c) bei Arbeitsplatzwechsel		
d) bei Arbeitskarenz		

Vorgeschichte

Familienanamnese

1. Allgem. FA:

Mutter

Vater

☐ Geschwister

☐ Kinder

2. Spez. FA:

Beugenekzem:	☐ ja	☐ nein	☐ k. A.
Rhin./Konj. allergica:	☐ ja	☐ nein	☐ k. A.
Asthma bronchiale:	☐ ja	☐ nein	☐ k. A.
Handekzem:	☐ ja	☐ nein	☐ k. A.
Pompholyx:	☐ ja	☐ nein	☐ k. A.

falls ja, wer?

Sonstige Erkrankungen:

Eigenanamnese

Allgemeine Krankheiten, Unfälle

☐ nie ernsthaft erkrankt

Vegetative Anamnese

Tabakgenuß:	Stuhlgang und Wasserlassen:
Alkohol:	Schwitzen:
Schlaf:	Appetit:
Durchblutung:	Gewichtsverlauf:
Menstruation:	Medikamente:
Kopfschmerzneigung:	

Tägliche Körperhygiene: Externa:

Soziale Anamnese

Rente: ☐ nein ☐ ja mtl.:

Unfälle/BK mit MdE: ☐ nein ☐ ja % MdE:

Freizeitanamnese

☐ -Personenhaushalt: Geschirrspüler ☐ ja ☐ nein

Spülen ohne Handschuh:

Pflegeangehöriger:

Hobby:

Hausbau/Renovierung Bastel/Kfz.-Arbeiten:

Tiere: Gartenarbeiten:

Aushilfstätigkeiten:

Berufsanamnese

Schulbildung

Ausbildung/Tätigk.: Arbeitgeber: Berufsziel:

vom bis als

Abfolge der beruflichen Tätigkeiten:

Detaillierte **Tätigkeits-/Arbeitsplatzbeschreibung** (vgl. Bl.)
(frühere Tätigkeiten = ft)

Arbeitsschutzmaßnahmen bisher:

Handschuhe: ☐ nein ☐ ja ☐ regelmäßig welche: _____

Hautschutz: ☐ nein ☐ ja ☐ regelmäßig ☐ auch privat

welcher: _____ bei der Tätigkeit: _____

Hautreinigung: ☐ nein ☐ ja welche: _____

Hautpflege: ☐ nein ☐ ja welche: _____

Verbesserungsmöglichkeiten: _____

Berufliche Zukunft

Weitere Ausübung gefährdender Tätigkeiten: ☐ nein ☐ ja

welche: _____

Zufrieden bei jetziger Tätigkeit: _____

Mehr-/Minderverdienst bei jetziger Tätigkeit: _____

Umschulungsplan: _____

Spezielle Anamnese

Milchschorf _____

Beugenekzem _____

Atopische Stigmata _____

Handekzem _____

Pompholyx _____

Urtikaria/Quincke-Ödem _____

Rhin./Konj. allergica _____

Asthma bronchiale _____

Juckreiz beim Schwitzen _____
(auf unbefallener Haut)

Textilunverträglichkeit _____

Metallunverträglichkeit _____ wann _____ wo _____

Ohrläppchenstich _____ Alter _____

Metallimplantate _____

Zahnfüllungen: ☐ nein ☐ ja, Material _____

sonstige Allergien: ☐ Typ 1 ☐ Typ 4 ☐ Allergiepaß vom _____

welche _____ beruflich bedingt: ☐ nein ☐ ja

Arzneimittel-, Nahrungsmittelunverträglichkeit: _____

_____

Stationäre Aufenthalte wegen HV:
Heilverfahren wegen HV:
Andere Hauterkrankungen: ☐ nein ☐ ja
wenn ja, welche?
Hauterkrankungen vor Beruf:
Erstmaliges Auftreten der jetzigen HV:
wo:
Morphe:
Verlauf:

1. Rezidiv:
2. Rezidiv:
3. Rezidiv:
Abheilung: ☐ ja ☐ nein, wenn nein, abgrenzbare Verschlimmerung?

Arztbesuche: Hautarzt (seit wann):
wann erstmals:
wann zuletzt:
Subjektive Einschätzung des jetzigen Hautzustandes:

Untersuchungsbefunde

Allgemein

Alter: Jahre   AZ:
Gewicht: kg   Größe: cm
Blutdruck nach Riva-Rocci:
Puls: Schläge pro Minute, regelmäßig
☐ Zyanose ☐ Ödeme ☐ Ikterus ☐ Dyspnoe

Schwere Hauterkrankung im medizinischen Sinn 79

☐ Bei grob orientierender klinischer Untersuchung keine Hinweise für Erkrankungen innerer Organe, des Nervensystems, der Wirbelsäule

☐ Besonderheiten:

Die Aufklärung über Risiken des Epikutantests erfolgte am

durch   Zeuge

Hautbefund:

Trockene Haut: Dennie-Morgan-UL-Falte:

Keratosis pilaris: Hertoghezeichen:

Hyperlineäre Palmae: Pityriasis alba:

Ohrläppchenrhagaden: Hyperhidrose:

Perlèche: Akrozyanose:

Cheilitis sicca: Pompholyx:

Weißer Dermographismus:

Schleimhäute: Zunge:

Haare:

Nägel:

Nebenbefunde:

Hände:

Übriges Integument:

Diagnosen

1.
2.
3.
4.
5.
6.
7.

Vorliegende Erkrankung (Dg   ) wird „medizinisch eingestuft" als:

☐ Berufskrankheit nach 5101 der BeKV; MdE   %
☐ beruflich bedingte Hautkrankheit
☐ nicht berufsbedingt (Dg   )
☐ keine BK, weil:
　☐ Erkrankung nicht „schwer":
　☐ Erkrankung nicht „wiederholt rückfällig":
　☐ Aufgabe der gefährdenden Tätigkeit nicht notwendig:
　☐ schädigende Tätigkeit – noch – nicht aufgegeben:
　☐ fiktive MdE   %

Präventivmaßnahmen

☐ geeigneter Körperschutz/Arbeitsschutzmaßnahmen
　1. welcher Hautschutz?   2. welche Handschuhe?
☐ Sanierung/Überprüfung des Arbeitsplatzes (TAD)
☐ Umsetzung auf Arbeitsplatz ohne schädigende Einwirkung im Betrieb
☐ hautfachärztliche Heilbehandlung   Dauer: Monate
☐ stationäre/s Heilverfahren/-behandlung
☐ Umschulung in Beruf ohne schädigende Einwirkung prüfen
☐ Wiedereingliederung mittels Berufshelfer prüfen

zu meidende Tätigkeiten

Nachuntersuchung, falls Besserung möglich bei rentenberechtigender MdE (20%)
☐ nein   ☐ ja, nach   Jahren

Bemerkungen:

herausgestellt werden. Diese kann durch ärztliche Krankheitsberichte, Verordnungen (z. B. Rezepte) oder Bescheinigungen (z. B. Arbeitsunfähigkeitsbescheinigungen) sowie die Anzahl der ärztlichen Behandlungstermine dokumentiert werden. Grundsätzlich sind die anamnestischen Angaben des Versicherten selbst ein Mittel der Nachvollziehbarkeit, sie müssen gleichwohl einer objektiven Nachprüfung standhalten!

Die Beurteilung der Schwere einer Hauterkrankung kann nach verschiedenen Kriterien erfolgen. Dabei kann die Schwere zum einen durch die Hauterscheinungen, den Verlauf der Erkrankung und die Ausprägungslokalisationen erfolgen, zum anderen über die Dauer des Bestehens von Hautveränderungen (Tabelle 5.2). Eine Beurteilung über die Dauer einer Hauterkrankung setzt gleichwohl auch eine Behandlungsbedürftigkeit voraus (Schönberger, Mehrtens, Valentin: Arbeitsunfall und Berufskrankheit, 6. Auflage, 1998. Hautkrankungen und Berufskrankheit nach BK-Nr. 5101, S. 859). Keine Anerkennung als schwer im medizinischen Sinn kann eine Hauterkrankung finden, die zeitlich im Abstand eines halben Jahres ärztlich behandlungsbedürftig war, zwischenzeitlich jedoch keine Behandlungsbedürftigkeit mehr vorgelegen hat bzw. nicht mehr objektiv nachvollziehbar ist. Wird ein Versicherter wegen eines Handekzems einmalig ärztlich behandelt, und danach wiederholt nach sechs Monaten einmalig behandelt, muss die Objektivierung zum Beispiel über die Arzneimittelmenge gegeben sein. So ist es völlig unwahrscheinlich, dass ein Versicherter zum Beispiel mit 20 Gramm eines corticosteroidhaltigen Externums eine Behandlung eines leicht ausgeprägten Handekzems über sechs Monate im Sinne der Definition einer schweren Hauterkrankung durchführen kann.

In der Stärke *gering ausgeprägte* Hauterkrankungen erfüllen das Schwere-Kriterium bereits nach einer *dauerhaften Behandlungsbedürftigkeit von mindestens sechs Monaten*, wobei die Behandlungsbedürftigkeit streng nach den Vorgaben des Verordnungsgebers zu definieren ist.

Das Landessozialgericht Baden-Württemberg hat ein allergisches Kontaktekzem beider Hände einer Krankenschwester bei Vorliegen einer berufsspezifischen Kontaktsensibilisierung gegen Neomycinsulfat nicht als schwer im medizinischen Sinne anerkannt, da eine Behandlung lediglich über drei Wochen erfolgte; die berufsspezifische Kontaktsensibilisierung wurde nicht als so schwerwiegend beurteilt, dass die Versicherte aus diesem Grund die berufliche Tätigkeit hätte aufgeben müssen. Weitere Kontaktsensibilisierungen gegen Kathon CG und Aspesin AP 30 (Desinfektionsmittel) wurden nicht als beruflich erworben anerkannt, da Kathon CG in weitem Bereich in Kosmetika vorkommt und Aspesin nicht am Arbeitsplatz nachweislich vorkam (L 2 U 412/89 – 20.12.1989).

Die Bewertung der Schwere einer Hauterkrankung im medizinischen Sinn hat notwendigerweise die Beurteilung der Hautveränderungen während der schädigenden beruflichen Ausübung zur Voraussetzung.

Beispiel: Industriebodenverleger mit starker Typ-IV-Kontaktsensibilisierung gegen Epoxidharz und Härter (Amine), die über die volatile Belastung der Haut zu einem so genann-

Tabelle 5.2. Definitionen einer schweren Hauterkrankung im medizinischen Sinn

■ **Klinisches Bild und Symptome**
Bläschenschübe, Erosionen, Exkoriationen, Impetiginisierung, Rhagaden, Infiltrationen, Schwellungen, Pruritus, Schmerzen, Bewegungseinschränkungen

■ **Ausdehnung und Befallslokalisationen**
Über das Kontaktareal hinaus (Streuung), großflächiger oder generalisierter Befall

■ **Verlauf**
Therapieresistenz/schlechte Heilungstendenz, teilstationäre/stationäre Behandlung, Systembehandlungen (Kortikoide, Antibiotika)

■ **Dauer**
Längerfristige Behandlungsbedürftigkeit (z. B. länger als 6 Monate) bei gering ausgeprägten Hauterscheinungen

■ **Allergie**
Die klinische Auswirkung einer berufsspezifischen Sensibilisierung zeigt eine hohe Rückfallneigung mit absehbarer Verschlimmerung der Erkrankung (Meidung des auslösenden Allergens nicht möglich).
Das Allergen muss zur Ausprägung des klinischen Äquivalentes eines allergischen Kontaktekzems geführt haben und darf nicht durch technisch-organisatorische Maßnahmen (z. B. Austausch) oder individuelle Präventivmaßnahmen (Schutzhandschuhe, Schutzkleidung) meidbar sein.

ten streuenden, allergischen Kontaktekzem im Gesicht, am Hals und auf der Brust geführt haben. Da die Epoxidharze und Härterkomponenten als starke Allergene gelten, ist ein ausreichender Schutz gerade im Hinblick auf die volatile Belastung nicht in ausreichendem Maße möglich. Im vorliegenden Fall bedarf es notwendigerweise keiner weiteren Kriterien oder gar einer längerfristigen Behandlungsbedürftigkeit, um das Kriterium der Schwere zu erfüllen.

■ *Die Beurteilung kann durch einzelne oder mehrere der Definitionen erfolgen.*

Das Kriterium der längerfristigen Behandlungsbedürftigkeit trifft notwendigerweise nur dann zu, wenn die beruflich bedingte Hauterkrankung eine Rückbildung/Abheilung nach Meidung der schädigenden Noxe zeigt. Liegt ein nicht rückbildungsfähiger Hautbefund vor, muss die Erkrankung nicht über ein halbes Jahr Bestand zeigen, die Anerkennung der Schwere im medizinischen Sinn kann unabhängig davon erfolgen. Am Beispiel der Argyrie eines Silberpolierers hat das Landessozialgericht Baden-Württemberg hervorgehoben: Es würde der von dem Grundgedanken der Prävention und Rehabilitation geprägten Definition der Hautkrankheit der Nr. 5101 der Anlage zur BKVO widersprechen, wenn eine solche Krankheit, die eindeutig zur Aufgabe der bisherigen Beschäftigung gezwungen hat, nur deshalb der Charakter einer schweren Hauterkrankung abgesprochen würde, weil die Hauterkrankung alsbald nach ihrer Entstehung erkannt worden ist und der Betroffene seine schädigende Beschäftigung aufgegeben hat, um – was durchaus sinnvoll ist – schwerwiegende körperliche Schäden für die Zukunft zu vermeiden (LSG Baden-Württemberg, 20.3.1981, Az 8/8a RU 104/79).

5.7 Wiederholte Rückfälligkeit

W. WEHRMANN

Es müssen *mindestens drei Krankheitsschübe*, d.h. eine Ersterkrankung und zwei Rückfälle, vorgelegen haben. Ein Rückfall setzt eine weitgehende Besserung oder Abheilung des vorangegangenen Krankheitsschubes sowie den Zusammenhang mit der Ersterkrankung voraus, wenn der Erkrankte zwischenzeitlich beruflich wieder tätig gewesen ist. Zwischen den Krankheitsschüben darf der Versicherte weder behandlungsbedürftig noch arbeitsunfähig sein, da sonst kein Rückfall sondern lediglich eine Verschlimmerung bzw. ein intermittierender Verlauf vorliegt.

Ersterkrankung
↓
Keine Behandlung
↓
1. Krankheitsschub
↓
Keine Behandlung
↓
2. Krankheitsschub

Der Maurer, der bei Ausübung seiner Tätigkeit ein irritatives Kontaktekzem im Bereich beider Hände erwirbt, ärztlich behandelt wird und nach Abheilung nach weiteren zwei Monaten und nach wiederholter Abheilung unter ärztlicher Behandlung nach einem weiteren Monat Rezidive zeigt, erfüllt den Tatbestand einer wiederholten Rückfälligkeit. Keine wiederholte Rückfälligkeit liegt vor wenn der betreffende Maurer über mehrere Monate mehr oder weniger stark ausgeprägte Hautveränderungen im Bereich beider Hände zeigt und zwischenzeitlich ärztliche Behandlungen über jeweils ein bis zwei Wochen vorliegen.

Ein toxisch-irritativer Hautschaden mit Blasenbildungen, die in der Folge von Reinigungstätigkeiten mit obligat toxischen Substanzen und unzureichender Schutzkleidung auftreten, erfüllen nach dem zweiten Rezidiv das Kriterium der wiederholten Rückfälligkeit. Bei dem Arbeiter kam es immer wieder durch nicht vorschriftsmäßig angelegte Schutzkleidung, zum Auftreten einer irritativ-toxischen Dermatitis mit Blasenbildung im Bereich der Beine.

5.8 Objektiver Zwang zur Aufgabe der schädigenden Tätigkeit

W. Wehrmann

Der Zwang zur Unterlassung der beruflich gefährdenden Tätigkeit muss objektiv vorgelegen haben, die alleinige Einschätzung des Versicherten selbst ist als subjektive Äußerung im gutachterlichen Verfahren zu vermerken, erfüllt jedoch nicht die Bewertungsgrundlage. Eine Anerkennung setzt die objektivierbare medizinische Notwendigkeit der Aufgabe voraus. Die Tatsache, dass einem Versicherten wegen der Hauterkrankung gekündigt wurde oder dass eine Aufgabe wegen anderer Gründe de facto erfolgte, ist nicht für sich allein als Anerkennungskriterium ausreichend. Die ausgeübte berufliche Tätigkeit muss keine besonderen beruflichen Kenntnisse und Erfahrungen voraussetzen, es reicht vollkommen aus, wenn eine bestimmte Tätigkeit aufgrund der beruflich bedingten Hauterkrankung aufgegeben werden musste. Diese Tätigkeit muss dem Beruf nicht ein bestimmendes Gepräge geben (BSG v. 15.12.1981 – 2 RU 65/80 –). Für das Tatbestandsmerkmal der Aufgabe „aller Tätigkeiten, die ..." ist entscheidend, dass die aufgegebenen Tätigkeiten Ursache für die Entstehung der Erkrankung oder deren Verschlimmerung waren; auf ihre Bedeutung für die Gesamtheit aller Verrichtungen am Arbeitsplatz kommt es dagegen insoweit nicht an. Der ungelernte Arbeiter, der an einer Maschine wegen einer beruflich erworbenen Erkrankung die Tätigkeit aufgeben musste und danach an einer anderen Maschine Tätigkeiten ausführt, hat im grundsätzlichen Sinn die ehemalige Tätigkeit aufgegeben. Der Maler und Lackierer, der wegen einer bestehenden Typ-IV-Kontaktsensibilisierung gegen Epoxid-Harze und eines allergischen Kontaktekzems im Bereich beider Hände seine Tätigkeit aufgibt, erfüllt das Kriterium des objektiv nachvollziehbaren Aufgabezwanges unabhängig davon, wie häufig er Kontakte zu epoxidharzhaltigen Berufsstoffen hat; entscheidend für die Bewertung ist, dass die Kontakte zu Epoxidharzen zur beruflichen Tätigkeit gehören bzw. gehört haben.

Ein objektiver Aufgabezwang muss dann festgestellt werden, wenn der erkrankungsauslösende Hautkontakt durch zumutbare Hautschutz- oder arbeitsorganisatorische Maßnahmen nicht vermieden wird.

Für die Anwendung in der gutachterlichen Praxis bewährt hat sich eine fallbezogene Bewertung wie folgt:
- War die schädigende Noxe nicht hinreichend meidbar gewesen?
- Waren zumutbare und geeignete individualpräventive Maßnahmen ausgeschöpft gewesen?
- Waren die ärztlichen Behandlungsmaßnahmen ohne richtunggebende Besserung geblieben?

Können diese drei Bewertungsfragen mit „Ja" beantwortet werden, ist in aller Regel vom Vorliegen eines Aufgabezwanges der beruflichen Tätigkeit auszugehen.

Die Sozialrechtsprechung stellt prinzipiell die Notwendigkeit der Gefahrenbeseitigung für den Versicherten heraus, gleichwohl wird darauf hingewiesen, dass die Maßnahmen entsprechend ihrer Durchführbarkeit zunächst im Bereich der primären und sekundären Prävention zu prüfen sind, bevor berufliche Rehabilitationsmaßnahmen einzuleiten sind. Das Landessozialgericht Niedersachsen hat in einem Urteil betont, dass nach dem Aufbau des Paragraphen 3 der BKVO der Unfallversicherungsträger zunächst zu versuchen hat, die Gefahr für den Versicherten zu beseitigen. Weitere Maßnahmen kommen nach dem Wortlaut des Absatzes 1 Satz 2 und des Absatzes 2 Satz 1 der Norm erst dann in Frage, wenn die Gefahr nicht zu beseitigen ist (LSG Niedersachsen, L 6 U 6/96). Die Zahnarzthelferin, die wegen einer Kontaktdermatitis im Bereich beider Hände und rhinokonjunktivaler Beschwerden bei nachgewiesener Typ I-Sensibilisierung gegen Latex ihre berufliche Tätigkeit aufgibt, ohne Maßnahmen im Sinne des § 3 BKVO umgesetzt zu haben (Tragen latexfreier Schutzhandschuhe), kann eine berufliche Rehabilitation zu Lasten des Unfallversicherungsträgers nicht für sich beanspruchen. Bei der Entscheidung spielte auch der zeitliche Ablauf eine wesentliche Rolle. Die Versicherte gab bereits einen Monat nach Erstellung des Hautarztberichtes, ohne zwischenzeitliche Arbeitsunfähigkeitszeiten, ihre berufliche Tätigkeit auf und begann nach weiteren vier Monaten eine Umschulung.

Die Aufgabe der schädigenden beruflichen Tätigkeit bedeutet, dass alle Tätigkeiten, die für die Entstehung, Verschlimmerung oder das Wiederaufleben der Krankheit ursächlich waren oder sein können, aufgegeben werden.

Eine Reduzierung der Kontakte zeitlicher oder qualitativer Art (z.B. weniger häufige Feuchtarbeit; Kontakt zu einem Berufsstoff an weniger Tagen oder über weniger Stunden pro Tag; Kontakt zu weniger konzentrierten Berufsstoffen) erfüllt nicht die Aufgabevoraussetzungen. Das Landessozialgericht Bremen führt in einem Urteil vom 29.8.1997 aus: Besteht nach einem Arbeitsplatzwechsel weiterhin die Gefahr, dass der Versicherte mit den schädigenden Stoffen in Berührung kommt, muss die Leistung versagt werden; dies gilt auch dann, wenn ein solcher Kontakt nicht in der Absicht des Versicherten liegen sollte (L 2 U 67/95). Einem versicherten Schleifer, der wegen einer Atemwegsschädigung aufgrund von Kontakten zu Kühlschleifmitteln beim Nassschleifen eine innerbetriebliche Umsetzung erfuhr, primär nur noch Trockenschleifarbeiten durchführte und nur noch in Ausnahmefällen zeitlich begrenzt Nassschleifarbeiten durchführte, wurde die Anerkennung des Aufgabezwanges zum Zeitpunkt der innerbetrieblichen Umsetzung versagt. Das Gericht stellte die strenge Auslegung des Tatbestandsmerkmals „Aufgabe der gefährdenden Tätigkeit" heraus und verwies auf die Rechtsprechung des Bundessozialgerichtes, nach der auch zukünftige gesundheitliche Beeinträchtigungen ausgeschlossen werden müssen. Dieser Ausschluss lag unzweifelhaft im vorliegenden Fall nicht vor.

Literatur

1. Fartasch M, Schmidt A, Diepgen TL (1993) Die „Schwere" der Hauterkrankung nach BeKV 5101 in der gutachterlichen Beurteilung. Dermatosen 41:242–245
2. Frosch PJ, Pilz B, Peiler D et al (1997) Die Epikutantestung mit patienteneigenen Produkten. In: Plewig G, Przyballa B (Hrsg) Fortschritte der praktischen Dermatologie und Venerologie 1996. Springer, Berlin Heidelberg
3. Rietschel LR, Fowler JS (1995) Fisher's Contact Dermatitis, 4. Aufl. Williams and Wilkins, Baltimore Sydney
4. Rycroft RJG, Menné T, Frosch PJ, Lepoittevin JP (2001) Textbook of Contact Dermatitis, 3. Aufl., Springer, Berlin Heidelberg
5. Schnuch A, Aberer W, Agathos M, Brasch J, Frosch PJ, Fuchs T, Richter G (2001) Leitlinien der Deutschen Dermatologischen Gesellschaft (DDG) zur Durchführung des Epicutantests mit Kontaktallergenen. Hautarzt 10:864–866
6. Schönberger A, Mehrtens G, Valentin H (1998) Arbeitsunfall und Berufskrankheit. Rechtliche und medizinische Grundlagen für Gutachter, Sozialverwaltung, Berater und Gerichte, 6. Aufl. Schmidt, Berlin
7. Schwanitz HJ (1994) Grundlagen des Aufbaus, der Diagnostik, Dokumentation und Begründung in dermatologischen Gutachten. In: BK Haut in der Begutachtung, S 93–110. Hauptverband der gewerblichen Berufsgenossenschaften, St. Augustin
8. Schwanitz HJ, John SM (1998) Berufsdermatologie. In: Heppt W, Renz H, Röcken M (Hrsg) Allergologie. Springer, Berlin, Heidelberg, S 286–290
9. Schwanitz HJ, John SM, Brandenburg St (1998) Empfehlungen für die Diagnostik von Berufskrankheiten nach BK 5101. Dermatosen 46:253–260
10. Schwanitz HJ, Szliska C (2001) Berufsdermatosen: Prävention – Exposition – Begutachtung – Rehabilitation – Therapie. Dustri, München-Deisenhofen
11. Schwanitz HJ, Uter W, Wulfhorst B (Hrsg) (1996) Neue Wege zur Prävention – Paradigma Friseurekzem. Universitätsverlag Rasch, Osnabrück
12. Uter W, Pfahlberg A, Gefeller O, Schwanitz HJ (1998) Risk Factors for Hand Dermatitis in Hairdressing Apprentices. Results of the "Prevention of Occupational Skin Disease in Hairdressers" Study. Dermatosen 46:151–158

6 Einschätzung der Minderung der Erwerbsfähigkeit (MdE)

W. WEHRMANN, C. SKUDLIK*

■ **Definition.** Einschränkung der Arbeitsmöglichkeiten auf dem allgemeinen Arbeitsmarkt unter Berücksichtigung der gesamten Kenntnisse und körperlichen wie geistigen Fähigkeiten des Betroffenen im gesamten Erwerbsleben.

Die Minderung der Erwerbsfähigkeit auf dem allgemeinen Arbeitsmarkt (MdE) beschreibt die Einschränkung des Leistungsvermögens durch die Berufskrankheit; andere leistungsmindernde Erkrankungen sind dabei nicht zu berücksichtigen, ebensowenig das Alter. Da es im Rahmen der Einschätzung der MdE nicht um die Prüfung von Berufsunfähigkeit, sondern die abstrakte Einschätzung der MdE geht, stellt sich die Frage nach der sozialen Verweisbarkeit auf solche Tätigkeiten nicht (LSG Baden-Württemberg 22.09.1993, –L 2 U 200/9–). Der Gutachter hat demzufolge nicht die Aufgabe, eine Bewertung des Arbeitsmarktes im Hinblick auf die überhaupt möglichen Arbeitstätigkeiten für einen Versicherten durchzuführen; ein obligatorischer Altersbonus, weil ein Versicherter in fortgeschrittenem Alter ist und deshalb das Finden eines neuen Arbeitsplatzes besonders schwierig erscheint, ist im Rahmen der MdE-Bewertung nicht vorgesehen.

Die ersten Empfehlungen zur MdE-Einschätzung wurden durch eine Arbeitsgruppe der Deutschen Dermatologischen Gesellschaft im Jahre 1987 erarbeitet (Tabelle 6.1). Diese erlangten eine allgemeine Akzeptanz und wurden zur Grundlage der Begutachtung sowie der Rechtsprechung. Im Laufe der Jahre

Tabelle 6.1. MdE-Tabelle der ABD aus dem Jahre 1987

Punktetabelle	keine	gering oder wenig	mittel- gradig	stark persistierend weit verbreitet
Hauterscheinungen	0	5	10	15 bis 20 Punkte
Umfang und Intensität der Sensibilisierung	0	5	10	15 bis 20 Punkte
Verbreitung des Allergens/der Allergene	0	5	10	15 bis 20 Punkte

Anhand der Gesamtzahl der nach der Punktetabelle ermittelten Punkte kann die MdE wie folgt geschätzt werden:

MdE-Tabelle: 0–5 Punkte = 0% MdE
10–15 Punkte = 10% MdE
20–30 Punkte = 20% MdE
35–45 Punkte = 25% MdE
50–60 Punkte = 30% MdE
>60 Punkte = 30% MdE
In besonders schweren Einzelfällen kann auch eine höhere MdE in Frage kommen.

Tabelle 6.2. Aktuell gültige MdE-Tabelle der ABD und des HVBG aus dem Jahre 1995

Auswirkung einer Allergie	Ausmaß der Hauterscheinungen, auch nach irritativer Schädigung			
	Keine	Leicht	Mittel	Schwer
Keine	0	10	20	25
Geringgradig	0	10*	20*	25
Mittelgradig	10*	15*	25*	30
Schwerwiegend	20*	20*	30*	≥30

* An den markierten Stellen kann der Gutachter voraussichtlich nach der Verabschiedung des Bamberger Merkblatts in begründeten Einzelfällen Abweichungen von 5 Prozentpunkten vornehmen.

---

* Dr. med. Christoph Skudlik
  Universität Osnabrück, Abt. Dermatologie, Umweltmedizin, Gesundheitstheorie, Sedanstraße 115, 49090 Osnabrück.

zeigte sich, dass die Anwendung dieser Empfehlungen zu einer Überbewertung von beruflich bedingten Hauterkrankungen allergischer Genese führte und die chronisch-degenerativen Hauterkrankungen keine dementsprechende Bewertung erfuhren. Die Arbeitsgruppe „MdE" der Arbeitsgemeinschaft für Berufs- und Umweltdermatologie (ABD) in der Deutschen Dermatologischen Gesellschaft (DDG) erarbeitete neue MdE-Empfehlungen, die eine relevantere, den allgemeinen Erfahrungsgrundsätzen der Praxis entsprechende Bewertung der nicht allergischen beruflich bedingten Hauterkrankungen impliziert. Diese so genannten „Neuen Empfehlungen" wurden nach eingehender Erörterung in den zuständigen Gremien der ABD und des Hauptverbandes der gewerblichen Berufsgenossenschaften im Mai 1995 als neue Grundlage der MdE-Einschätzung veröffentlicht (Tabelle 6.2).

Medizinische Gutachter können in aller Regel nur den gesundheitlichen Schaden mit dem Anspruch einer ausreichenden Sicherheit bewerten. Stellungnahmen zu den verschlossenen Arbeitsplätzen und zum Anteil dieser am allgemeinen Arbeitsmarkt kann der Gutachter in aller Regel nicht mit einem solchen Anspruch abgeben. Bei den meisten Berufskrankheiten hat der medizinische Gutachter ausschließlich die Funktionseinbußen zu bewerten, bei der BK 5101 muss er zusätzlich den Bezug zum allgemeinen Arbeitsmarkt bewerten. Die Definition des allgemeinen Arbeitsmarktes ist rechtlich definiert, in der Gutachtenpraxis zeigt sich gleichwohl immer wieder eine Unsicherheit bei der Bewertung (alle Erwerbsmöglichkeiten in einer bestimmten Region oder in der gesamten Bundesrepublik Deutschland; der gesamte Arbeitsmarkt oder nur der Teil, der dem Versicherten vor seiner Krankheit offenstand; Arbeitsmarkt für Frauen gleich dem für Männer; etc.).

Erschwerend kommt bei der Bewertung der Verbreitung eines Allergens auf dem allgemeinen Arbeitsmarkt hinzu, dass diese nach der Rechtsprechung individuell präzisiert werden muss, die bloße Bewertung nach Listen ist nicht ausreichend (BSG 2 RU 35/91).

Eine sachgerechte MdE-Einschätzung muss zunächst dem beruflich bedingten Hautschaden gerecht werden. Dieser kann als nichtallergischer Schaden oder als allergischer Schaden manifest werden und ist in aller Regel durch die Würdigung der klinischen Morphe, der Lokalisationen und des Verlaufes der Erkrankung unter Berücksichtigung der dermatologischen Terminologie zu charakterisieren und zu diagnostizieren. Beide Schädigungsqualitäten führen zu Funktionsminderungen der Haut mit Einschränkungen des Gebrauchsvermögens im beruflichen wie außerberuflichen Leben sowie zu erhöhter Empfindlichkeit gegenüber exogen und endogen einwirkenden Reizqualitäten jeglicher Art.

Der irritative (subtoxisch-kumulative, degenerative, toxische) Schaden der Haut geht mit einer Einschränkung der epidermalen Barrierefunktion einher und zeigt ein charakteristisches klinisches Bild (siehe System der Ekzemerkrankung). Nach Aufgabe der schädigenden beruflichen Tätigkeit kommt es in aller Regel zu einer Restauration (vollständige Funktionsfähigkeit = Repair) der epidermalen Barrierestörung über einen mehr oder weniger langen Zeitraum. Die klinische Abheilung ist in vielen Fällen nicht gleichzusetzen mit der Restauration, d. h., der Hautzustand kann demzufolge auch nach klinischer Abheilung der Hauterkrankung eine verminderte Fähigkeit zur Reizbewältigung zeigen (Minderbelastung/Empfindlichkeit/Vulnerabilität). Eine solche Minderbelastbarkeit oder Empfindlichkeit der Haut als Folge der beruflich bedingten Hauterkrankung zeigt sich gegenüber alltäglichen Belastungen wie Feuchtarbeit oder Kontakt zu Hautreinigungs-/Pflegeprodukten. Diese Folgeerscheinungen einer beruflich bedingten Hauterkrankung können entsprechend den MdE-Empfehlungen Berücksichtigung finden. Als Problem bei einer diesbezüglichen Bewertung kommt immer wieder die Frage auf, ob die anamnestischen Angaben des Versicherten selbst ohne Vorliegen von ärztlich dokumentierten Behandlungsberichten als ausreichend zu erachten sind. In den Ausführungsbestimmungen der MdE-Empfehlungen wird von „adäquater Therapie" ausgegangen, ohne dass diese näher definiert wird. Es sollte im Allgemeinen auch diese Sachverhaltsbewertung vom Gutachter nachvollziehbar dargelegt werden, die dem gesamten Verlauf der beruflich bedingten Hauterkrankung gerecht wird; eine kategorische Forderung nach einer Anerkennung von ausschließlich ärztlich dokumentierten Behandlungen kann, entgegen den Vorgaben zur Behandlung bei der Anerkennung einer beruflich bedingten Hauterkrankung als schwer im medizinischen Sinn, insbesondere bei der Bewertung einer Minderbelastbarkeit und erhöhten Vulnerabilität des Hautorgans nicht zum Maßstab gemacht werden.

Entsprechend den MdE-Empfehlungen (Tabelle 6.2) werden die Folgeschäden der Haut sowohl irritativer als auch allergischer Genese mit leicht, mittel und schwer definiert. Eine rentenberechtigende MdE (20% und mehr) kommt lediglich bei mittleren und schweren Hauterscheinungen zur Einschätzung, wenn keine Auswirkungen von Allergien vorliegen.

Die Einbeziehung einer Sensibilisierung in die MdE-Einschätzung ist an die Ausprägung des klinischen Äquivalents eines allergischen Ekzems gebunden. Dem Gutachter obliegt im Rahmen der Zusammenhangsbegutachtung die wesentliche Aufgabe, anhand der Aktenlage, der spezifischen dermatologischen Anamnese und der Beschreibung des aktuellen dermatologischen Lokalbefundes die Art des Ekzems zu diagnostizieren. In aller Regel muss dem Dermatologen eine Differenzierung zwischen einer allergischen Genese und einer nichtallergischen Genese möglich sein. Diese Differenzierung ist zum einen aus den bereits oben angeführten Gründen wesentlich, zum anderen muss sich der Gutachter bei der Diagnosestellung festlegen, da diese im Sinne des unfallversicherungsrechtlichen Vollbeweises (mit an Sicherheit grenzender Wahrscheinlichkeit) gefordert ist. Ist dem Gutachter die Diagnosestellung nicht möglich, kann eine Bewertung der Kausalzusammenhänge und eine MdE-Einschätzung nicht erfolgen.

Die Auswirkungen einer allergischen Hauterkrankung werden nach den MdE-Empfehlungen mit geringgradig, mittelgradig und schwerwiegend abgestuft. Entscheidend für die Zuordnung sind der Umfang und die Intensität der Sensibilisierung, beide im Hinblick auf die verschlossenen Arbeitsmöglichkeiten und die damit zusammenhängende Verbreitung des betreffenden Allergens auf dem allgemeinen Arbeitsmarkt in krankheitsauslösender Form.

Es werden somit nur die Allergene bewertet, die auf dem allgemeinen Arbeitsmarkt auch Rezidive der allergischen Hauterkrankung auslösen können. So ist es unwahrscheinlich, das der tägliche Kontakt zu nickelsulfathaltigen Gebrauchsgegenständen bei einem Nickelallergiker in jedem Fall ein allergisches Kontaktekzem auslöst. Wesentlich ist der Umfang und die Art der Exposition, wie es zum Beispiel Kombinationseffekte mit längeren Feuchtkontakten, Kontakten zu bestimmten Lebensmitteln (Früchte, Gemüse, etc.) oder Schweiß, die zum allergischen Ekzem führen, darstellen; der bloße Kontakt zu trockenen nickelsulfathaltigen Materialien führt in der Regel nicht zur Ausprägung eines Ekzems.

Häufig obliegt dem Gutachter die Aufgabe, die verschlossenen Arbeitsmöglichkeiten bei Vorliegen einer Berufskrankheit als Folge von Feuchtarbeit und damit zusammenhängenden Belastungen einzuschätzen.

Die Bewertung der Verbreitung von berufsspezifischen Allergenen auf dem allgemeinen Arbeitsmarkt stellt ein besonderes Problem dar. Für einzelne Allergene liegen aktuelle Empfehlungen vor, wie im folgenden erläutert wird.

Beurteilung der Allergene

C. SKUDLIK, H.J. SCHWANITZ

Bei der versicherungsrechtlichen Wertung ermittelter Allergene ist zu berücksichtigen, dass nicht nur unmittelbar berufsbedingt erworbene und klinisch relevante Sensibilisierungen BK-Folgen darstellen, sondern auch hiervon abweichende besondere Konstellationen ggf. mitberücksichtigt werden müssen. In diesem Zusammenhang ist von Seiten des gewerbedermatologischen Gutachters zu prüfen, inwieweit *mittelbar* berufsbedingt erworbene Allergien vorliegen können, z.B. Allergien gegenüber Salbengrundlagen, welche im Zuge der Therapie der berufsbedingten Hauterkrankung erworben wurden oder aber auch iatrogene Sensibilisierungen, welche im Zuge von (möglicherweise wiederholten) Epikutantestungen im Rahmen der diagnostischen Abklärung von Berufsdermatosen induziert wurden [4].

Eine außerberufliche Sensibilisierung kann berufsbedingt verschlimmert werden (Beispiel: Vorberuflich rezidivierendes, klinisch geringgradiges, durch Modeschmuck verursachtes Ohrläppchenekzem bei Typ-IV-Sensibilisierung gegenüber Nickel. Im Zuge einer beruflichen Tätigkeit als Galvaniker Auftreten eines akut allergischen, streuenden Kontaktekzems durch berufsbedingte Exposition gegenüber Nickel).

Kontrovers wird derzeit – insbesondere auf verwaltungs-juristischer Ebene – diskutiert, ob berufsbedingte Sensibilisierungen ohne sichere klinische Relevanz in die MdE-Bewertung miteingehen. Diesbezüglich sollte von Seiten des gewerbedermatologischen Gutachters deutlich herausgearbeitet werden, inwieweit diese Sensibilisierungen aufgrund allgemeiner berufsdermatologischer Erfahrungen bzw. einer speziellen Arbeitsplatzanalyse im Vollbeweis gesichert berufsbedingt erworben wurden (wenngleich eine klinische Relevanz ggf. nicht mit Sicherheit konstatiert werden kann), und ob diese bislang klinisch stummen Sensibilisierungen etwaige zukünftige Erwerbsmöglichkeiten einschränken.

Nach Sicherung des Vorliegens berufsbedingter Sensibilisierungen ist seitens des gewerbedermatologischen Sachverständigen zu prüfen, ob sich durch Anwendung adäquater § 3-Maßnahmen (technisch/Hautschutz) ein Allergen meiden lässt; ggf. sind entsprechende ergänzende Überprüfungen des Arbeitsplatzes seitens des Technischen Aufsichtsdienstes im Hinblick auf etwaige technische/organisatorische Änderungen angezeigt. Für den Fall, dass das Vorliegen einer klinisch relevanten Sensibilisierung gegenüber einem nicht meidbaren Allergen festgestellt wird, besteht der objektive Zwang zur Unterlassung der schädigenden Tätigkeit.

Gemäß der aktuell gültigen MdE-Tabelle sind die ermittelten beruflich relevanten Allergene im Hinblick auf die aus diesen Sensibilisierungen resultierenden Auswirkungen der Allergien einzuschätzen. Hierbei hat der gewerbedermatologische Gutachter gemäß der aktuell gültigen MdE-Tabelle die Möglichkeit, die Auswirkungen der berufsbedingten Allergie als „geringgradig", als „mittelgradig" oder aber als „schwerwiegend" einzuschätzen. Maßgebliche Beurteilungskriterien zur Einordnung in diese drei Gruppen sind neben der Anzahl der zu berücksichtigenden Allergene und deren Sensibilisierungsgrad insbesondere auch die angenommene Verbreitung auf dem allgemeinen Arbeitsmarkt („wenig" bzw. „gering verbreitet", „weit verbreitet" bzw. „sehr weit verbreitet").

Die Einschätzungen des Verbreitungsgrades der jeweiligen Berufsstoffe differieren, sodass eine versicherungsrechtliche Gleichbehandlung der Versicherten bei gewerbedermatologischer Begutachtung durch verschiedene Gutachter bisher nicht gewährleistet war.

Dies konnte unter anderem auch im Rahmen einer Befragung einer Gruppe erfahrener Berufsdermatologen gezeigt werden: Selbst innerhalb einer Expertengruppe ist die Bewertung für die erfragten 19 häufigen Berufsallergene z. T. außerordentlich unterschiedlich [3].

Um eine rationale Beurteilung der „Auswirkung einer Allergie" bei der BK 5101 der BKV zu ermöglichen, wurden daher von der Arbeitsgruppe „Bewertung der Allergene bei BK 5101" der Arbeitsgemeinschaft für Berufs- und Umweltdermatologie in der Deutschen Dermatologischen Gesellschaft Vorschläge zur Bewertung der Allergene erarbeitet [2].

Grundlage der erarbeiteten Empfehlungskriterien waren epidemiologische Untersuchungen, allergologische Besonderheiten der jeweiligen Allergene, arbeitstechnische Erkenntnisse sowie die offizielle Beschäftigtenstatistik der Bundesanstalt für Arbeit, aus der errechnet werden konnte, welchen Anteil die verschlossenen Arbeitsfelder am gesamten Arbeitsmarkt haben.

Bei der Bewertung der Auswirkung einer Allergie ist insbesondere (auch für weitere, unten nicht im Einzelnen aufgeführte Allergene) zu berücksichtigen, dass bei Vorliegen klinisch hochgradiger Sensibilisierungen in manchen Fällen mehr Arbeitsmöglichkeiten verschlossen sind als bei Sensibilisierungen geringerer Intensität. Ferner ist u. a. zu berücksichtigen, dass mehrere Sensibilisierungen nicht einfach addiert werden dürfen, sondern beurteilt werden muss, welche Arbeitsmöglichkeiten insgesamt aufgrund der berufsbedingten Sensibilisierungen verschlossen sind (Tabelle 6.3).

Beispielhaft werden im Folgenden die Beurteilungsempfehlungen für 8 häufige Allergene/

Tabelle 6.3. Beurteilung von Sensibilisierungen im Rahmen der gewerbedermatologischen Begutachtung

1. Vorkommen am Arbeitsplatz gemäß allgemeiner berufsdermatologischer Erfahrung oder einer speziellen Arbeitsplatzanalyse im Vollbeweis gesichert? Falls eine unmittelbare berufliche Einwirkung im Vollbeweis nicht gesichert ist, ggf. Prüfung inwieweit es sich bei der Sensibilisierung um eine mittelbar berufsbedingte Sensibilisierung handelt (z. B. iatrogen, insbesondere bei „hochpotenten" Allergenen, wie z. B. Epoxidharz oder aber mittelbar erworben, z. B. durch therapeutische Interventionen, z. B. Salbengrundlagen).
2. Falls Bejahung des Punktes 1.: Prüfen, inwieweit eine klinisch relevante Sensibilisierung (=Allergie) oder eine klinisch stumme Sensibilisierung vorliegt.
3. Falls die Sensibilisierung als BK-Folge zu bezeichnen ist und in die MdE-Bewertung einbezogen wird: Begründete Bewertung der Auswirkung der Allergie, ggf. unter Berücksichtigung des klinischen Sensibilisierungsgrades (z. B. anhand der Dokumentation in der Akte, der anamnestischen Angaben, der Epikutantestergebnisse, ggf. etwaiger Expositionstestungen) und Diskussion der verschlossenen Berufsfelder. Hierbei kann auf entsprechende Erfahrungswerte zurückgegriffen werden, wenngleich diese nicht schematisch angewandt werden sollten.

Tabelle 6.4. Beurteilung der Auswirkung von Allergien bei der MdE im Rahmen der BK 5101/ausgewählte Allergene nach [2]

■ Acrylate:	Gering- bis mittelgradig
■ Methacrylate:	Geringgradig
■ Epoxidharzsysteme:	Mittelgradig bis schwerwiegend
■ Formaldehyd:	Mittelgradig bis schwerwiegend
■ Dichromat:	Mittelgradig bis schwerwiegend
■ Kolophonium:	Gering- bis mittelgradig, bei besonderen Konstellationen auch schwerwiegend
■ Latex:	Geringgradig bis schwerwiegend
■ Nickel:	Gering- bis mittelgradig, bei besonderen Konstellationen auch schwerwiegend
■ p-Phenylendiamin:	Geringgradig bis schwerwiegend

Allergengruppen bei berufsdermatologischen Fragestellungen erläutert [2] (Tabelle 6.4).

Acrylate/Methacrylate

Mit einer allergologisch relevanten Exposition gegenüber Acrylaten ist zu rechnen bei der Herstellung und Verarbeitung von Farben, Lacken, Klebern und Kunststoffen, Herstellung und Bearbeitung von Zahnprothesen (Zahntechniker), Herstellung und Verarbeitung von Druckplatten und Druckfarben sowie allen Tätigkeiten, bei denen mit Acrylat-Klebern umgegangen wird.

Die Auswirkung einer berufsbedingten Acrylat-Allergie wird als geringgradig bis mittelgradig eingeschätzt. Hierbei ist „gering" anzunehmen, wenn eine isolierte Kontaktallergie gegenüber einem einzelnen Acrylat vorliegt, bei Sensibilisierungen gegenüber mehreren Acrylaten sind jedoch „mittelgradige" Auswirkungen anzunehmen.

Berufliche Methacrylat-Exposition kann vorliegen bei der Herstellung und Bearbeitung von Zahnprothesen (Zahntechniker), Herstellung von Farben, Lacken, Klebern und Kunststoffen, Herstellung und Verarbeitung von Druckplatten und Druckfarben sowie Tätigkeiten, bei denen mit Methacrylat-Klebern (z. B. Umgang mit künstlichen Fingernägeln) umgegangen wird. Die Auswirkung einer berufsbedingten Methacrylat-Sensibilisierung sind „geringgradig". Im Vergleich zu den Acrylaten ist zu berücksichtigen, dass eine berufliche Exposition gegenüber Acrylaten in mehr Berufszweigen gegeben ist als bei Methacrylaten, so dass hieraus eine tendenziell höhere Bewertung der Acrylat-Sensibilisierung resultiert.

Epoxidharzsysteme

Bezüglich der Epoxidharzsysteme ist zu berücksichtigen, dass hier neben den eigentlichen Mono- und Oligomeren auch den Härtern und Reaktivverdünnern eine sensibilisierende Wirkung zukommen kann. Zudem ist zu beachten, dass Sensibilisierungen gegenüber Komponenten von Epoxidharz-Systemen z. T. nicht durch die üblicherweise in der Standardreihe verwendete Testsubstanz „Epoxidharz" aufgedeckt werden. Ferner ist zu berücksichtigen, dass Epoxidharz-Systeme sehr potente Allergen darstellen, welche bereits nach kurzfristigem Kontakt zu Sensibilisierungen führen können und z. T. mit klinisch hochgradiger Sensibilisierung, z. B. im Sinne eines aerogenen allergischen Kontaktekzems einhergehen können.

Mit einer beruflichen Exposition ist zu rechnen in Bauberufen (z. B. Fliesen- und Fußbodenleger, Betonarbeiter, Steinsanierer) und in der Kunststoffverarbeitung (z. B. in der Flugzeugindustrie), bei der Sportgeräteherstellung aber auch bei der Herstellung von Rotorblättern für Windkraftanlagen, bei einzelnen Tätigkeiten im Elektromotorenbau, bei der Metallbearbeitung (Beschichtung, Schraubensicherung, Kleben), in der Holzverarbeitung (Kleben) und in der Möbelherstellung (Kleben).

Die Auswirkungen einer Allergie gegenüber Bestandteilen von Epoxidharz-Systemen ist mittelgradig bis schwerwiegend. Schwerwiegende Auswirkungen sind dann anzunehmen, wenn eine klinisch sehr hochgradige Sensibilisierung vorliegt, welche z. B. mit einem aerogenen allergischen Kontaktekzem einhergeht.

Formaldehyd

Bei der Bewertung einer berufsbedingten Sensibilisierung gegenüber Formaldehyd ist immer auch zu berücksichtigen, dass diese mit Sensibilisierungen gegenüber potenziellen Formaldehyd-Abspaltern, welche teilweise als Ersatzstoffe für Formaldehyd Verbreitung in Körperpflegemitteln, Kosmetika, Farben/Lacken, Polituren und im technischen Bereich etc. finden können, einhergehen können.

Expositionsmöglichkeiten gegenüber Formaldehyd auf dem Arbeitsmarkt werden angenommen im Gesundheitsdienst, bei Malern und Lackierern und verwandten Berufen sowie der metallverarbeitenden Industrie.

Die Auswirkung einer Allergie gegenüber Formaldehyd wird als mittelgradig bis schwerwiegend eingeschätzt. Von schwerwiegenden Auswirkungen einer Formaldehyd-Allergie kann z. B. bei Vorliegen einer hochgradigen Sensibilisierung mit zusätzlichen positiven Reaktionen gegenüber Formaldehyd-Abspaltern ausgegangen werden.

Dichromat

Expositionsmöglichkeiten gegenüber Chrom-VI-Verbindungen ergeben sich insbesondere im Baugewerbe bei Arbeiten mit Zement, Mörtel und Beton. Auch wenn gemäß der TRGS 613 („Ersatzstoffe, Ersatzverfahren und Verwendungsbeschränkungen für chromathaltige Zemente und chromathaltige zementhaltige Zubereitungen") zunehmend mehr chromarme Zemente und chromarme zementhaltige Zubereitungen eingesetzt werden, muss jedoch konstatiert werden, dass die TRGS 613 bislang nicht ausreichend und vollständig umgesetzt wurde. Weitere Expositionsmöglichkeiten gegenüber Dichromat bestehen in der Metallverarbeitung (Galvanik, Verchromung, Chromatierung, elektrolytisches Platieren, Umgang mit Korrosionsschutzmitteln, Schweißrauchen beim Schweißen von Chrom-Stahllegierungen, Gießerei, Automobilindustrie), in der holzverarbeitenden Industrie (chromathaltige Holzschutzmittel) und, jedoch mit stark abnehmender Bedeutung, in der Lack- und Farbenindustrie. Als wichtigste verschlossene Berufsgruppen gelten Betonbauer, Farben- und Lackhersteller, Färber, Feuerwerksartikelhersteller, Fliesenleger, Galvaniseure, Gerber, Graveure, Holzarbeiter, Keramik-Hersteller, Lederverarbeiter, Maurer, Metallarbeiter, Pelzbearbeiter, Schweißer, Tonbandhersteller und Verchromer. Zusätzlich ist zu beachten, dass außerhalb dieser Berufsbereiche eine Dichromat-Sensibilisierung auch durch das Tragen chromgegerbter Lederhandschuhe oder Sicherheitsschuhe erworben sein kann.

Die Auswirkungen der berufsbedingten Dichromat-Allergie sind mittelgradig bis schwerwiegend. Hierbei sind schwerwiegende Auswirkungen wiederum den Konstellationen mit klinisch hochgradiger Sensibilisierung vorbehalten. Hinweise für eine hochgradige Sensibilisierung können Streureaktionen des allergischen Kontaktekzems, ein Kontaktekzem nach aerogener Exposition oder die Unverträglichkeit von ledernen Schuhen oder Handschuhen sein.

Kolophonium

Der komplexe Naturstoff Kolophonium findet in natürlicher Form oder modifiziert insbesondere wegen seiner klebenden und haftverstärkenden Eigenschaften Verbreitung in Klebstoffen sowohl im Privatbereich als auch in der Arbeitswelt. Berufliche Expositionsmöglichkeiten sind anzunehmen für Löter

(Weichlöten), Holzbearbeiter (Tischler, Zimmerer, Sägewerksarbeiter), Forstarbeiter, Papierhersteller aus Holzschliff sowie z. T. bei Tätigkeiten als Elektromontierer, Elektroinstallateur, Metallbearbeiter mit Umgang mit wassergemischten Kühlschmierstoffen, Gärtner, Landschaftspfleger, Floristen, Maler, Lackierer, Drucker sowie („exotischer") z. T. auch in künstlerischen Berufen wie Streichinstrumentalist oder Tänzer.

Bei Vorliegen einer Kolophonium-Allergie sind zumeist geringe bis mittelgradige Auswirkungen auf dem allgemeinen Arbeitsmarkt anzunehmen, in besonders begründeten Fällen sind die Auswirkungen der berufsbedingten Kolophonium-Allergie jedoch auch schwerwiegend.

Geringe Auswirkungen einer Kolophonium-Allergie sind insbesondere bei Vorliegen einer isolierten Sensibilisierung gegen ein modifiziertes Harz ohne Gruppenreaktion anzunehmen.

Schwerwiegende Auswirkungen der Allergie hingegen liegen bei klinisch hochgradig Sensibilisierten vor, welche z. B. auch schon auf übliche Papiersorten und Druckerzeugnisse mit Kontaktekzemen reagieren.

Bei einem hochgradig gegenüber Kolophonium sensibilisierten Versicherten mit nachweisbarem aerogenem allergischen Kontaktekzem auf Druckerzeugnisse wurde in einem Einzelfall eine BK nach Nummer 5101 mit einer MdE von 50% von Seiten des Unfallversicherungsträgers anerkannt [5].

Latex

Die Besonderheit der berufsbedingten Latex-Sensibilisierung, auch im Hinblick auf versicherungsrechtliche Aspekte, besteht darin, dass es sich hier in Abgrenzung zu der überwiegenden Zahl der übrigen berufsbedingten Sensibilisierungen im Rahmen der BK-Ziffer 5101 nicht um eine Typ-IV sondern um eine Typ-I-Sensibilisierung handelt mit der potenziellen Gefahr einer Multiorganmanifestation. Somit ist prinzipiell bei hochgradiger Sensibilisierung bzw. Multiorganmanifestation eine Überlappung mit einem Erkrankungsgeschehen im Sinne der BK-Nummer 4301 („obstruktive Atemwegserkrankung") möglich.

Naturgummi-Latex ist als Gefahrstoff identifiziert (TRGS 540). Naturgummi-Latex in relevanter, allergieauslösender Form wird insbesondere im Gesundheitswesen angetroffen, wenngleich konstatiert werden kann, dass aufgrund einer erfolgreichen Präventionsstrategie hier eine zunehmende Rückläufigkeit der Verbreitung gepuderter Latexhandschuhe belegt und hiermit einhergehend auch eine zunehmende Rückläufigkeit entsprechender Verdachtsanzeigen auf Vorliegen einer Latex-bedingten Haut- (und/oder Atemwegs-) Erkrankung festgestellt werden konnte [1].

Außerhalb des medizinischen Bereiches kann Latex prinzipiell in allen Bereichen des Arbeitsmarktes angetroffen werden, in denen Naturgummi-Latex-haltige Berufsstoffe vorkommen (z. B. beschrieben bei bestimmten Tätigkeiten in der Automobilindustrie, Schuhverkäufern, Arbeitern in der Handschuh- oder Puppenindustrie).

Da insbesondere im medizinischen Bereich für eine Vielzahl verwendeter Latex-haltiger Produkte Latex-freie Alternativen zur Verfügung stehen, zwingt eine berufsbedingte Latex-Allergie hier zumeist objektiv nicht zur Aufgabe der schädigenden Tätigkeit.

Für den Fall, dass jedoch aufgrund einer berufsbedingten Latex-Allergie eine MdE-Einschätzung erfolgt, sollte neben der Verbreitung des Allergens insbesondere die klinische Schwere der allergischen Reaktion mit berücksichtigt werden.

In Abhängigkeit vom klinischen Bild des Latex-Kontakturtikaria-Syndroms sind die Auswirkungen einer Latex-Allergie von geringgradig bis schwerwiegend einzuschätzen.

Hierbei liegen geringgradige Auswirkungen bei ausschließlicher Kontakturtikaria im Kontaktareal vor.

Mittelgradige bis schwerwiegende Auswirkungen der Latex-Allergie sind dann anzunehmen, wenn bereits flüchtige Kontakte oder aber auch aerogene Exposition zu Hauterscheinungen führen bzw. bei klinisch höhergradigen Stadien des Kontakturtikaria-Syndroms mit generalisierter Urtikaria, Atemwegssymptomatik im Sinne rhinokonjunktivaler und/oder asthmatischer Beschwerden oder beim anaphylaktischen Schock.

Diese differenzierte Beurteilung der Auswirkung der berufsbedingten Latex-Allergie in Abhängigkeit der klinischen Schwere wird auch von juristischer Seite geteilt (Landessozialgericht Nordrhein-Westfalen, Az.: L 17 U 289/99).

Nickel

Im Hinblick auf die klinische und versicherungsrechtliche Wertung des Allergens Nickel ist von dem gewerbedermatologischen Gutachter zu beachten, dass die meisten Sensibilisierungen gegenüber diesem Metallion durch private intensivierte Exposition („Modeschmuck") induziert wurden. Auch wenn dieses Allergen seit Jahren die entsprechenden Sensibilisierungs-„Hitlisten" anführt, handelt es sich um ein relativ „schwaches" Antigen. Insbesondere im Hinblick auf eine etwaige berufliche Relevanz ist zu berücksichtigen, dass als Voraussetzungen das Vorhandensein nickelfreisetzender Materialien („in allergieauslösender Form") sowie eine ausreichende Kontaktzeit erforderlich sind.

Als verschlossene Berufe bei beruflich erworbener Nickel-Sensibilisierung gelten entsprechend Tätigkeiten, bei denen Hautkontakt mit nickelfreisetzenden Oberflächen besteht, wie z. B. in der Galvanik oder bei der Montage von vernickelten Teilen. In Abhängigkeit des Sensibilisierungsgrades können jedoch ggf. auch weitere Tätigkeitsfelder verschlossen sein, wobei jedoch darauf hinzuweisen ist, dass insbesondere beim nicht höhergradig Nickel-Sensibilisierten sogenannte „Metallberufe" in der überwiegenden Zahl der Fälle nicht verschlossen sind.

Die Auswirkungen der berufsbedingten Nickel-Sensibilisierung sind gering- bis mittelgradig. In Einzelfällen mit klinisch hochgradiger Sensibilisierung können, da Nickel prinzipiell „ubiquitär" vorkommt, die Auswirkungen jedoch auch schwerwiegend sein.

p-Phenylendiamin

Bei Vorliegen einer berufsbedingten Sensibilisierung gegenüber p-Phenylendiamin sollte im Zuge der gewerbedermatologischen Untersuchung geprüft werden, inwieweit weitere Sensibilisierungen gegenüber Para-substituierten Aminoverbindungen vorliegen können. Entsprechende Kreuzreaktionen zwischen einzelnen Allergenen dieser Allergengruppe sind nicht selten, wenngleich jedoch im Rückschluss nicht davon ausgegangen werden kann, dass bei Vorliegen einer Sensibilisierung gegenüber p-Phenylendiamin (als vermeintlicher Indikator für eine Gruppenallergie gegenüber Para-Aminoverbindungen) generell von entsprechenden Kreuzreaktionen ausgegangen werden kann.

p-Phenylendiamin findet sich in der Arbeitswelt in typischer Weise als Oxidationshaarfärbemittel im Friseurhandwerk, ferner können Expositionsmöglichkeiten bestehen bei beruflichem Kontakt zu Farbstoffzubereitungen zur Pelz- und Lederfärbung, Exposition gegenüber speziellen Fotokopiersystemen sowie Stempel- und Druckfarben. Demgegenüber ist jedoch in Deutschland mittlerweile die Produktion und der Verkauf mit Azofarbstoffen gefärbter Textilien verboten.

Eine isolierte Sensibilisierung gegenüber p-Phenylendiamin hat geringgradige Auswirkungen der beruflichen Allergie zur Folge.

Bei Nachweis von Kreuzreaktionen gegenüber weiteren Azo- oder Anilinfarbstoffen sind die Auswirkungen der berufsbedingten Allergie mittelgradig. Bei Vorliegen einer Vielzahl von Kreuzreaktionen gegenüber diversen Para-substituierten Amino-Verbindungen und klinisch ausgeprägtem Sensibilisierungsgrad sind die Auswirkungen der berufsbedingten p-Phenylendiamin-Sensibilisierung schwerwiegend.

Literatur

1. Allmers H, Schmengler J, Skudlik C (2002) Primary prevention of natural rubber latex allergy in the german health care system through education and intervention. J Allergy Clin Immunol 110:318–323
2. Diepgen TL, Dickel H, Becker D, Blome O, Geier J, Schmidt A, Schwanitz HJ, Skudlik C, Wagner E, für die Arbeitsgruppe „Bewertung der Allergene bei BK 5101" der Arbeitsgemeinschaft für Berufs- und Umweltdermatologie in der Deutschen Dermatologischen Gesellschaft (2002) Beurteilung der Auswirkung von Allergien bei der Minderung der Erwerbsfähigkeit im Rahmen der BK 5101. Teil I: Acrylate/Methacrylate, Epoxidharz-Systeme,

Formaldehyd, Dichromat, Kolophonium, Latex, Nickel, p-Phenylendiamin. Dermatol. Beruf Umwelt 50:139–154
3. Richter G (1994) Minderung der Erwerbsfähigkeit durch Allergien bei der BK 5101 – Analyse einer Expertenbefragung. Dermatosen 42:138–142
4. Schröder CM, John SM, Schwanitz HJ (2001) Iatrogene Sensibilisierung durch Epikutantestung. Dermatol. Beruf Umwelt 49:269–272
5. Skudlik C, Schwanitz HJ (2002) Sensibilisierung gegen ubiquitäre Allergene: Problematik der Prävention und der versicherungsrechtlichen Wertung, aufgezeigt an Fallbeispielen. 1. Essener Dermatologisch-betriebsärztliches Symposium Essen, 24.04.2002

7 Änderung in den medizinischen Verhältnissen (Nach-/Wiederholungsbegutachtung)

W. Wehrmann

Grundlage für die Bewertung von Änderungen in den medizinischen Verhältnissen, wie sie für die Anerkennung als BK ausschlaggebend waren, ist der Feststellungsbescheid zur MdE-Einschätzung und das zugrundeliegende Gutachten. Hier kommt es auf eine genaue Beschreibung der beruflich bedingten Erkrankung an, um eine Aussage über wesentliche Änderungen in den ehemaligen Anerkennungsverhältnissen zum Zeitpunkt der Neufeststellung machen zu können.

Die Neufeststellung der medizinischen Verhältnisse impliziert notwendigerweise neben der aktuellen Befundkonstellation den Verlauf der Erkrankung. Dieser hat für die Einschätzung der MdE im Wiederholungsgutachten eine höhere Relevanz als der aktuelle Befund, da er die Manifestation beruflich bedingter Erkrankungsfolgen über einen längeren Zeitraum dokumentiert. Die Verlaufsbewertung wird durch die Definitionshinweise bei dem Ausmaß der Hauterscheinungen im Rahmen der MdE-Bewertung herausgestellt und auf eine adäquate Therapie bei Auftreten von Krankheitsschüben abgehoben.

Probleme treten immer dann bei einer Wiederholungsbegutachtung auf, wenn adäquate Therapien (z.B. ärztliche Behandlungen) nicht dokumentiert sind, der Versicherte gleichwohl von immer wieder auftretenden Hautveränderungen berichtet. In der Mehrzahl der Fälle handelt es sich dabei um bläschenförmige Hautveränderungen im Bereich der Hände (z.B. Fingerseitenflächen und/oder Hohlhände), die keiner ärztlichen Behandlung zugeführt wurden und vom Versicherten selbst mit handelsüblicher Pflegecreme zur Abheilung gebracht oder kontrolliert werden können. Häufig wird von Versicherten eine erhöhte Hautempfindlichkeit angeführt, die sich bei normalen Alltagstätigkeiten (Duschen, Waschen, etc.) oder als Folge zum Beispiel von Gartenarbeit äußert. Dem Gutachter obliegt es nun, in enger Anlehnung an die definierten Vorgaben bei der Einschätzung der MdE, die jeweiligen Hautveränderungen als beruflich bedingte Erkrankungsfolgen oder als anlagebedingte bzw. gelegenheitsursächliche Folgen zu bewerten.

Ein allergisches Kontaktekzem, welches als Folge einer beruflich erworbenen Typ-IV-Kontaktsensibilisierung aufgetreten ist, heilt in aller Regel nach Meidung der schädigenden Allergene in einem mehr oder weniger langen Zeitraum ab. Zeigt der Erkrankungsverlauf eine gleichbleibende Ausprägung nach Meidung der Noxe, z.B. nach Berufsaufgabe, muss der Gutachter bei Anerkennung der Hautveränderungen als beruflich bedingte Erkrankungsfolge hinreichend nachvollziehbar darlegen, warum es sich um Folgen der beruflich bedingten Erkrankung handelt, denn die Besserung bzw. Abheilung eines allergischen Kontaktekzems bei Meidung des Allergens ist in der dermatologischen Praxis als typisch herauszustellen.

Das Weiterbestehen einer Typ-IV-Kontaktsensibilisierung durch Nachweis im Epikutan-Test kann nicht automatisch als Grundlage jeglicher ekzematöser, insbesondere vesikulöser Ekzemveränderungen, gelten. Immer wieder in Erscheinung tretende bläschenförmige Ekzemveränderungen müssen den jeweiligen allergenexponierten Tätigkeiten bzw. Situationen zugeordnet werden können, d.h., es müssen Anhaltspunkte für von außen einwirkende Einflüsse auf eine Rückfallneigung vorliegen. Häufig lassen sich Auslöser für diese Hauterscheinungen nicht sicher feststellen und es kommt auch nicht zu ausgeprägten Rezidiven im Sinne der als BK anerkannten Hauterkrankung. Der Verlauf von Hauterscheinungen, die nicht als beruflich bedingte Krankheitsfolgen zu bewerten sind, ist in der Regel wechselhaft, zeigt eine Eigendynamik und häufig Abhängigkeiten von Klima oder psychosomatischen Beeinflussungen. In diesen Fällen können die Hauterscheinungen keine Anerkennung als beruflich bedingte Erkrankungsfolgen finden, weil damit eine objektivierbare, rechtlich erhebliche Einschränkung der beruflichen Möglichkeiten ebenso entfällt wie beim Wegfall einer berufsspezifischen Typ-IV-Kontaktsensibilisierung.

Das Landessozialgericht Schleswig-Holstein hat nach Zurückverweisung vom Bundessozialgericht eine wesentliche Änderung in den medizinischen Verhältnissen bei einer ehemaligen Friseurin anerkannt und eine Rente bei MdE von 25 vom Hundert entzogen (L 5 U - 102/92 vom 25.02.1994 und 2 RU 35/91 vom 29.09.1992). Bei der Nachbegutachtung konnten die ehemals nachgewiesenen berufsspezifischen Typ-IV-Kontaktsensibilisierungen gegen Haarfärbemittel und Dauerwelllösung nicht mehr objektiviert werden; die bei zusätzlich bestehender Nickelsensibilisierung und atopischer Diathese intervallartig auftretenden bläschenförmigen Hautveränderungen im Bereich der linken Hohlhand wurden nicht als Folge der beruflich bedingten Hauterkrankung anerkannt.

Grundsätzlich taucht in Nachbegutachtungen immer wieder die Problematik der Bewertung des fehlenden Nachweises von berufsspezifischen Typ-IV-Kontaktsensibilisierungen auf. Kann der fehlende Nachweis ausweislich einer negativen Reaktion im Epikutantest als Fehlen auch der klinischen Relevanz einer Allergie gegen einen Berufsstoff bewertet werden oder muss der wissenschaftlich-immunologische Ansatz vom Vorliegen einer lebenslangen Sensibilisierung übernommen und in die Bewertung einbezogen werden. In der letzten Zeit zeichnet sich ab, dass Nachtestungen nicht mehr regelhaft in jedem Fall gefordert werden, da zum einen das Risiko des Erwerbs weiterer iatrogener (– und im Rahmen des BK-Verfahrens indirekt berufsbedingter –) Sensibilisierungen besteht, z.B. gegen potente Allergene wie Epoxidharze oder p-Phenylendiamin, zum anderen ist ein Rückgang des Sensibilisierungsgrades nicht mit einer MdE-Minderung gleichzusetzen.

8 Der zertifizierte Gutachter: Curriculum der Gutachterseminare der ABD

S. M. John, O. Blome*, S. Brandenburg, W. Wehrmann, H. J. Schwanitz

Die Qualität ärztlicher Berufsausübung ist seit Jahrhunderten und so auch heute Gegenstand der öffentlichen Diskussion [1, 8, 9]. Die Tätigkeit medizinischer Sachverständiger ist von dieser Debatte nicht ausgenommen, nicht selten steht sie sogar im Vordergrund [2, 3, 5–7, 12, 13]. Wiederholt ist Transparenz bezüglich der Qualifikationsnachweise medizinischer Gutachter gefordert worden.

In der Berufsdermatologie sind die Anstrengungen zu einem Qualitätsmanagement in der Zusammenhangsbegutachtung weit fortgeschritten. Die Initiative hierzu ging maßgeblich aus von der zuständigen wissenschaftlichen Fachgesellschaft, der Arbeitsgemeinschaft für Berufs- und Umweltdermatologie (ABD) in der Deutschen Dermatologischen Gesellschaft (DDG). Angesichts der dominierenden Bedeutung berufsbedingter Hautkrankheiten im Berufskrankheiten-Geschehen und der über 70-jährigen Tradition der berufsdermatologischen Begutachtung (mit fester Verankerung in der Weiterbildungsordnung) ist es nicht verwunderlich, dass die ABD eine der ersten medizinischen Fachgesellschaften war, die (in Zusammenarbeit mit dem Hauptverband der gewerblichen Berufsgenossenschaften [HVBG]) Leitlinien für die Begutachtung entwickelt hat [4, 10].

Ferner werden seit 1998 durch die ABD in Zusammenarbeit mit dem HVBG und dem Berufsverband der Deutschen Dermatologen (BVDD) ganztägige interdisziplinäre Fortbildungsseminare durchgeführt, die die gewerbedermatologische Begutachtung zum Gegenstand haben. Diese innovative Form der Verbundweiterbildung hat seither großes Interesse und eine rege Nachfrage im Kreise der Dermatologen gefunden. Schwerpunkte dieser jeweils von erfahrenen Berufsdermatologen und juristisch versierten Verwaltungsexperten gemeinsam durchgeführten Veranstaltungen ist der kritische, praxisorientierte Dialog und kollegiale Erfahrungsaustausch. Deshalb wurde von Anfang an der Diskussion konkreter Beispielfälle im Rahmen dieser Veranstaltungen besondere Bedeutung zugemessen.

Der Vorstand der ABD hat auf der Basis der vorliegenden Erfahrungen mit diesen Verbundseminaren im Dezember 1999 die Zertifizierung der Teilnahme beschlossen; der BVDD hat sich diesem Vorschlag angeschlossen und ist weiterhin neben dem HVBG Mitausrichter dieser Fortbildungen. Es wurde beschlossen, dass die Seminare zur Berufsdermatologie dreistufig aufgebaut sein sollen: Grund-, Aufbau- und Spezialseminar. Der Besuch aller drei Seminare ist neben der Facharztbezeichnung „Dermatologie" Voraussetzung für die Zertifizierung. Der Besuch der Seminare muss nicht notwendigerweise in fester Reihenfolge erfolgen (obwohl dies wünschenswert wäre), ferner wurde kein Zeitrahmen für die Absolvierung der drei Seminarteile vorgegeben. Für die Zertifizierung sehr erfahrener Gutachter ist eine Übergangsregelung bis Ende 2003 vorgesehen, die unter anderem den Besuch zumindest eines Spezialseminars vorsieht [11].

Ziel der Seminare ist auch, den Teilnehmern zu ermöglichen, den Unfallversicherungsträgern gegenüber besondere berufsdermatologische Kompetenz dokumentieren zu können. Eine erfolgte Zertifizierung kann als *ein* wesentliches Kriterium für eine rational

---

* Otto Blome
 Referat Berufskrankheiten, Hauptverband der gewerblichen Berufsgenossenschaften, Alte Heerstraße 111, 53757 Sankt Augustin.

Curriculum/Referentenleitfaden		(Stand: 2002)		
Grund-Seminar				
Inhalt (Übersicht)	Inhaltliche Hinweise/Präzisierung	Dauer (ca.)	Referent	Material
■ Berufsdermatologische Fragestellungen im Sozialversicherungsrecht ■ Grundzüge des Begutachtungswesens	– Krankheit, Berufskrankheit, Arbeitsunfall, arbeitsbedingte Gesundheitsgefahren, arbeitsbedingte Erkrankungen – Unfallversicherung, Arbeitsunfähigkeit und Behandlungsbedürftigkeit – Teilweise oder völlige Erwerbsunfähigkeit – Krankenversicherung, Rentenversicherung, Arbeitslosenversicherung – Listensystem, BKV, SGB VII – Grundlagen der BK 5101 und der Zusammenhangsbegutachtung – § 3 Berufskrankheitenverordnung, konkrete Gefahr, geeignete Mittel – Verfahren zur Früherfassung beruflich bedingter Erkrankungen – Hautarztbericht – – §§ 41-43 Vertrag gem. § 34 SGB VII (Vertrag Ärzte-/Unfallversicherungsträger) – Ärztliche Anzeige über eine Berufskrankheit (einschließlich Verhältnis zur ärztlichen Schweigepflicht) – Grundsätze des Feststellungsverfahrens – Medizinisches Sachverständigenrecht	100′	J	Lit.-Hinweise
■ Epidemiologische Daten zu beruflich bedingten Erkrankungen der Haut	– BK-Geschehen in der BRD: BK-DOK; Zahlen des HVBG – Epidemiologische Daten – Chancen und Perspektiven präventiver Anstrengungen	30′	D	Lit.-Hinweise
■ Hautarztverfahren im Rahmen des § 3 BKV	– der Hautarztbericht – Kausalität in den Fällen des § 3 BKV – Voraussetzungen für Anwendung – Zustimmungspflicht – Aufbau, Befund und Diagnostik – Umfang der Leistungen, allgemeine Heilbehandlung, vorbeugende Heilbehandlung – Verhältnis zu Betriebsärzten/Arbeitsmedizinern *Präventionsmaßnahmen:* primäre, sekundäre, tertiäre Prävention: technisch-organisatorische Maßnahmen individualpräventive Maßnahmen (z. B. Externa, Handschuhe, Schutzanzüge) Hautschutz im Betrieb, Rechtsgrundlagen und praktische Empfehlungen (einschl. PSA nach EG-Richtlinien 89/656/EWG) spezielle edukative Maßnahmen, Gesundheitspädagogik modifiziertes stationäres Heilverfahren – Ergebnisse Clearingverfahren der ABD: Fehlerquellen im Hautarztverfahren	100′	D	Lit.-Hinweise
■ Ärztliche Anzeige über eine Berufskrankheit (aus dermatologischer Sicht)	– Merkblatt zur ärztlichen Untersuchung bei der BK 5101 – Vergütungsfragen	20′	D	Merkblatt

Curriculum/Referentenleitfaden		(Stand: 2002)		
Grund-Seminar				
Inhalt (Übersicht)	Inhaltliche Hinweise/Präzisierung	Dauer (ca.)	Referent	Material
■ Berufsdermatologische Fragestellungen im Sozialversicherungsrecht – Grundzüge der Zusammenhangsbegutachtung	– „Empfehlungen zur Begutachtung bei der BK 5101" der ABD und des HVBG/Bamberger Merkblatt – Gliederung Informationserfassung Informationsverdichtung Informationsbewertung – Gutachtenrelevante Diagnostik (einschließlich Testungen)	100'	D	Empfehlungen, Lit.-Hinweise
■ Übungen in Gruppenarbeit	Fallbeispiele/Szenarien: – Hautarztberichte – einfache Beispiel-GA	90'	J + D	HAB, GA
Grund-Seminar		Ca. 440'		

begründete, dem Transparenz-Gebot genügende Auswahl von Gutachtern durch Unfallversicherungsträger und Sozialgerichte dienen.

Für die Durchführung der Seminare musste ein zunächst vorläufiges Curriculum geschaffen werden, das anschließend fortlaufend überarbeitet wurde und auf den folgenden Seiten in der derzeitigen Version vorgestellt wird. Das Curriculum – als Basis der Zertifizierung der Seminare – soll weitgehende Transparenz und Einheitlichkeit der Seminare auf hohem Niveau gewährleisten, unabhängig von den jeweiligen Veranstaltungsmodalitäten und Referenten. Das Curriculum will keinen starren Ablauf oktroyieren, sondern ist als Grundgerüst konzipiert, das eine ausreichende Flexibilität ermöglicht, um den Dialogcharakter der Seminare nicht zu gefährden. Die Veranstaltungsreihe ist dabei so konzipiert, dass sie zunehmend interaktive Elemente enthält. Im letzten Teil hat die Veranstaltung schließlich den Charakter eines (supervidierten) Gutachter-Qualitätszirkels, in dem schwerpunktmäßig und vertiefend schwierige gutachterliche Fragestellungen – auch aus dem Kreise der Teilnehmer – ebenso wie exemplarische Musterlösungen eingehend diskutiert werden.

Das Curriculum beruht unter anderem auf den Erfahrungen, die in den Begutachtungsseminaren der letzten Jahre gesammelt wurden; ferner sind die Ergebnisse einer kürzlich durchgeführten Analyse von 117 einschlägigen Sozialgerichtsverfahren (BK 5101) berücksichtigt worden, die die Schwerpunkte unterschiedlicher gutachterlicher Beurteilungen in derartigen Verfahren identifiziert hat [6]. Es ergab sich, dass Kontroversen in Sozialgerichtsverfahren hinsichtlich der BK 5101 überwiegend wenige, umrissene Kernthemen betreffen (v.a. MdE, Unterlassungszwang, Würdigung von BK-Folgen bei atopischen Hautmanifestationen und verbliebener Hyperirritabilität). Ferner zeigte sich, dass divergierende gutachterliche Auffassungen primär versicherungsrechtliche Fragen betreffen, sehr viel seltener diagnostische. Anstrengungen zur Weiterqualifizierung von Gutachtern müssen diese Aspekte berücksichtigen. In diesem Zusammenhang ist auch zu erwägen, ob langfristig größere Teile des vorgestellten Curriculums im Rahmen der Qualitätssicherung in die fachärztliche Weiterbildungsordnung integriert werden (insbesondere zentrale Aspekte des Grundseminars).

Das Curriculum wird weiterhin Gegenstand fortlaufender Überarbeitung und Aktualisierung sein; da Anstrengungen zur Qualitätssicherung generell einen kontinuierlichen Prozess ohne Endpunkt darstellen. In diesem Zusammenhang ist es erfreulich festzustellen, dass kürzlich auch andere Fachgesellschaften begonnen haben, ein Curriculum für die Zertifizierung von Gutachtern zu entwickeln [13].

Curriculum/Referentenleitfaden		(Stand: 2002)		
Aufbau-Seminar				
Inhalt (Übersicht)	Inhaltliche Hinweise/Präzisierung	Dauer (ca.)	Referent	Material
■ Berufsbedingte Hauterkrankungen nach BK-Nr. 5101 – spezielle Rechtsbegriffe	– Regelungen zur Begutachtung im Vertrag gemäß §34 SGB VII – der Versicherungsfall ‚Berufskrankheit' in der Begutachtung – Leistungen des Unfallversicherungsträgers: Geldleistungen, Sachleistungen, Übergangsleistungen – Mustergutachtenauftrag – Kausalitätsprinzip in der gesetzlichen Unfallversicherung – rechtlich wesentliche Teilursache – sog. Gelegenheitsursache – Beweisrecht, Wahrscheinlichkeit, Vollbeweis – besondere versicherungsrechtliche Tatbestandsmerkmale – Rentenbegutachtung – Rente als vorläufige Entschädigung und auf unbestimmte Zeit – Rechtsbegriff ‚Minderung der Erwerbsfähigkeit' nach §56 SGB VII – Verschlimmerung – wesentliche Änderung – MdE-Tabelle der ABD und des HVBG – besondere berufliche Betroffenheit – Begutachtungsfragen der beruflichen Wiedereingliederung – Abgrenzung berufsbedingter Hauterkrankungen nach BK-Nr. 5101 von sonstigen berufsbedingten Hauterkrankungen (BK-Nr. 1101, 2402) – Begutachtung von Erkrankungen mit Haut- und Atemwegsmanifestationen	90'	J	Lit.-Hinweise
■ Berufsbedingte Hauterkrankungen nach BK-Nr. 5101 (aus dermatologischer Sicht)	– Berufsbedingtheit – Befundbeschreibung – Schwere im medizinischen Sinn (Definition nach Dauer, Stärke, Therapieresistenz, Streuung, funktioneller Beeinträchtigung); Behandlungskriterien (Arzt, Arzneimittel/Heilmittel/Hilfsmittel), Dokumentation der Behandlung (Berichte, Rezepte, AU) – wiederholte Rückfälligkeit (Kriterien) – Unterlassungszwang (gestufte Prüfung medizinischer Kriterien) – MdE-Einstufung – Auswirkungen der Allergie – Relevanz von Sensibilisierungen – Verbreitung der Allergene in krankheitsauslösender Form – Ausmaß der Hauterscheinungen (irritativer und allergischer Genese; einschließlich verbliebener Minderbelastbarkeit) – Prognostische Beurteilungsfragen	100'	D	Lit.-Hinweise
■ BK-Beratungsarztverfahren	– Voraussetzungen, Zweck, formaler Aufbau, Befund und Diagnostik, Aussagen, Vergütung – Präventive Maßnahmen	20'	J + D	Lit.-Hinweise
■ Hauttestung berufsspezifischer Substanzen	– Leitlinien der ABD und DKG zur Epikutantestung – Aufklärung, Dokumentation, Deklaration und Interpretation (iatrogene Sensibilisierungen, Simulation, Haftpflichtaspekte) – Berufsgruppenspezifische Testempfehlungen – Informationsbeschaffung	40'	D	Lit.-Hinweise/Internetadressen

Aufbau-Seminar

Curriculum/Referentenleitfaden (Stand: 2002)

Inhalt (Übersicht)	Inhaltliche Hinweise/Präzisierung	Dauer (ca.)	Referent	Material
■ Berufsdermatologisch relevante anlagebedingte Erkrankungen	– atopische Diathese, atopisches Handekzem, Atopie-Syndrom – Epidemiologie und klinische Diagnostik (atopische Stigmata, Bedeutung von ‚Score'-Systemen) – Psoriasis; mechan./chemische Köbnerung – Krankheitsanlage/manifester Vorschaden – Berufsdermatol. Berufseingangsberatung zur Identifizierung konstitutioneller Risiken – §38 JArbSchG, „prophetische" Testungen, berufsgenossenschaftl. Grundsatz 24 (G 24)	60'	D	Lit.-Hinweise
■ Übungen in Gruppenarbeit	Fallbeispiele: – 2–4 komplexere Beispiel-GA; jedoch Standardfragestellungen; möglicherweise Sozialgerichtsverfahren – Gegenstände (präferentiell): Testungen; Rolle der Atopie, Unterlassungszwang, MdE-Einschätzung	Ca. 140'	J + D	GA
Aufbau-Seminar		**Ca. 450'**		

Abkürzungen:
J = Juristisch versierter Verwaltungsexperte; D = Dermatologe; HAB = Hautarztbericht(e); GA = Gutachten, *Lit.-Hinweise* = durch die Referenten ausgeteilte Literaturhinweise; AU = Arbeitsunfähigkeit, JArbSchG = Jugendarbeitsschutzgesetz, PSA = persönliche Schutzausrüstung, DKG = Deutsche Kontaktallergiegruppe

Spezial-Seminar

Curriculum/Referentenleitfaden (Stand: 2002)

Inhalt (Übersicht)	Inhaltliche Hinweise/Präzisierung	Dauer (ca.)	Referent	Material
■ *Berufsdermatologie aktuell:* Aus rechtlicher Sicht	– aktuelle Aspekte/aktuelle Rechtsprechung	40'	J	Lit.-Hinw./Folien
■ *Berufsdermatologie aktuell:* Aus dermatologischer Sicht	– aktuelle Aspekte – Hauptstreitgegenstände im Hautarztverfahren und im Gutachten (Ergebnisse des Clearingverfahrens der ABD; Auswertung von BK 5101-Sozialgerichtsverfahren)	50'	D	Lit.-Hinw./Folien
■ Hautkrebs oder zur Krebsbildung neigende Hautveränderungen BK 5102	– Rechts- und Medizin-Historie, Epidemiologie – carcinogene Berufsnoxen als Co-Faktoren (insbesondere mit UV-Licht), akute und chronische Hauterscheinungen, Expositions- und Latenzzeit, Basalzellkarzinome, Morbus Bowen, Plattenepithelkarzinome, MdE – Abgrenzung zu UV-lichtbedingten Hauterkrankungen	20'	D	Lit.-Hinw.
■ §9 Abs. II SGB VII in der Dermatologie	– Hautkrebs durch UV-Licht (Fallbeispiele) – Outdoor-work; präventive Intervention	20'	J + D	Lit.-Hinw.
■ Rechtliche und medizinische Aspekte der Nachbegutachtung	– Wiederholung von Diagnostik – Interpretation von Diagnostik – wesentliche Änderung in den Erkrankungsfolgen aus medizinischer Sicht – Vergleichsmaßstab – alte und neue MdE-Tabelle – erläuternde Beispielfälle	90'	J + D	Lit.-Hinw.

Spezial-Seminar

Curriculum/Referentenleitfaden		(Stand: 2002)		
Inhalt (Übersicht)	Inhaltliche Hinweise/Präzisierung	Dauer (ca.)	Referent	Material
■ Datenschutz in der Begutachtung	– Anamnese- und Befunderhebung – Fremdanamnese – Krankheitsverlauf – Rückmeldungen – Beteiligung des Versicherten – Auskünfte gegenüber Dritten	20'	J	Lit.-Hinw./ Folien
■ Übungen in Gruppenarbeit	Fallbeispiele – mindestens 2, maximal 6 komplexere Beispiel-GA; bevorzugt Sozialgerichtsverfahren Gegenstände (präferentiell): Gutachterliche Kontroversen; z. B. Unterlassungszwang, MdE-Einschätzung, Rolle der Atopie	150'	J + D	GA
■ Roundtable-Diskussion	Fallbeispiele: Strittige Fälle aus dem Auditorium – Hautarztberichte, BK-Arztstellungnahmen und Zusammenhangsgutachten (anonymisiert, möglichst vorher eingereicht; Auswahl durch Referenten)	60'	J + D	übersandte Fälle
Spezial-Seminar		**Ca. 450'**		

Wichtige Internetadressen in der Berufsdermatologie

URL	Inhalt
http://www.ncbi.nlm.nih.gov/	Medline: größte medizinische Datenbank
http://www.gisbau.de/home.html	GISBAU: Gefahrstoff-Informationssystem der Berufsgenossenschaften der Bauwirtschaft. Gefahrstoffe/Produktgruppen/Sicherheitsdatenblätter Bauindustrie/Handschuhinhaltsstoffe
http://www.ivdk.gwdg.de/	u. a. aktuelle DKG-Testblöcke
http://www.hautstadt.de/	u. a. Allergensteckbriefe. Als Arzt einloggen!
http://www.dermis.net/	links zu allen relevanten dermatologischen URL
http://www.beruf-derm-bulletin.de	Praxisinformationen aus der Berufsdermatologie
http://www.hvbg.de	Hauptverband der gewerblichen Berufsgenossenschaften; z. B. Herunterladen von Formtexten

Literatur

1. Badura B, Strodtholz P (1998) Qualitätsförderung, Qualitätsforschung und Evaluation im Gesundheitswesen. In: Schwartz FW, Badura B, Leidl R, Raspe H, Siegrist J (Hrsg.) Das Public Health Buch. Gesundheit und Gesundheitswesen. Urban & Schwarzenberg, München, Wien, Baltimore, S. 574–584
2. Blome O (1999) Begutachtungsempfehlungen für beruflich verursachte Hautkrankheiten. In: Florian HJ, Franz R, Zerlett G (Hrsg.) Handbuch betriebsärztlicher Dienst, 55. erg. Lieferung 1/99: IV-2.17.10:1–31
3. Brandenburg S (2001) Begutachtung von Berufsdermatosen aus Sicht des Unfallversicherungsträgers in der Bundesrepublik Deutschland. In: Schwanitz HJ, Szliska C (Hrsg.) Berufsdermatosen. Dustri, Deisenhofen, S. 8a.1–8a.11
4. Brandenburg S, Schwanitz HJ, John SM (1999) Empfehlungen für die Begutachtung von Berufskrankheiten nach BK 5101. Dermatosen 47:109–114
5. Diepgen TL (1999) Epidemiologie und Begutachtung von Berufsdermatosen. Vortrag. 40. Tagung der DDG, Hamburg, 12.5.–15.5.1999
6. John SM (2001) Klinische und experimentelle Untersuchungen zur Diagnostik in der Berufsdermatologie. Konzeption einer wissenschaftlich

begründeten Qualitätssicherung in der sozialmedizinischen Begutachtung. In: Schwanitz HJ (Hrsg.) Studien zur Prävention in Allergologie, Berufs- und Umweltdermatologie (ABU 5). Universitätsverlag Rasch, Osnabrück
7. Köhler T (1996) Besondere Bedingungen der Gutachtenerstattung in der gesetzlichen Unfallversicherung. In: LVBG (Hrsg.) 3. Tübinger Begegnung: Traumatologie und Recht. 26.10.1996 Tübingen, LVBG, S. 79-91
8. Korting HC, Callies R, Reusch M, Schlaeger M, Schöpf E, Sterry W (2001) Dermatologische Qualitätssicherung. Leitlinien und Empfehlungen, 2. Aufl. W. Zuckschwerdt, München, New York
9. Rienhoff O (1998) Qualitätsmanagement. In: Schwartz FW, Badura B, Leidl R, Raspe H, Siegrist J (Hrsg.) Das Public Health Buch. Gesundheit und Gesundheitswesen. Urban & Schwarzenberg, München, Wien, Baltimore, S. 585-598
10. Schwanitz HJ, John SM, Brandenburg S (1998) Empfehlungen für die Diagnostik von Berufskrankheiten nach BK 5101. Dermatosen 46:253-260
11. Schwanitz HJ (2002) Begutachtung von berufsbedingten Hauterkrankungen. Zertifizierung von Gutachtern und Gutachterseminare. Dermatologie in Beruf und Umwelt 50:111-112
12. Weber A, Lehnert G (1997) Qualitätsmanagement in der Berufskrankheiten-Begutachtung – ein Plädoyer für einen multidimensionalen, interdisziplinären Ansatz. Arbeitsmed Sozialmed Umweltmed 32:305-313
13. Weirauch M, Borsch-Galetke E, Lehnert G et al. (2002) Qualitätssicherung in der arbeitsmedizinischen Begutachtung – Curriculum zum Zertifikat „Arbeitsmedizinische Zusammenhangsbegutachtung" der Deutschen Gesellschaft für Arbeits- und Umweltmedizin e.V. Arbeitsmed Sozialmed Umweltmed 37:188-197

9 Beispiel-Gutachten

C. Skudlik*, W. Wehrmann, H. J. Schwanitz, S. M. John

Die Diskussion von konkreten Einzelfällen hat sich in Gutachten-Seminaren und berufsdermatologischen Qualitätszirkeln immer wieder als fruchtbar erwiesen. Im Folgenden sollen deshalb einige berufsdermatologische Kasuistiken aus der gutachterlichen Praxis vorgestellt werden. Es wurden dabei auch ungewöhnliche Beobachtungen herausgesucht, die es erforderlich machen, den Rahmen der MdE-Empfehlungen der ABD und des HVBG (Diepgen et al. 1995) auszuschöpfen bzw. zu verlassen. Es unterliegt der selbständigen Entscheidungsfindung des Gutachters, in Einzelfällen auch von den MdE-Empfehlungen abzuweichen. Dies ist dann allerdings ausführlich und nachvollziehbar zu begründen.

Eine kürzlich durchgeführte Analyse von Sozialgerichtsverfahren bei der BK 5101 konnte zeigen, dass sich gerade in der Frage der MdE-Einstufung öfter unterschiedliche gutachterliche Bewertungen ergeben (John 2001). In diesem Zusammenhang wird am häufigsten die Verbreitung der Allergene auf dem allgemeinen Arbeitsmarkt gutachterlich unterschiedlich beurteilt (Richter 1994, John 2001); hier sind kürzlich Vorschläge der ABD für ein rational basiertes, einheitliches Vorgehen publiziert worden (Diepgen et al. 2002, Kap. 6). Weiterhin offen ist die Bewertung insbesondere subklinischer irritativer Folgeschäden bei der MdE-Bemessung; auch hierfür liegen jedoch Lösungsansätze vor (John 2001, 2002).

Für gutachterliche Fragestellungen ist die Durchführung und Interpretation von Epikutantestungen von zentraler Bedeutung. Auch dieser Aspekt wird deshalb in den folgenden Kasuistiken berücksichtigt. Es erscheint wichtig, festzustellen, dass eine positive Reaktion im Epikutantest nicht gleichbedeutend mit einer kausalen Rolle einer Sensibilisierung für das Krankheitsgeschehen sein muss. Hier wäre zunächst der Nachweis einer tatsächlichen beruflichen Exposition mit dem angeschuldigten Allergen (in allergieauslösender Konzentration) zu führen. Wenn hier Zweifel bestehen, ist der Technische Aufsichtsdienst/Präventionsdienst des Unfallversicherungsträgers für entsprechende Recherchen am Arbeitsplatz heranzuziehen. Bei gesicherter Exposition ist dann ferner anhand der anamnestischen Daten, des Verlaufes, der Morphe und der Lokalisation der Nachweis einer klinischen Relevanz zu führen, d. h. eines manifest gewordenen allergischen Kontaktekzems. Differentialdiagnostisch ist in diesem Zusammenhang insbesondere die Möglichkeit einer klinisch stummen Sensibilisierung zu prüfen. Generell wird die klinische Relevanz von in der Epikutantestung nachgewiesenen Typ-IV-Sensibilisierungen nur in einer Größenordnung von 70% geschätzt (Bäurle 1985; Bruze 1991; Geier, Gefeller 1995; Rietschel, Fowler 2001). Es ist zu berücksichtigen, dass es in der Begutachtung nicht auf mögliche, sondern auf *wahrscheinliche* Zusammenhänge ankommt; getroffene Feststellungen bedürfen in diesem Zusammenhang der Nachvollziehbarkeit, Überprüfbarkeit und Transparenz und müssen entsprechend dezidiert begründet werden (Kühl, Klaschka 1990; Schönberger et al. 1998; Mehrtens, Perlebach 2001; Brandenburg et al. 1999). Bewährt hat sich die Relevanzbeurteilung auch im Testprotokoll; der Informationsverbund dermatologischer Kliniken (IVDK) hat hier einen gut geeigneten Kodierungsschlüssel entwickelt (www.ivdk.org).

Ein besonderes Problem ist die Epikutantestung von berufseigenen Substanzen; hierzu lie-

---

* Dr. med. Christoph Skudlik
  Universität Osnabrück, Abt. Dermatologie, Umweltmedizin, Gesundheitstheorie, Sedanstraße 115, 49090 Osnabrück

gen seit einiger Zeit detaillierte Empfehlungen zur Vorgehensweise vor, die jeder Berufsdermatologe kennen sollte (Frosch et al. 1997). Ferner wurden für verschiedene Hochrisikoberufe Testempfehlungen erarbeitet, die auch die Arbeitsstoffe berücksichtigen (Schwanitz, John, Brandenburg 1998; Geier et al. 2000; Tiedemann et al. 2002; Koch et al. 2002).

Ebenfalls häufig kontrovers ist die Frage des objektiven Zwangs zur Aufgabe einer schädigenden (Teil-)Tätigkeit in der gutachterlichen Bewertung. Hier ist es heute mehr denn je wichtig, sich zu vergewissern, dass wirklich alle Möglichkeiten einer adäquaten Therapie, sowie adäquaten Hautschutzes und zeitgemäßer Präventionsmaßnahmen (einschließlich Hautschutzseminaren, gesundheitspädagogischer Beratung [Wulfhorst 2001, 2002; Rojahn, Brandenburg, Remé 2001] bzw. modifizierter stationärer Heilverfahren [Diepgen 2001; Schwanitz 2002; Stadeler et al. 2001; Skudlik et al. 2002]) ausgeschöpft wurden. Die in der Vergangenheit häufig reflexartig ausgesprochene Empfehlung der Tätigkeitsaufgabe etwa bei atopischen Hautmanifestationen ist angesichts der Erfolge von konsequenten Präventionsmaßnahmen in Feuchtberufen auch bei diesem Personenkreis heute nicht mehr zu rechtfertigen. Bei leichtfertig ausgesprochenen Umschulungsempfehlungen wird nicht zuletzt übersehen, wie einschneidend ein solcher Schritt für die Betroffenen ist und welche gravierenden neuen Probleme sich dadurch auftun können. Auch haftungsrechtliche Konsequenzen für den Gutachter sind in solchen Fällen angesichts der gegenwärtigen Arbeitsmarktlage mit nachhaltig ungünstigen Vermittlungschancen für Berufswechsler nicht auszuschließen.

Atopische Dermatitis: Ursachenzusammenhang

Fall A: 35-jähriger Zahntechniker, seit 15 Jahren im Beruf

■ **Vorgeschichte.** Nachdem in der frühen Kindheit Beugenekzeme und „obstruktive Bronchitiden" vorgelegen haben, traten im Rahmen der beruflichen Tätigkeit erstmalig 1993 schubweise ekzematöse Hauterscheinungen im Bereich der Ellenbeugen, des Halses, der Augenlider sowie der Kniekehlen auf. Diese Hauterscheinungen rezidivierten seitdem drei- bis viermal im Jahr, subjektiv bei erhöhter Arbeitsbelastung. Darüber hinaus habe der Versicherte jedoch zweimalig auch während mehrwöchiger Urlaubszeiten geringe Schübe eines Beugenekzems festgestellt. Der Versicherte selbst führt die Hauterscheinungen auf „Stress am Arbeitsplatz", darüber hinaus auf erhöhtes Schwitzen, z. T. auch auf berufliche Staubexposition zurück.

Entzündliche Hauterscheinungen sind im Bereich der Hände nicht dokumentiert, anamnestisch zeigen sich jedoch in den Wintermonaten z. T. vermehrte Schuppungen, vereinzelt auch Rissbildungen im Bereich der Fingerkuppen. Der Versicherte trage bei den verschiedenen beruflichen Tätigkeiten z. T. Latex-, z. T. Vinylhandschuhe.

Der Versicherte berichtet über rhinokonjunktivale Beschwerden in den Frühlingsmonaten.

■ **Aktuelle gewerbedermatologische Begutachtung.** Im Rahmen der gutachterlichen Untersuchung einschließlich der entsprechenden berufsrelevanten Allergene der Zahntechniker-Reihe ergaben sich keine Hinweise für das Vorliegen entsprechender Typ-IV-Sensibilisierungen. Es zeigten sich jedoch polyvalente Typ-I-Sensibilisierungen gegenüber ubiquitären Inhalationsallergenen.

In der Pricktestung sowie serologisch ergaben sich keine Hinweise für das Vorliegen einer Typ-I-Sensibilisierung gegenüber Latex.

Die Ermittlungen des TAD am Arbeitsplatz ergaben, dass der Versicherte hier in einem normalen Raumklima tätig ist, an den Arbeitsplätzen befinden sich entsprechende Absauganlagen.

■ **Diagnosen.** Atopie-Syndrom mit atopischer Dermatitis, Rhinokonjunktivitis allergica und (anamnestisch) Verdacht auf Zustand nach Asthma bronchiale.

■ **Versicherungsrechtliche Wertung.** Im vorliegenden Fall ist das Vorliegen einer schicksalhaften atopischen Dermatitis zu konstatieren.

Es ergeben sich keine Hinweise darauf, dass die beruflichen Einwirkungen über das Maß einer sogenannten Gelegenheitsursache hinausgehen (Schönberger, Mehrtens, Valentin 1998). Somit ist ein Ursachenzusammenhang im versicherungsrechtlichen Sinne nicht zu konstatieren. Dies lässt sich u. a. dadurch ableiten, dass ein deutlich arbeitsabhängiger Verlauf aus den anamnestischen Angaben nicht erkennbar ist und auch in der Akte nicht dokumentiert wurde. Dennoch ist zu konstatieren, dass der Versicherte bei rezidivierender atopischer Dermatitis zur Hochrisikogruppe im Hinblick auf die Entwicklung berufsbedingter Hauterscheinungen in Feuchtberufen gehört. Daher sind im vorliegenden Fall im Zuge der primären Prävention konsequent entsprechende Hautschutzmaßnahmen anzuwenden, entsprechende dezidierte Empfehlungen wurden im Rahmen des Gutachtens ausgesprochen: Neben regelmäßiger adäquater Hautpflege und Anwendung einer für Feuchtarbeiten konzipierten Hautschutzcreme empfiehlt sich im vorliegenden Fall z. B. bei Arbeiten mit berufstypischen lichthärtenden Kunststoffen ein Latexhandschuh mit Hydrogel-Innenbeschichtung bzw. ein Nitrilhandschuh mit einem Ethiparat-Unterhandschuh. Für beide Konstellationen ist zu berücksichtigen, dass die Schutzwirkung maximal 10 Minuten beträgt. Eine noch längere Schutzwirkung gegenüber lichthärtenden Kunststoffen bietet ein Schutzhandschuh aus einem Ethylen-Vinyl-Alkohol-Polyethen-Gemisch (4H®) (Rustemeyer, Frosch 1996; Andersson, Bruze, Björkner 1999). Aufgrund mangelnder Praktikabilität ist dieser Handschuh jedoch bei Zahntechnikerarbeiten nur sehr eingeschränkt anwendbar. Bei Feuchtkontakten und Umgang mit Gipsen ist z. B. ein Nitrilhandschuh mit Baumwollbeflockung angezeigt. Bei weiteren berufstypischen Tätigkeiten ohne Kunststoffkontakte empfehlen sich darüber hinaus Nitrileinmalhandschuhe, ggf. Baumwollstrickhandschuhe zum Darunterziehen.

Fall B: 20-jähriger Auszubildender zum Gärtnergehilfen

■ **Vorgeschichte.** Bei einem Bruder saisonale rhinokonjunktivale Beschwerden. Bei dem Versicherten selbst seit der Kindheit rezidivierende Beugenekzeme, jedoch u. a. keine Handekzeme in der Kindheit. Diesbezüglich seit dem 12. Lebensjahr zunächst Erscheinungsfreiheit.

Im 17. Lebensjahr Beginn einer Ausbildung zum Gärtnergehilfen. Hierbei Ausübung aller berufstypischen Tätigkeiten, wobei der Versicherte eine Ausbildung im Bereich Zierpflanzen-Bau absolvierte und somit fast ausschließlich in Gewächshäusern tätig wurde mit einer Luftfeuchtigkeit von ca. 90% sowie Raumtemperaturen von ca. 25 °C. Regelmäßig habe der Versicherte beim Düngen eine Schwarzgummischürze sowie Gummistiefel getragen, darüber hinaus auch in regelmäßigen, etwas größeren Abständen einen Schutzanzug aus Goretex sowie Gummistiefel, Gummihandschuhe und eine Gasmaske bei Versprühen von Insektenvernichtungsmitteln. Ferner habe er sich mehrmals täglich regelmäßig die Hände desinfizieren müssen, um die Übertragung von Bakterien von einer Setzlingsgruppe auf die andere zu vermeiden. Darüber hinaus habe er regelmäßig das Gewächshaus mit einem Wasserschlauch gereinigt, was nach Angabe des Versicherten auch mit erheblicher generalisierter Feuchtexposition einhergegangen sei.

Bereits im ersten Monat nach Beginn der Ausbildung zum Gärtnergehilfen traten Hauterscheinungen auf mit Rötungen und nässenden Erosionen im Bereich der Unterschenkel und weiterer Progredienz auf die Füße, die Oberschenkel sowie die oberen Extremitäten einschließlich der Hände. Aufgrund der Hauterscheinungen erfolgten hautärztliche Konsultationen und therapeutische Maßnahmen mit topischen Glukokortikosteroiden. Aufgrund der ambulanten Therapieresistenz nahm der Versicherte im Rahmen der tertiären Prävention an einem modifizierten stationären Heilverfahren in einer auf berufsdermatologische Fragestellungen spezialisierten universitären Einrichtung teil (Schwanitz 2002). Hier wurde das Vorliegen einer irritativ provozierten atopischen Dermatitis (Skudlik, Proske, Schwanitz 2002) mit atopischem Hand- und Fußekzem diagnostiziert.

Eine Epikutantestung war aufgrund der floriden Hautveränderungen im Verlauf des stationären Aufenthaltes nicht möglich (Schnuch et al. 2001). Es wurde eine BK-Anzeige nach Nummer 5101 der BKV gestellt, da adäquater

Hautschutz im vorliegenden Fall nicht zur Verfügung gestellt werden konnte.

Der Versicherte konnte mit nahezu abgeheiltem Hautorgan aus der tertiären Präventionsmaßnahme entlassen werden. Der Versicherte berichtete, dass sich im Zuge der nachfolgenden Arbeitskarenz/Arbeitslosigkeit nach seiner Wahrnehmung eine vollständige Abheilung der Hauterscheinungen gezeigt hätte. Seitdem habe er interkurrent gelegentlich leichtgradige Beugenekzeme im Bereich der Ellenbeugen festgestellt.

■ **Aktuelle gewerbedermatologische Begutachtung.** Die gutachterliche Untersuchung erfolgte neun Monate nach Beendigung der tertiären Präventionsmaßnahme. Der Versicherte habe hiernach nicht mehr als Gärtnergehilfe gearbeitet.

Zum Zeitpunkt der gutachterlichen Untersuchung fanden sich neben einer Xerosis cutis keine floriden Hautveränderungen.

Im Zuge der im abgeheilten Zustand durchgeführten gutachterlichen Untersuchung zeigte sich im Rahmen der Epikutantestung eine einfach positive Reaktion nach 72-stündiger Ablesung gegenüber Primin. Weitere positive Reaktionen, u. a. im Atopie-Patch-Test fanden sich nicht. Die Pricktestung mit ubiquitären Inhalationsallergenen war unauffällig bei leicht erhöhtem Serum-Gesamt-IgE von 116 kU/l.

Im differenziellen Irritationstest nach John und Schwanitz (John 2001) fanden sich deutliche Hinweise für das Vorliegen einer anlagebedingt erhöhten Hautempfindlichkeit, nicht jedoch für einen wesentlichen verbliebenen irritativen Folgeschaden im Bereich des Handrückens.

■ **Diagnose.** Irritativ provozierte atopische Dermatitis mit atopischem Hand- und Fußekzem.

■ **Auffällige Befunde.** Berufsbedingte Typ-IV-Sensibilisierung gegenüber Primin.

■ **Versicherungsrechtliche Wertung.** Bei dem Versicherten bestand gemäß der glaubhaften anamnestischen Angaben bis zur Pubertät eine schicksalhafte atopische Dermatitis. Im Zuge der beruflichen Einwirkungen als Auszubildender zum Gärtnergehilfen im Bereich Zierpflanzenbau mit regelmäßiger Einwirkung eines schwül-warmen Klimas mit entsprechender Feuchtarbeit und der Notwendigkeit des teilweisen Tragens okklusiven Hautschutzes traten ca. fünf Jahre nach Abheilung der in der Kindheit vorliegenden Hauterscheinungen erneut Hautveränderungen im Sinne einer atopischen Dermatitis auf.

Da die o. g. beruflichen Einflüsse über das Maß einer sog. Gelegenheitsursache hinausgehen ist ein Ursachenzusammenhang im versicherungsrechtlichen Sinne zu konstatieren (Brandenburg, Schwanitz, John 1999; Schönberger, Mehrtens, Valentin 1998).

Es ist im vorliegenden Fall bei faktischer de novo Entstehung im Rahmen der beruflichen Tätigkeit ein Ursachenzusammenhang im Sinne der Erstmanifestation zu konstatieren.

Die Typ-IV-Sensibilisierung gegenüber Primin ist mit Wahrscheinlichkeit berufsbedingt erworben worden auf dem Boden des irritativ provozierten atopischen Ekzems. Das Vorliegen eines allergischen Kontaktekzems bei berufsbedingter Typ-IV-Sensibilisierung gegenüber Primin (maßgeblich hierfür wäre die Dokumentation eines typischen allergischen Kontaktekzems mit Streuung bzw. auch eines möglicherweise aerogenen allergischen Kontaktekzems des Gesichtes) ist nicht dokumentiert und war auch nicht zu eruieren, somit ist eine klinische Relevanz dieser Typ-IV-Sensibilisierung nicht wahrscheinlich. Dennoch ist die Typ-IV-Sensibilisierung gegenüber Primin als Berufskrankheitenfolge zu werten.

Die Hauterkrankung war aufgrund des dokumentierten klinischen Bildes schwer.

Es besteht ferner im vorliegenden Fall objektiv der Zwang zur Aufgabe der schädigenden Tätigkeit als Auszubildender zum Gärtnergehilfen im Zierpflanzenbau (diese Tätigkeit erfolgt unabänderlich fast ausschließlich in Gewächshäusern bei relativ hoher Luftfeuchtigkeit und relativ hohen Raumtemperaturen, s. o.), da unter Berücksichtigung der individuellen Disposition des Versicherten mit deutlich erhöhter anlagebedingter Hautempfindlichkeit keine adäquaten Schutzmaßnahmen angeboten werden können, um das Auftreten des atopischen Ekzems zu verhindern.

Es sind somit die Voraussetzungen zur Anerkennung einer BK nach Nummer 5101 der BKV erfüllt.

■ **Zur Einschätzung der MdE.** Hauterscheinungen, die mit Wahrscheinlichkeit auf die berufliche Tätigkeit zurückgeführt werden können, lagen zum Zeitpunkt der gutachterlichen Untersuchung nicht mehr vor. Die Auswirkung der Sensibilisierung gegenüber Primin ist aufgrund der Verbreitung des Allergens als Berufsubstanz auf dem allgemeinen Arbeitsmarkt geringgradig. Hieraus resultiert zusammenfassend eine MdE von 0%.

Bejahung von § 3-Maßnahmen, insbesondere technischer

28-jähriger gelernter Industriemechaniker, zuletzt als CNC-Dreher tätig

■ **Vorgeschichte.** Der Versicherte verneint das Vorliegen sämtlicher erfragter atopietypischer Stigmata und Kriterien. Ein Ohrläppchenstich sei jedoch ca. im 16. Lebensjahr erfolgt, etwaige Unverträglichkeiten gegenüber Modeschmuck habe der Versicherte jedoch nicht beobachtet.

Der Versicherte ist einschließlich seiner Ausbildung insgesamt seit 1991 in der Metallindustrie tätig. Er führt alle berufstypischen Tätigkeiten eines CNC-Drehers durch, u.a. mit entsprechender regelmäßiger Exposition der Hände gegenüber Kühlschmiermitteln. Nachdem er zuvor stets hautgesund gewesen sei, traten erstmals ca. im Herbst 2001 arbeitsabhängige entzündliche Hauterscheinungen im Bereich der Hände, z.T. mit Übergang auf die Unterarme auf. Die Hauterscheinungen wiesen im Verlauf des Jahres 2002 eine Progredienz auf, so dass mehrmalig Arbeitsunfähigkeitszeiten attestiert wurden. Hierunter kam es stets zu einer wesentlichen Besserung des Hautbefundes. Nach Wiederaufnahme der beruflichen Tätigkeit traten die arbeitsabhängigen Rezidive der Hauterscheinungen stets innerhalb weniger Tage auf.

Von Seiten des Hausarztes wurde an den Unfallversicherungsträger im November 2001 eine BK-Anzeige unter den Diagnosen „Ekzemhände, dyshidrotisch nässend, Verdacht auf Kontaktallergie" erstattet.

Der betreuende Dermatologe erstellte am Heimatort im Dezember 2001 einen Hautarztbericht an den Unfallversicherungsträger unter der Diagnose „Handekzem, möglicherweise kontaktallergisch bei Typ-IV-Sensibilisierung auf Nickelsulfat". Im Zuge einer Epikutantestung ließ sich zum damaligen Zeitpunkt eine positive Reaktion gegenüber Nickel nachweisen.

Von Seiten des BK-Beratungsarztes wurden im März 2002 ein „kumulativ-irritativ-toxisches Kontaktekzem sowie ein chronisch-allergisches Kontaktekzem" diagnostiziert, im Zuge einer ergänzenden Epikutantestung wurde eine positive Reaktion gegenüber einem gebrauchten Kühlschmiermittel vom Arbeitsplatz dokumentiert, wobei jedoch nicht dokumentiert wurde, in welcher Konzentration getestet wurde. Es wurde diskutiert, dass möglicherweise die Nickel- oder aber auch die Kühlschmiermittel-Sensibilisierung für das Handekzem relevant sein könnten.

■ **Aktuelle gewerbedermatologische Begutachtung.** Im Zuge der gewerbedermatologischen Begutachtung ließen sich zum Zeitpunkt der 72-Stunden-Ablesung eine zweifach positive Reaktion gegenüber Jodpropinylbutylcarbamat nachweisen, ferner (nachdem auswärts bereits eine positive Reaktion gegenüber Nickelsulfat in der üblichen Testkonzentration von 5% festgestellt wurde) zweifach positive Reaktionen gegenüber Nickelsulfat im Rahmen der Ermittlung der „Nickelschwelle" (1%, 0,1%). Es wurden mehrere Berufssubstanzen vom Arbeitsplatz getestet, u.a. auch das bereits vom BK-Beratungsarzt als positiv ermittelte Kühlschmiermittel. Im Rahmen der gewerbedermatologischen Begutachtung stand das wassermischbare Kühlschmiermittel sowohl in 10%iger Konzentration ungebraucht als auch abgefüllt aus der Maschine zur Verfügung (auch hier war als Konzentration 10% angegeben worden). Beide Ansätze wurden sowohl 50%ig als 10%ig in Wasser getestet, hierbei zeigte sich gegenüber beiden Ansätzen des ungebrauchten Kühlschmiermittels nach 72-stündiger Ablesung eine positive Reaktion, gegenüber beiden Ansätzen des gebrauchten Kühlschmiermittels jeweils eine fragliche Reaktion.

Unter Berücksichtigung dieser Befunde erfolgte nochmals eine kritische Würdigung der zur Verfügung gestellten Sicherheitsdatenblätter und der Angaben des Technischen Aufsichtsdienstes. Bereits vor Durchführung der gewerbedermatologischen Untersuchungen war unter Berücksichtigung der Angaben des BK-Beratungsarztes eine Probe des gebrauchten Kühlschmiermittels zur Analyse des Nickelgehaltes an das Berufsgenossenschaftliche Institut für Arbeitssicherheit (BIA) übersandt worden; hierbei lag der Nickelgehalt unter der Nachweisgrenze.

Aus den Sicherheitsdatenblättern ging nicht hervor, inwieweit hier z. B. Jodpropinylbutylcarbamat enthalten war.

Daher erfolgte von Seiten des gewerbedermatologischen Gutachters eine Anfrage beim Hersteller des Kühlschmierstoffkonzentrates, der bestätigte, dass das Konzentrat Jodpropinylbutylcarbamat in 0,2%iger Konzentration enthält.

Im Hinblick auf etwaige Hautschutzmittel gab der Versicherte an, dass er bei ca. 50% der beruflichen Tätigkeiten Schutzhandschuhe aus Arbeitssicherheitsgründen nicht tragen dürfe, da er an rotierenden Maschinen tätig sei. (Dieses wurde durch den TAD bestätigt.) Darüber hinaus sei das Tragen von Schutzhandschuhen eingeschränkt bei feinmotorischen Tätigkeiten wie Messtätigkeiten oder aber taktiler Überprüfung der Oberflächen. Der Versicherte konnte aber glaubhaft machen, dass er regelmäßig bei gröberen Tätigkeiten entsprechenden adäquaten Handschuhschutz verwende.

■ **Diagnose.** Allergisches Kontaktekzem bei Typ-IV-Sensibilisierung gegenüber Jodpropinylbutylcarbamat.

■ **Auffälliger Befund.** Typ-IV-Sensibilisierung gegenüber Nickel.

■ **Versicherungsrechtliche Wertung.** Das Konservierungsmittel Jodpropinylbutylcarbamat, welches eine zunehmende Bedeutung sowohl in der Arbeitswelt als auch im privaten Bereich aufweist, konnte als relevantes Allergen identifiziert werden. Dieses Allergen fand als Konservierungsmittel zunächst insbesondere in Holzschutzmitteln und wasserbasierten Farben Anwendung, im weiteren Verlauf jedoch auch zunehmend in Kühlschmiermitteln [Badreshia, Marks 2002]. Hierbei wird insbesondere das Vorkommen in wassermischbaren Kühlschmiermitteln als Konservierungsmittel für Nach- und Topfkonservierung angegeben (Geier et al. 2000). Ferner findet es in letzter Zeit auch zunehmend Anwendung in kosmetischen Produkten (Badreshia, Marks 2002).

Die Nickelsensibilisierung hingegen wurde mit Wahrscheinlichkeit außerberuflich erworben (Ohrläppchenstich ca. im 16. Lebensjahr) (Aberer, Holub 1992; Cavelier, Foussereau 1995). Hinweise für eine außerberufliche klinische Relevanz ergaben sich jedoch nicht. Eine berufliche, insbesondere klinische Relevanz der Nickelsensibilisierung ist im vorliegenden Fall nicht mit der erforderlichen Wahrscheinlichkeit im versicherungsrechtlichen Sinne zu konstatieren. Es ist zwar hypothetisch denkbar, dass z. B. durch Abrieb im Rahmen der Produktion die Nickel-Konzentration in Kühlschmiermitteln in entsprechend allergieauslösender Quantität erhöht sein kann, dies müsste jedoch belegt werden. Die Analyse entsprechender Proben seitens des Berufsgenossenschaftlichen Instituts für Arbeitssicherheit (BIA) konnten hier jedoch keinen relevanten Nickelgehalt nachweisen.

Im Hinblick auf die weitere versicherungsrechtliche Wertung ist ein Ursachenzusammenhang des allergischen Kontaktekzem der Hände bei Typ-IV-Sensibilisierung gegenüber Jodpropinylbutylcarbamat zu konstatieren. Die Hauterkrankung ist darüber hinaus schwer im versicherungsrechtlichen Sinne. Maßgeblich hierfür ist insbesondere die Dokumentation seitens des behandelnden Dermatologen, der einen klinisch schweren Hautbefund dokumentierte (im Sinne eines typischen allergischen Kontaktekzems mit erythematösem Infiltrat, Nässen, Rhagadenbildung und Streuung). Die anamnestischen Angaben des Versicherten lassen darüber hinaus auch eine wiederholte Rückfälligkeit denkbar erscheinen, dies ist jedoch in der Akte nicht dokumentiert.

Der Zwang zur Unterlassung der schädigenden Tätigkeit kann jedoch aus gewerbedermatologischer Sicht objektiv nicht konstatiert werden. Maßgeblich hierfür ist, dass die Maßnahmen gemäß des § 3 der BKV konsequent auszuschöpfen sind. Hierbei ist insbesondere von technischer Seite zu prüfen, inwieweit das identifizierte Allergen Jodpropinylbutylcarbamat bzw. das entsprechende, dieses Allergen enthaltende Kühlschmiermittel gegen ein Jodpropinylbutylcarbamat-freies ausgetauscht werden kann.

■ **Nota bene.** Im vorliegenden Fall ist darauf hinzuweisen, dass das relevante Allergen nicht im entsprechenden Sicherheitsdatenblatt des Kühlschmierstoffes aufgeführt war, weil hier nur Inhaltsstoffe enthalten sein müssen, deren Konzentration mindestens 1% beträgt. Es empfiehlt sich daher stets bei vergleichbaren Konstellationen die Nachfrage beim Hersteller wie im vorliegenden Fall, in dem ein entsprechendes Vorkommen in einer Konzentration von 0,2% im Kühlschmierstoffkonzentrat bestätigt werden konnte.

Strittiger Unterlassungszwang

24-jährige Friseurin

■ **Vorgeschichte.** Bruder Neurodermitis, Wollunverträglichkeit. In den Wintermonaten Perlèche. Modeschmuckunverträglichkeit. Die Versicherte begann 1992 mit 16 Jahren eine Ausbildung zur Friseurin. Im 17. Lebensjahr traten erstmals unter dieser Tätigkeit Bläschenbildung an den Fingerseitenkanten, Fingerzwischenräumen und Handinnenflächen auf, es wurde eine Kontaktsensibilisierung gegen Nickelsulfat, para-Phenylendiamin, para-Toluylendiamin und Glycerylmonothioglycolat festgestellt. Hautschutz wurde am Arbeitsplatz nur sporadisch in Form von Polyethylenfolienhandschuhen eingesetzt. Die Teilnahme an einem vom zuständigen Unfallversicherungsträger angebotenen Hautschutzseminar hat die Versicherte abgelehnt. Arbeitsunfähigkeit ist während der Berufstätigkeit nicht eingetreten. Ein wenige Male konsultierter Hautarzt riet zur Tätigkeitsaufgabe. Die Berufstätigkeit wurde daraufhin nach dem erfolgreichen Abschluss der Lehre 1995 im Alter von 19 Jahren beendet (Eigenkündigung der Versicherten).

■ **1. Begutachtung.** Bei einer sich anschließenden ersten gewerbedermatologischen Zusammenhangsbegutachtung im Jahre 1996 bestanden keine Hautveränderungen. Auch eine zwischenzeitlich vorübergehend von der Versicherten ausgeübte Tätigkeit als Bäckereiverkäuferin hatte kein Rezidiv provoziert. Die vorbeschriebenen Sensibilisierungen konnten im Epikutantest bestätigt werden.

■ **Diagnosen.** Zustand nach allergischem Kontaktekzem bei Spättypsensibilisierung gegen Paraaminoarylverbindungen (para-Phenylendiamin, para-Toluylendiamin) und Glycerylmonothioglykolat bei atopischer Hautdisposition.

■ **Auffällige Befunde.** Privat erworbene, klinisch stumme Spättypsensibilisierung gegen Nickelsulfat.

■ **Versicherungsrechtliche Wertung.** Die Erkrankung wurde als berufsbedingt und schwer eingeordnet. Die Schwere wurde mit der ärztlich dokumentierten Dauer der Behandlungsbedürftigkeit von mehr als 6 Monaten begründet. Der Unterlassungszwang wurde wegen Nichtausschöpfung zur Verfügung stehender Präventionsmaßnahmen verneint.

■ **Sozialgerichtsverfahren.** Seitens des Unfallversicherungsträgers wurde die Anerkennung einer BK 5101 der Anlage 1 zur BKV daraufhin abgelehnt; Wiedereingliederungshilfen in den Ausbildungsberuf wurden angeboten. Ein von der Versicherten angestrengtes Widerspruchsverfahren mit dem Ziel der Anerkennung einer BK 5101 blieb erfolglos.

Die Versicherte strengte daraufhin ein Sozialgerichtsverfahren an mit dem Ziel der Anerkennung ihres früheren Hautleidens als Berufskrankheit. Ein von dem Gericht 1998 beauftragter weiterer dermatologischer Gutachter konstatierte, dass die Hautveränderungen seit Aufgabe der Tätigkeit weiterhin abgeheilt waren. Die Versicherte war seit der Tätigkeitsaufgabe im Jahre 1995 weiter arbeitslos. Das Gesamt-IgE war wie bei früheren Untersuchungen normwertig. Pricktestungen verliefen negativ (auch gegen Berufsantigene). Die bekannten Typ-IV-Sensibilisierungen ließen sich reproduzieren. Unter Anleitung des Gutachters wurde ein dreitägiger Arbeitsversuch in einem örtlichen Friseurbetrieb an drei Nachmittagen durchgeführt; hierbei wurden (vermutlich gepuderte) kurzstulpige Latex-Einmalhandschuhe auf gutachterlichen Rat von der Versicherten verwendet, mit darunter gezogenen Baumwollhandschuhen (die über das Bündchen des Latex-Einmalhandschuhs hinausragten). Mit dieser Art des Hautschutzes hat die Versicherte dann u.a. Haarwäschen vorgenommen. Hierunter kam es nach drei Nachmittagen á 4 Stunden zur Entwicklung von Hautrötungen und einzelnen Bläschen der Fingerseitenkanten der linken Hand. Der Gutachter weist darauf hin, dass es realitätsfern sei, dass im Friseurgewerbe Schutzmaßnahmen (Tragen von Handschuhen beim Auskämmen der Haare, Anlegen von Lockenwicklern und Haareschneiden) eingesetzt werden könnten. Er kommt zu dem Schluss, dass der Unterlassungszwang bestünde und empfiehlt die Anerkennung einer BK nach Nummer 5101. Die MdE wird mit 10% eingeschätzt. Das Sozialgericht schließt sich der Argumentation des Gutachters an, wobei es ausführt, dass der Arbeitsversuch gezeigt hätte, dass ein erfolgreicher Einsatz von Handschuhen bei der Versicherten im Friseurgewerbe nicht möglich sei. Der Unfallversicherungsträger wurde zur Anerkennung einer BK nach Ziffer 5101 verurteilt, eine rentenberechtigende MdE resultierte nicht. Er wurde ferner zur Kostenübernahme für die beabsichtigte Umschulung der Versicherten herangezogen.

■ **Berufungsverfahren (Landessozialgericht).** Im Rahmen eines durch den Unfallversicherungsträger angestrengten Berufungsverfahrens vor dem zuständigen Landessozialgericht wurde im Jahre 2000 ein weiterer Gutachter gehört. Von diesem wird auf die Problematik des durchgeführten sog. „Arbeitsversuchs" aufmerksam gemacht. Die Verwendung kurzstulpiger Latex-Einmalhandschuhe mit darunter gezogenen Baumwollhandschuhen, die über das Bündchen der Latexhandschuhe hinausragen, sei für Tätigkeiten wie z.B. das Haarewaschen (das die Versicherte u.a. damit ausgeführt hat) aus verschiedenen Gründen vollständig ungeeignet. Auf diese Weise sei es etwa beim Haarewaschen unvermeidlich, dass Wasser und andere Arbeitsstoffe auf den über den Latexhandschuh hinausragenden Anteil des Baumwollhandschuhs gelangten und im Sinne eines Dochteffektes schließlich *unter den Handschuh* gerieten. So könnten dann toxische bzw. allergene Arbeitsstoffe *unter Okklusion* auf die Haut einwirken. Bei derartigem ungeeignetem Hautschutz wäre es günstiger, wenn *keine* Handschuhe verwendet worden wären. Darüber hinaus wurde während des „Arbeitsversuchs" von der Versicherten Schmuck getragen, sowohl an den Fingern als auch am Handgelenk. Dieses sollte im Friseurgewerbe (und anderen Feuchtberufen) nicht geschehen und wird auch in der „TRGS 530 Friseurgewerbe" entsprechend gewürdigt. Generell sei die Verwendung von dünnwandigen Latex-Einmalhandschuhen für das Haarewaschen ungeeignet; hierfür sollten langstulpige z.B. Vinyl- ggf. aber auch dickwandige Latexhandschuhe (allergenarm und puderfrei; entsprechend der ‚TRGS 540 Sensibilisierende Stoffe') Verwendung finden. Darüber hinaus hätten verschiedene Untersuchungen im Friseurgewerbe gezeigt, dass Latex-Einmal-Handschuhe gegenüber den dort als Irritantien und Allergenen bekannten Stoffen weitgehend permeabel sind (Wulfhorst 1996). Von dem Gutachter wurde auch auf die Problematik eines Arbeitsversuches *während* einer Epikutantestung, wie bei der Versicherten durchgeführt, aufmerksam gemacht; es wäre möglich, dass sich Aufflammreaktionen im Bereich früher allergen-exponierter Hautareale ergeben („homing t-cells"); ferner ist prinzipiell auch eine sichere Haftung der Testpflaster bei beruflichen Aktivitäten nicht immer gewährleistet. Auf die Erfolge nationaler und internationaler Präventionsprojekte im Friseurgewerbe durch konsequente Präventionsmaßnahmen wurde hingewiesen: Auch bei bestehenden Sensibilisierungen gegen Berufsstoffe und atopischer Disposition sind die Bemühungen um einen Berufserhalt bei mehr als der Hälfte der Betroffenen erfolgreich gewesen; eine entsprechende Motivation zum konsequenten Einsatz von geeignetem Hautschutz ist allerdings erforderlich (van der Walle 1994; Diepgen 2001; Wulfhorst 2001; Skudlik et al. 2002; Schwanitz 2002; Diepgen, Schmidt, Dickel 2003).

Das Landessozialgericht hatte bereits in einem früheren Urteil in einem ähnlich gelagerten Fall rechtskräftig entschieden, dass eine Umschulung zu Lasten der gesetzlichen Unfallversicherung erst dann in Betracht kommt, wenn durch präventive Maßnahmen der Gefahr der Entstehung, des Wiederauflebens oder der Verschlimmerung einer BK *sicher* nicht entgegen gewirkt werden kann.

Bei der Prüfung des Sachverhaltes kam das Landessozialgericht zu der Auffassung, dass im vorliegenden Fall die präventiven Maßnahmen nicht ausgeschöpft waren. Dies wurde den Parteien mitgeteilt. Es wurde daraufhin unter den Beteiligten ein Vergleich geschlossen, nachdem die Bundesanstalt für Arbeit sich bereit erklärt hatte, den Großteil der Kosten für eine berufliche Umschulungsmaßnahme in einen kaufmännischen Beruf zu übernehmen. Eine Umschulung wurde insbesondere deshalb für erforderlich gehalten, weil die Versicherte nun bereits seit 1995 durchgehend arbeitslos und in ihrem Ausbildungsberuf nicht mehr tätig gewesen war und ferner orthopädische Beschwerden in der Diskussion standen.

■ **Kommentar.** Die Problematik des Arbeitsschutzes in hautbelastenden Berufen ist in vielen Bereichen mitunter komplex; dies ist insbesondere im Friseurgewerbe der Fall. Es handelt sich dabei um einen stark hautbelastenden Beruf, in dem zumindest in der Vergangenheit das höchste Risiko vergleichbarer verbreiteter Berufe bestand, Hauterkrankungen zu entwickeln (Uter 1999; Dickel et al. 2002). Dies ist der Grund, weshalb das Friseurgewerbe in den letzten Jahren international zum bestuntersuchten Feuchtberuf geworden ist. Entsprechend sind für das Friseurgewerbe sehr präzise Empfehlungen für Präventionsanstrengungen entwickelt und ein breites Präventionsangebot etabliert worden (van der Walle 1994; Schwanitz, Uter, Wulfhorst 1996; Wulfhorst 2001). Zum Teil sind entsprechende Empfehlungen auch in den einschlägigen technischen Regeln für Gefahrstoffe niedergelegt (,TRGS 530 Friseurgewerbe', aktuelle Fassung September 2001). Die Morbidität ist seither deutlich rückläufig, seit Anfang der 90er Jahre haben sich die BK-Meldungen im Friseurgewerbe bezogen auf die Beschäftigtenzahlen um den Faktor 10 verringert.

Es ist seit längerem möglich, Betroffene gesundheitspädagogischen Seminaren zuzuweisen (wie sie heute auch für verschiedene andere Risikoberufe angeboten werden); dies kann und sollte im Rahmen des Hautarztverfahrens erfolgen. Gerade im Friseurgewerbe hat sich gezeigt, dass auch berufsbedingte Sensibilisierungen und eine atopische Konstitution bei konsequentem Hautschutz keine grundsätzlichen Hindernisse für eine erfolgreiche tertiäre Prävention darstellen. Es liegen umfangreiche Erfahrungen vor, die belegen, dass das Tragen von geeigneten Handschuhen bei sämtlichen Tätigkeiten im Friseurgewerbe langfristig praktikabel ist; für die Arbeiten mit Chemikalien haben sich dabei empirisch besonders ungepuderte, langstulpige Vinylhandschuhe bewährt (Wulfhorst 1996; Riehl 2001).

Vor diesem Hintergrund bedauerlich und als überholt anzusehen sind die noch 1998 von dem durch das Sozialgericht bestellten Gutachter aus dem unsachgemäßen „Arbeitsversuch" gezogenen Schlussfolgerungen. Leider wird auch heute noch von einigen Ärzten bei berufsbedingten Hauterkrankungen, z. B. im Friseurgewerbe, pauschal die Auffassung vertreten, dass ein Hautschutz durch Handschuhe nicht praktikabel sei und deshalb eine Umschulung die einzig dauerhafte Lösung darstelle. Entsprechend wird den Betroffenen häufig schon frühzeitig bzw. bei geringfügigen Hautveränderungen reflexartig zur Berufsaufgabe geraten, anstatt in eine dezidierte Beratung hinsichtlich des heute zur Verfügung stehenden Instrumentariums von Hautschutz- und Hautpflegemaßnahmen einzutreten und verstärkte medizinische Rehabilitationsanstrengungen (z. B. modifiziertes stationäres Heilverfahren [Diepgen 2001, Schwanitz 2002; Skudlik et al. 2002 a]) zu unternehmen. Bei leichtfertig ausgesprochenen Umschulungsempfehlungen wird nicht zuletzt übersehen, wie einschneidend ein solcher Schritt für die Betreffenden ist und welche gravierenden neuen Probleme sich dadurch auftun können; im – nicht ungewöhnlichen – Fall der Versicherten resultierten 5 Jahre Arbeitslosigkeit. Durchschnittlich dauert es bis zur Entscheidung von BK-Fällen durch die Verwaltungen der Unfallversicherungsträger nach Zahlen des HVBG etwa 2 Jahre (HVBG 2001); bei Sozialgerichtsverfahren ergibt sich des öfteren eine Verdoppelung dieses Intervalls. Die Zweckmäßigkeit des Hautarztverfahrens, in das sich heute alle für erforderlich gehaltenen Maßnahmen der Sekundär- und Tertiärprävention implementieren lassen, wird vor diesem Hintergrund besonders augenfällig (John 1999; Dickel et al. 2003).

Die Ausschöpfung zur Verfügung stehender Rehabilitationsmöglichkeiten ist ferner unter dem Aspekt bedeutsam, dass gerade bei handwerklichen Tätigkeiten die meist als Umschulungsziel alternativ empfohlenen Schreibtischberufe häufig nicht zur beruflichen Zufriedenheit der Betreffenden führen. Maßgeblich sind ferner die schlechten Vermittlungschancen für Berufswechsler auf dem derzeitigen Arbeitsmarkt zu berücksichtigen. Vor dem Hintergrund der Erfolge gezielter Präventionsmaßnahmen sind hier potenziell auch haftungsrechtliche Aspekte für den involvierten Hautarzt berührt.

■ **Epilog.** Eine erfolgreiche berufliche Wiedereingliederung der Versicherten ist bisher nicht gelungen.

Strittiger Aufgabezwang – Interpretation von Epikutantesten

Maurer, Jahrgang 1937

■ **Vorgeschichte.** Seit 1952 als angelernter Bauhandwerker überwiegend als Maurer tätig; keine atopische Familien- oder Eigenanamnese; keine Dauermedikation.

1976 anamnestisch erstmaliges Auftreten eines roten Fleckes am linken Daumen; im Verlauf Größenzunahme der Hautveränderung und Ausweitung auf weitere Bereiche der Hand.

Erste Behandlungen durch den Hausarzt 1991; wegen fehlender Besserung Vorstellung beim Hautarzt Ende 1992; dieser findet im Epikutantest positive Reaktionen auf Kaliumdichromat, Carbamix, Gasbeton 1:100, Zement 1:100 und beschreibt an beiden Händen und am Gesicht schuppende Rötungen mit Papulovesikeln. Als Diagnose wird im Hautarztbericht angeführt: „Kontaktekzem Hände, Gesicht". Im Epikutantest werden in der 72-Stunden-Ablesung bewertet: Kaliumdichromat (+), Carbagemisch +, Gasbeton 1:100 + und Zement 1:100 + (Vehikel werden nicht angeführt; Bewertungsgrundlage für „(+)" nur Erythem, nach den Bewertungskriterien keine allergische Reaktion).

Bei dem Hautarzt erfolgte nur kurzzeitige Behandlung; als die Hautveränderungen Anfang 1994 rezidivierten wurde vom Hausarzt eine dauerhafte Arbeitsunfähigkeit attestiert.

Eine erneute hautärztliche Vorstellung erfolgt im Mai 1994. Der Hautarzt diagnizierte neben einer Rosazea ein „Kontaktekzem, DD: toxisch degenerativ". Eine intensive Behandlung wird durchgeführt.

Ein vom Unfallversicherungsträger beauftragter Gutachter stellt heraus, dass eine Hyperhidrosis manuum vorliegt. Im Epikutantest konnten keine positiven Reaktionen nachgewiesen werden, die ehemals als positiv bewerteten Reaktionen waren nicht objektivierbar. Das Vorliegen einer schweren oder wiederholt rückfälligen Hauterkrankung wird verneint. Der Gutachter führt weiter aus, dass die langdauernde Arbeitsunfähigkeit aufgrund der Diagnosen und der erhobenen Befunde nicht erklärbar ist. Zusammenfassend führte er aus, dass eine Weiterarbeit unter sichergestellter hautärztlicher Behandlung und Einleitung von Präventivmaßnahmen möglich sei.

In einer Stellungnahme gegenüber dem Unfallversicherungsträger führt der Hausarzt als Begründung für die Aufrechterhaltung der Arbeitsunfähigkeit an: „Die Begründung der weiteren Arbeitsunfähigkeit besteht darin, dass eine berufsbedingte Allergenexposition und damit das erneute Aufbrechen der schweren Hautveränderungen dem Patienten nicht zugemutet werden dürfen. Das Problem besteht meines Erachtens darin, dass Herr X. sich nicht durch Gummihandschuhe schützen kann, da er auf diese ebenfalls kontaktallergische Reaktion entwickelt".

Der behandelnde Hautarzt kann die Hauterkrankung wesentlich bessern und spricht sich zusammenfassend für das Vorliegen eines toxisch degenerativen Ekzems aus und empfiehlt die Durchführung eines Arbeitsversuches unter Einsatz individualpräventiver Maßnahmen; auch er konnte in einer neuerlich durchgeführten Epikutantestung keine positiven Reaktionen nachweisen.

Der Erstgutachter nimmt im Auftrag des Unfallversicherungsträgers im Juni 1995 nach Aktenlage wiederholt Stellung und empfiehlt neben einer weiteren hautärztlichen Behandlung die Einleitung von individuellen Präventivmaßnahmen.

Seitens des Unfallversicherungsträgers wurde eine BK nach Nummer 5101 BKV im September 1995 abgelehnt.

Der Versicherte legt Widerspruch gegen den Feststellungsbescheid ein und führt zur Begründung ein Ärztliches Attest seines Hausarztes an: „Erhebliche Ekzembildung auf Grund Berufserkrankung, Allergie auf Kaliumdichromat, Allergie auf Carbagemisch, es handelt sich somit um ein sogenanntes Maurerekzem, ein Antrag auf Zusatzrente der Berufsgenossenschaft wegen Berufserkrankung wird meinerseits unterstützt".

Der Widerspruch des Versicherten wird im Februar 1996 abgewiesen, hierauf legt dieser *Klage beim Sozialgericht* ein.

■ **Erstes Sozialgerichtsgutachten.** Pathologische Hautveränderungen konnten im Bereich der Hände nicht befundet werden, die Epikutantestung ergab keine positiven Reaktionen. Es wurden diagnostiziert: „1. Z.n. toxisch-degenerativem Handekzem, 2. allgemein erhöhte Hautempfindlichkeit, 3. Rosacea papulopustulosa".

Die Gutachter führen aus, dass es sich bei der Hauterkrankung des Klägers um ein toxisch-degeneratives Handekzem handelte, dass die Hauterkrankung als schwer zu bezeichnen sei und die Voraussetzungen für eine Berufskrankheit nach Nr. 5101 der Anlage 1 zur BKV erfüllt seien, da der Versicherte die hautgefährdende Tätigkeit aufgegeben und den Kontakt mit Hautreizstoffen vermieden habe.

Das Ausmaß irritativer Hautschädigung wird mit „leicht", die Auswirkung einer Allergie mit „keine" beschrieben. Die MdE wird mit 10% eingeschätzt.

Die Beweisfragen werden wie folgt beantwortet:
„1. Mit hinreichender Wahrscheinlichkeit liegt bei dem Kläger eine Berufskrankheit nach Nr. 5101 zur BKV vor.
2. Bei dem Kläger bestand ab Anfang 1976 ein toxisch-degeneratives Handekzem, welches nach Aufgabe der hautgefährdenden Tätigkeit vollständig abgeheilt ist. Die daraus resultierende MdE ist mit 10% zu bewerten."

■ **Gutachterliche Stellungnahme nach Aktenlage im Auftrag des Unfallversicherungsträgers.** In seiner Stellungnahme führt der Gutachter aus: „Es ist mit hinreichender Wahrscheinlichkeit davon auszugehen, dass die beruflich bedingte Hauterkrankung des Versicherten im Bereich der Hände die Anforderungskriterien für das Vorliegen einer Berufskrankheit nach Nr. 5101 der gültigen Berufskrankheitenverordnung nicht erfüllt. Ein objektiver Zwang zur Aufgabe der beruflichen Tätigkeit war nicht gegeben."

„Begründung: Nach Meidung der schädigenden Noxen erfolgten hautärztliche Behandlungen, es wurden ein toxisch degeneratives Handekzem und eine Onychomykose diagnostiziert. Im weiteren Verlauf kam es zur wesentlichen Besserung und schließlich zur Abheilung der Hauterkrankung im Bereich beider Hände. Typ-IV-Kontaktsensibilisierungen konnten im Rahmen der sozialgerichtlichen Epikutantestungen nicht nachgewiesen werden, es wurden diagnostiziert: ‚Zustand nach toxisch-degenerativem Handekzem, allgemein erhöhte Hautempfindlichkeit, Rosacea papulopustulosa'."

„Die frequenten physiko-chemischen Mikrotraumatisierungen haben mit Wahrscheinlichkeit im Bereich beider Hände zum Auftreten eines toxisch-degenerativen (subtoxischkumulativen) Ekzems geführt. Dieses zeigte einen chronischen-rezidivierenden Verlauf mit deutlicher Progression, die im Januar 1994 zur dauerhaften Arbeitsunfähigkeit führte.

Nach Aufgabe der schädigenden Tätigkeit heilte die Hauterkrankung im Verlauf mehrerer Monate ab. Die zum Zeitpunkt der zuletzt durchgeführten Begutachtung diagnostizierte Rosacea papulopustulosa ist als außerberuflich erworbene Erkrankung zu bewerten.

Die langfristige Behandlungsbedürftigkeit der Hauterkrankung erfüllt das Kriterium der medizinischen Schwere. Gleichwohl ist vom Vorliegen eines objektiven Zwanges zur Aufgabe der beruflichen Tätigkeit nicht auszugehen!"

„Wie bereits der Vorgutachter, der behandelnde Hautarzt und der Staatliche Gewerbearzt überzeugend dargestellt haben, wäre unter schuldermatologischer Behandlung (ambulant oder im Rahmen eines stationären Heilverfahrens; einschließlich einer Iontophorese bei Hyperhidrose) eine richtunggebende Besserung bzw. Abheilung der Hauterkrankung erreichbar gewesen. Hierbei ist herauszustellen, dass die Rosacea papulopustulosa, die im Rahmen des Widerspruches des Versicherten als berufsbedingte Hauterkrankung angeführt wird, eine außerberufliche schicksalshafte Erkrankung darstellt. Eine Typ-IV-Kontaktsensibilisierung (Allergie) gegen Berufsstoffe konnte sowohl im Rahmen einer Epikutantestung des Hautarztes als auch im Rahmen der Sozialgerichtsbegutachtung nicht nachgewiesen werden! Die ehemals angeführten Kontaktsensibilisierungen gegen Kaliumdichromat, Gasbeton und Zement können nach den Empfehlungen der Deutschen Kontaktallergie-Gruppe nicht als positive Reaktionen im Sinne einer allergischen Reaktion bewertet werden. Die Testung erfolgte zum Zeitpunkt florider Hautveränderungen, was die Wahrscheinlichkeit falsch positiver Reaktionen erhöht. Die Reaktion gegen Kaliumdichromat zeigte lediglich nach 72 Stunden eine erythematöse Reaktion, die nach den wissenschaftlichen Konventionen nicht als positiv allergisch zu bewerten ist. Die Reaktion gegen Gasbeton 1:100 und Zement sind nicht als gesichert positiv anzusehen, da weder das Vehikel angegeben wurde (Testgrundlage) noch eine Testung von Substanzgemischen eine Grundlage im Sinne eines unfallversicherungsrechtlichen Vollbeweises über ein berufsspezifisches Allergen gelten kann. Die Testung von Zement ist außerdem obsolet."

„Entgegen den Empfehlungen des Vorgutachters und des behandelnden Hautarztes wurde keine suffiziente schuldermatologische Lokalbehandlung durchgeführt; noch wurde ein – von beiden als mit Aussicht auf Erfolg bewerteter – Arbeitsversuch unternommen. Die Entscheidung zur Aufrechterhaltung der Dauerarbeitsunfähigkeit wurde vom Hausarzt wider besseren Wissens aufrechterhalten, er führt in einem ärztlichen Attest Allergien gegen Kaliumdichromat und Carbagemisch als wesentliche Grundlage für seine Entscheidung an, obwohl er vom Hautarztbericht des behandelnden Hautarztes Kenntnis über die negativen (Kontroll-)Testungen gegen diese Berufsstoffe hatte."

„Bei dem Versicherten hätte unter konsequent durchgeführter schuldermatologischer Behandlung (ambulant oder stationär) eine richtunggebende Besserung der Hauterkrankung bzw. Abheilung der Hauterkrankung erreicht werden können. Diese Maßnahmen hätten im Rahmen des § 3 BKV eingeleitet werden können. Wie auch im Sozialgerichtsgutachten herausgestellt, handelte es sich bei der Hauterkrankung im Bereich beider Hände (die Hauterkrankung im Bereich des Gesichtes – Rosacea papulopustulosa – ist als außerberuflich und schicksalshaft zu bewerten) um ein toxisch-irritatives Kontaktekzem. Unter Einsatz geeigneter Hautschutzmittel (Hautschutzcremes, Schutzhandschuhe) hätte dem § 3 Abs. 1 BKV Rechnung getragen werden können, mit dem Ziel der Entstehung einer BK entgegenzuwirken. Als geeignete Mittel im Sinne des § 3 Abs. 1 S. 1 kommen technische, organisatorische und persönliche Schutzmaßnahmen sowie medizinische Schutzmaßnahmen in Betracht. Erst wenn durch sie der Gefahr nicht entgegengewirkt werden kann, kommen weitergehende Maßnahmen der Berufshilfe in Betracht. Der Vorrang präventiver Maßnahmen ist durch den Verordnungsgeber in § 3 BKV weiter konkretisiert worden."

„Das Sozialgerichtsgutachten kann dem Anspruch einer detaillierten Beurteilung nicht genügen. Das Gutachten setzt sich weder eingehend mit den Problempunkten der unfallversicherungsrechtlichen Bewertung noch mit der medizinischen Bewertung (z.B. der Bewertung der Epikutantestung von 1992) auseinander. Im Rahmen einer halbseitigen Zwischenanamnese und einer zweiseitigen Zusammenfassung und Beurteilung wird das vorliegende Gutachten bei einem Gesamtumfang von 27 Seiten dem Gutachtenauftrag nicht gerecht. Als Beleg dafür sei herausgestellt, dass der Gutachter im Rahmen seiner Beurteilung die Behandlungsberichte des behandelnden Hautarztes und die Stellungnahmen des Vorgutachters ungewürdigt lässt."

■ **Ergänzende Stellungnahme des Sozialgerichtsgutachters nach Aktenlage.** „Für die gutachterliche Beurteilung sind wir davon ausgegangen, dass der Sensibilisierungsgrad des Klägers durch den fehlenden Allergenkontakt soweit gesunken ist, dass der relativ kurze Kontakt des Allergens bei der Testung auf der Haut nicht zur Auslösung einer Reaktion ausreicht. Zu diskutieren wäre auch die Frage, wie vom BG-Gutachter dargelegt, ob die damals nachgewiesenen Reaktionen überhaupt als positiv allergisch zu bewerten sind. Würde für die Einschätzung der MdE eine Sensibilisierung gegenüber Gasbeton, Zement und Kaliumdichromat zugrundegelegt, ergäbe sich nach den Empfehlungen zur MdE von 1995 eine MdE von 10%." (Ausmaß einer irritativen Hautschädigung – leicht; Auswirkungen der Allergie-geringgradig)". Es wurde weiterhin eine MdE-Einschätzung von 10% zugrunde gelegt.

■ **Zweites Sozialgerichtsgutachten.** Das Sozialgericht beauftragte einen weiteren Gutachter. Dieser führte wie folgt aus: „Es lässt sich mit hinreichender Wahrscheinlichkeit ein Zusammenhang zwischen der Tätigkeit als Maurer mit dem irritativ-toxischen Handekzem herstellen, der Befund ist darüber hinaus als schwer zu bezeichnen. Nicht eindeutig beantwortet werden kann die Frage, inwieweit eine objektive Notwendigkeit zur Unterlassung der versicherten Tätigkeit bestanden hat. Neben dem irritativ-toxischen Handekzem bestand nach dem vorliegenden Aktenmaterial eine Tinea manuum, die offenbar zu einer wesentlichen Verschlechterung des Hautzustandes geführt und vermutlich die seit dem 20.01.1994 bestehende Arbeitsunfähigkeit wesentlich mitbedingt hat. Insofern ist zunächst nach kompletter Abheilung der Tinea sowie des Handekzems ein erneuter Arbeitsversuch unter engmaschiger dermatologischer Kontrolle und Anwendung von entsprechenden Schutzmaßnahmen wie z.B. Hautschutzsalben und das Tragen baumwollgefütterter Arbeitshandschuhe gerechtfertigt und davon abhängig sind weitere Entscheidungen zu treffen. *Da die Kriterien für das Vorliegen einer BK nicht vollständig erfüllt sind, entfällt eine resultierende Minderung der Erwerbsfähigkeit."*

■ **Zusammenfassende Diskussion der Gutachtenkaskade.** Es lag beim Versicherten kein allergisches Kontaktekzem vor. Es lagen ein irritatives Ekzem und eine Tinea vor.

Die Epikutantestungen vom erstbehandelnden Hautarzt wurden nicht entsprechend den Empfehlungen der Deutschen Kontaktallergie-Gruppe (DKG) durchgeführt. Es lagen keine berufsspezifischen Sensibilisierungen vor, ehemals als positiv bewertete Reaktionen gegen Gasbeton, Zement und Kaliumdichromat waren obligat toxisch bzw. fraglich positiv. Die epikutane Testung von Zement ist wegen der kaustischen Wirkung obsolet (Frosch et al. 1997). Die Fehlbewertung der erstkonsultierten Ärzte war für den ungünstigen weiteren Verlauf entscheidend. Es lag ein Fehlverhalten des Hausarztes vor, der wider besseren Wissens eine Dauer-Arbeitsunfähigkeit ohne Grundlage attestierte und damit die Möglichkeit der Umsetzung individualpräventiver Maßnahmen im Rahmen des § 3 BKV verhinderte.

Der Unfallversicherungsträger hätte nach dem Gutachten des beratenden Hautarztes und den Krankheitsberichten des zweitbehandelnden Hautarztes auf fachdermatologische Behandlung eindringlich hinwirken müssen.

Das erste Sozialgerichtsgutachten war nicht eingehend begründet, eine Auseinandersetzung mit dem Vorgutachten und den Krankheitsberichten des Hautarztes erfolgte nicht, der angenommene Aufgabezwang wird nicht begründet. Trotz eines negativen Epikutantestes auf Kaliumdichromat wird ein allergisches Kontaktekzem diagnostiziert und auf dieser Grundlage eine MdE eingeschätzt.

■ **Konsequenzen**
■ Sorgfältige Durchführung und Interpretation von Epikutantestungen! Cave auch bei der Ausstellung von Allergiepässen (fraglich positive oder obligat toxische Reaktionen).
■ Forderung nach fachdermatologischer Behandlung im Rahmen der Heilbehandlung!
■ Bei Attestierung einer Dauer-Arbeitsunfähigkeit sollten alle geeigneten und zumutbaren Präventivmaßnahmen ausgeschöpft worden sein!

Vorliegen der medizinischen Voraussetzungen zur Anerkennung einer BK nach Nummer 5101 der BKV mit – zum Zeitpunkt der gutachterlichen Untersuchung hypothetischer – ungewöhnlich hoher MdE aufgrund irritativer Hauterscheinungen

50-jähriger Landwirt, seit 36 Jahren auf dem elterlichen bzw. eigenem Hof tätig

■ **Vorgeschichte.** Keine Hinweise auf atopische Hautdisposition.

Anamnestisch traten, nachdem der Kläger zuvor stets hautgesund gewesen sei, erstmalig 1995 arbeitsabhängig entzündliche Hauterscheinungen im Bereich beider Hände auf. Diese hätten in den zurückliegenden Jahren eine deutliche Progredienz mit z. T. erheblichen Rötungen und Schwellungen der Hände aufgewiesen. Lediglich einmalig im Sommer 1999 im Zuge einer Arbeitskarenz während eines stationären Aufenthaltes aufgrund einer Fußverletzung sei eine deutliche Rückläufigkeit der Hauterscheinungen zu verzeichnen gewesen. Nach erneuter Tätigkeitsaufnahme seien die Hauterscheinungen jedoch wieder wie zuvor rezidiviert, wobei seit dem erstmaligen Auftreten der Hauterscheinungen weitere, längere Arbeitskarenzen (Urlaub bzw. AU) nicht vorgelegen hätten.

Im Rahmen der beruflichen Tätigkeit als selbständiger Landwirt stand im vorliegenden Fall die Milchviehhaltung im Vordergrund. Diese Tätigkeit geht gemäß der anamnestischen Angaben zu nahezu 100% der Arbeitszeit mit Feuchtkontakt einher, hier bestand u. a. regelmäßiger Umgang mit erheblichen Irritanzien in Form von sauren und alkalischen Reinigungsmitteln zur regelmäßigen Reinigung der Tankanlagen.

Anamnestisch bestanden aufgrund einer Augenverletzung mit „ungelöschtem Kalk" in der Kindheit bei dem Kläger seit dieser Zeit erhebliche Schäden im Bereich beider Hornhäute mit wesentlicher Beeinträchtigung des Sehvermögens. Aufgrund dieser Beeinträchtigung des Sehvermögens war es dem Versicherten weder möglich etwaige Büroarbeiten, z. B. im Rahmen der Verwaltung des Hofes, durchzuführen noch etwaige berufstypische Tätigkeiten außerhalb der Wirtschaftsräume. Daher wurden die berufstypischen „aushäusigen" Tätigkeiten regelmäßig von einem Angestellten durchgeführt. Der Kläger konnte jedoch glaubhaft machen, dass die Sehbehinderung ihn nie in der Durchführung der „innerbetrieblichen" Tätigkeiten (insbesondere Milchviehhaltung bzw. Reparaturtätigkeiten) eingeschränkt hätte. Er sei hier jedoch insbesondere auf sein taktiles Feingefühl angewiesen.

Aufgrund des erforderlichen taktilen Feingefühls war es dem Kläger gemäß seiner Angaben bislang nicht möglich, im Rahmen seiner beruflichen Tätigkeit Handschuhschutz zu verwenden.

Aufgrund der Hauterscheinungen stellte sich der Kläger erstmalig im Herbst 1995 bei einer Hautärztin vor. Es wurde „Handekzem" diagnostiziert sowie im Verlauf eine aufgepfropfte Tinea manuum, welche mit einer systemischen antimykotischen Therapie behandelt wurde.

Im Rahmen einer ersten gutachterlichen Untersuchung wurde 1997 ein „Kontaktekzem auf Kaliumdichromat, Nickel und Kobalt" diagnostiziert. Inwieweit die Voraussetzungen zur Anerkennung einer BK 5101 der BKV gegeben waren (schwere, wiederholte Rückfälligkeit, Unterlassungszwang) ist dem Gutachten nicht zu entnehmen.

Von Seiten des beratenden Hautarztes wurde dem Unfallversicherungsträger nach Aktenlage empfohlen, weiterhin § 3-Maßnahmen im Sinne einer allgemeinen Heilbehandlung und der Zurverfügungstellung adäquaten Hautschutzes zu gewähren, der objektive Zwang zur Unterlassung der schädigenden Tätigkeit wurde jedoch nicht konstatiert.

Entsprechend wurde von Seiten des Unfallversicherungsträgers das Vorliegen einer BK nach Nummer 5101 der BKV abgelehnt. Hiergegen legte der Kläger Widerspruch ein und nach Eingang des ablehnenden Widerspruchbescheides Klage vor dem zuständigen Sozialgericht.

■ **Aktuelle gewerbedermatologische Begutachtung.** Es erfolgte eine erneute gewerbedermatologische Begutachtung gemäß der Beweisanordnung des Sozialgerichtes. Klinisch zeigte sich bei der Inspektion beider Hände eine diffuse, teigige, livid-erythematöse Schwellung bds. mit feinlamellärer Schuppung. Im Bereich beider Handinnenflächen unter Betonung der Fingergrundgelenke zeigten sich darüber hinaus ausgedehnte Hyperkeratosen.

Aufgrund der massiven Hauterscheinungen im Bereich der Hände erübrigte sich zum Zeitpunkt der gutachterlichen Untersuchung die Durchführung eines differenziellen Irritationstestes nach John und Schwanitz. Im schnellen modifizierten Alkaliresistenztest (SMART) nach John und Schwanitz (John 2001) des Unterarmes zeigten sich jedoch bei deutlichem Anstieg des transepidermalen Wasserverlustes sowie klinisch mäßigen Zeichen einer Epithelschädigung Hinweise auf eine zusätzlich vorliegende anlagebedingt erhöhte Hautempfindlichkeit. Die vorbeschriebenen Typ-IV-Sensibilisierungen ließen sich nicht reproduzieren. Darüber hinaus fanden sich auch keine weiteren Typ-IV-Sensibilisierungen. In der mykologischen Untersuchung ließ sich zum Zeitpunkt der gutachterlichen Untersuchung (nach zuvor erfolgter systemischer antimykotischer Therapie) sowohl nativ als auch kulturell kein Pilzwachstum nachweisen. In der weiteren mikrobiologischen Untersuchung fanden sich lediglich vereinzelte coagulasenegative Staphylokokken an den Händen. Histologisch erbrachte die Untersuchung einer Stanzbiopsie vom IV. Finger der rechten Hand streckseitig das typische Bild einer Dermatitis ohne etwaige Pilz- oder Bakterienbesiedlung.

Im Hinblick auf das Sehvermögen gab der Kläger an, „fast nichts" zu sehen. Er wurde von seiner Ehefrau begleitet, bewegte sich aber bei den Untersuchungen relativ sicher.

■ **Diagnosen:**
■ Berufsbedingtes kumulativ-subtoxisches Handekzem
■ Hochgradige Sehbehinderung bds.

■ **Versicherungsrechtliche Wertung.** Bei dem Kläger bestand auf dem Boden einer anlagebedingt erhöhten Hautempfindlichkeit ein seit Jahren bestehendes, auf berufliche Einflüsse zurückzuführendes kumulativ-subtoxisches Handekzem bds. Wesentlich hierfür war insbesondere die regelmäßige erhebliche Feuchtarbeit in Kombination mit Kontakt zu sauren bzw. alkalischen Reinigungs- und Desinfektionsmitteln. Dem Erkrankungsgeschehen können hierbei zusätzlich auch mechanische Faktoren, wie z. B. durch forcierte Reinigung der Hände, aber auch physikalische Einwirkungen, wie z. B. Arbeiten in der Kälte, Vorschub geleistet haben (Skudlik, Schwanitz 2002a). Zusätzlich ist zu konstatieren, dass, im Gegensatz zu den meisten anderen klassischen Feuchtberufen, die Haut des Landwirtes, wie auch im vorliegenden Fall, aufgrund der 7-Tage-Woche keine „Erholungsphase" an arbeitsfreien Wochenenden bekommt. Zusätzlich von besonderer Bedeutung ist bezüglich der von dem Kläger durchgeführten beruflichen Tätigkeit insbesondere die Melktätigkeit mit Arbeiten an der Melkanlage, entsprechenden Reinigungstätigkeiten und Vor- und Nachbehandlung der Euter.

Sekundär wurde im Verlauf – nach Aktenlage – auf dem Boden des kumulativ-subtoxischen Schadens als mittelbare BK-Folge eine Pilzinfektion erworben. Diese war jedoch zwischenzeitlich im Rahmen des § 3 erfolgreich therapiert worden. Aufgrund des dokumentierten klinischen Bildes ist bei dem Kläger eine schwere Hauterkrankung im versicherungsrechtlichen Sinne zu konstatieren, eine wiederholt rückfällige Hauterkrankung war nicht dokumentiert.

Aus gewerbedermatologischer Sicht besteht im vorliegenden Fall objektiv der Zwang zur Aufgabe der schädigenden Tätigkeit. Maßgeblich hierfür ist, dass bei dem Kläger eine schwere, unter intensiven ambulanten Behandlungsmaßnahmen nahezu therapieresistente Hauterkrankung der Hände vorliegt. *Im vorliegenden Fall* ist darüber hinaus zu konstatieren, dass die konsequente Umsetzung optimierter, adäquater Hautschutzmaßnahmen aufgrund der – aus gewerbedermatologischer Sicht – hochgradigen Sehbehinderung nicht in ausreichendem Maße möglich ist. Dies ist u. a. dadurch zu begründen, dass der Kläger als hochgradig Sehbehinderter in erheblich höherem Maße als Nicht-Sehbehinderte auf das taktile Feingefühl seiner Hände angewiesen ist und so insbesondere bei feinmotorischen Tätigkeiten nicht konsequent okklusiven Handschuhschutz anwenden kann. Im Vergleich zu Nicht-Sehbehinderten würden Handschuhe zudem in erheblicher Weise im vorliegenden Einzelfall u.a. auch die räumliche Orientierung einschränken. Darüber hinaus ist auch zu konstatieren, dass im Arbeitsalltag des Klägers von ihm potenzielle Noxen optisch nicht wahrgenommen werden und so rascher auf die ungeschützte Haut einwirken können. Die nicht optimale Umsetzung adäquaten Hautschutzes kommt – trotz glaubhaft von dem Kläger vorgetragener intensiver Bemühungen – insbesondere dadurch zum Ausdruck, dass mit Wahrscheinlichkeit durch die Handschuhöffnung proximal potenzielle Noxen bzw. Flüssigkeiten in den Handschuh regelmäßig eindringen und somit das Hautorgan unter okklusivem Handschuhschutz weiter intensiv geschädigt haben.

Zum Zeitpunkt der gutachterlichen Untersuchung waren jedoch bislang erst die medizinischen Voraussetzungen zur Anerkennung einer BK nach Nummer 5101 gegeben, nicht jedoch die formalen, da die Tätigkeit noch nicht aufgegeben war.

Dennoch erfolgte zum damaligen Zeitpunkt eine *hypothetische* Einschätzung der MdE.

Hierbei lagen etwaige berufsbedingte Sensibilisierungen nicht vor. Die vorliegenden Hauterscheinungen waren aufgrund des klinischen Bildes schwerwiegend.

Dies würde unter Anwendung der aktuell gültigen MdE-Tabelle eine MdE von 25% nach sich ziehen (im Falle der tatsächlichen Berufsaufgabe und nachfolgender Anerkennung einer BK 5101).

Im vorliegenden Einzelfall ist jedoch zu berücksichtigen, dass der Kläger als hochgradig Sehbehinderter in besonderer Weise auf das taktile Feingefühl seiner Hände angewiesen ist. Die Hände, insbesondere die Finger, dienen hier in besonderer Weise als Sinnesorgan, so dass hieraus – im vorliegenden Fall – eine deutlich höhere Minderung der Erwerbsfähigkeit auf dem allgemeinen Arbeitsmarkt gegenüber Nicht-Sehbehinderten resultiert. Daher wurde dem Gericht vorgeschlagen, im vorliegenden Fall dann, wenn auch die formalen Voraussetzungen zur Anerkennung einer BK nach Nummer 5101 der BKV gegeben sind, eine MdE von 50% festzustellen.

Zur Minderung der BK-Folgen wurde zusätzlich ein modifiziertes stationäres Heilverfahren empfohlen.

■ **Nachtrag.** Die Beklagte konnte sich – unter Bezug auf eine ergänzende gutachterliche Stellungnahme des beratenden Arztes – den gutachterlichen Ausführungen des Sozialgerichts-Gutachtens insofern „inhaltlich voll anschließen", als dass die formalen Voraussetzungen zur Anerkennung einer BK nach Nummer 5101 der BKV mit einer hypothetischen MdE von 25% (unter Anwendung der aktuell gültigen MdE-Tabelle) gegeben sind. Dem erfolgten Aufschlag der MdE aufgrund der hochgradigen Sehbehinderung konnte jedoch von Seiten der Beklagten zunächst nicht gefolgt werden.

Gemäß der Anregung im gewerbedermatologischen Gutachten, die klinisch feststellbare Sehbehinderung fachärztlich objektivieren zu lassen, erfolgte dann im weiteren Verlauf im Auftrag des Sozialgerichts im September 2001 eine augenfachärztliche Untersuchung des Klägers. Es wurden eine Erblindung beider Augen durch Retinopathia pigmentosa, eine Katarrhakt sowie ein Strabismus divergenz diagnostiziert. Hierbei führte der augenfachärztliche Gutachter im Weiteren aus, dass die „erkennbare Einschränkung des Sehvermögens durch Gesichtsfeldeinengung und Minderung der zentralen Sehschärfe" einer *Erblindung* beider Augen entspreche.

Ergänzend wies der augenärztliche Gutachter darauf hin, dass „Beobachtungen des Herrn... bei einer beruflichen Tätigkeit durch z.B. Außendienstmitarbeiter der Berufsgenossenschaft oder auch durch Ärzte nicht augenärztlicher Fachgebiete... diesbezüglich wenig hilfreich" seien, da „die Sicherheit, mit der Erblindete Routinetätigkeiten in gewohnter Umgebung ausführen, um so größer und für Außenstehende um so verblüffender ist, je früher im Laufe des Lebens die hochgradige Sehbehinderung oder Erblindung" eingetreten sei.

Von Seiten des zuständigen Sozialgerichts wurde der Unfallversicherungsträger daraufhin verurteilt, nach zwischenzeitlich erfolgter Aufgabe der beruflichen Tätigkeit, eine BK nach Nummer 5101 der BKV mit einer MdE von 50% anzuerkennen.

Bejahung einer rentenberechtigenden BK 5101 mit besonders hoher MdE

42-jähriger gelernter KFZ-Mechaniker, zuletzt als Schlosser und Schweißer tätig

■ **Vorgeschichte.** Die erfragten atopietypischen Stigmata und Kriterien werden verneint.

Nachdem der Versicherte zuvor stets hautgesund gewesen sei, seien ca. 1991 arbeitsabhängig im Bereich der Hände und des Gesichtes entzündliche Hautveränderungen aufgetreten. Diese hätten insbesondere im Gesichtsbereich seit 1998 eine deutliche Progredienz aufgewiesen.

Der Versicherte war seit 1981 als Schlosser und Schweißer in einer Firma beschäftigt, in der komplette Stahlhallen und Zelthallen konstruiert und gebaut werden. Der Versicherte gab an, dass er aufgrund seiner Erfahrung hier als „Allrounder" tätig gewesen und zu ca. 50% der Arbeitszeit mit Schweißarbeiten betraut gewesen sei, darüber hinaus jedoch auch im Rahmen weiterer Tätigkeiten gegenüber Kühlschmiermitteln sowie Farben und Lacken exponiert war. Ferner habe er auch Holzarbeiten durchgeführt und sei regelmäßig, z.B. im Rahmen von Tätigkeiten mittels einer Schleifflex und einer Stichsäge gegenüber Holzstäuben exponiert gewesen. Im Rahmen seiner beruflichen Tätigkeit habe er entweder schweißertypische Schutzkleidung getragen oder bei den übrigen Arbeiten, sofern dies aus Arbeitssicherheitsgründen zulässig war, übliche Arbeitshandschuhe aus einem Stoff- und Leder-Mix.

Die berufliche Tätigkeit wurde aufgrund der Hauterscheinungen im Bereich der Hände im Dezember 1999 aufgegeben. Im April 2000 begann der Versicherte dann eine Ausbildung zum Fahrlehrer, brach diese jedoch bereits während der theoretischen Schulungen aufgrund erneuter Hauterscheinungen im Bereich des Gesichtes vorzeitig ab.

Erstmalig 1991 seien im Bereich der Hände und des Gesichtes arbeitsabhängig Hautveränderungen aufgetreten. Diese Hauterscheinungen habe der Versicherte am Arbeitsplatz nicht mit besonderen Tätigkeiten in Verbindungen bringen können. Zunächst seien die Hauterscheinungen an arbeitsfreien Wochenenden abgeklungen, später hätten die Zeiträume an den arbeitsfreien Wochenenden jedoch nicht ausgereicht. Die Hauterscheinungen hätten insgesamt in den zurückliegenden Jahren eine zunehmende Progredienz, zunächst jedoch nur am Arbeitsplatz aufgewiesen. Zuletzt habe er bereits wenige Stunden nach Betreten des Betriebes im Bereich des Gesichtes und des Halses eine zunehmende Rötung und juckende Missempfindungen bemerkt. Ab 1998 habe er zudem ähnliche Hauterscheinungen auch außerberuflich, z.B. nach dem Besuch von Baumärkten bzw. im Rahmen einer Weihnachtsfeier bemerkt. Während der theoretischen Ausbildung zum Fahrlehrer, unter anderem mit Kontakt zu Aktenordnern, Büchern und Papier sei es relativ rasch innerhalb weniger Tage zu einer zunehmenden Rötung und Schwellung im Bereich der Gesichtshaut gekommen, weswegen diese Weiterbildungsmaßnahme vorzeitig abgebrochen wurde.

Der behandelnde Hautarzt am Heimatort erstattete 1997 einen Hautarztbericht an den Unfallversicherungsträger unter der Diagnose „streuendes allergisches Kontaktekzem im Sinne einer Airborne Contact Dermatitis bei Typ-IV-Sensibilisierung auf Kolophonium". Ein entsprechendes Testprotokoll findet sich in der Akte. Hieran anschließend war der Versicherte bis zum Zeitpunkt der Weiterbildung zum Fahrlehrer in regelmäßiger, dokumentierter dermatologischer Behandlung, wobei arbeitsabhängig rezidivierende entzündliche Hautveränderungen im Bereich der Hände, des Gesichtes und des Halses – nach mehrfachen Abheilungen unter Arbeitskarenz – dokumentiert sind. Aufgrund der Hauterscheinungen erfolgte bedarfsorientiert und zunehmend die Anwendung topischer Glukokortikosteroide. Außerberuflich wurde darüber hinaus von Seiten des Hautarztes eine Verschlechterung der Hautveränderungen über die Weihnachtsfeiertage nach „Kontakt zu einem Tannenbaum" dokumentiert.

Im April 1998 erfolgte dann eine erste gewerbedermatologische Untersuchung, bei der die Typ-IV-Sensibilisierung gegenüber Kolophonium bestätigt wurde. Zusätzlich fand sich eine Spättyp-Sensibilisierung gegenüber Abietinsäure. Es wurde ein berufsbedingtes chronisch-rezidivierendes Kontaktekzem der Hände und des Gesichtes bei den o.g. Sensibilisierungen diagnostiziert. Bei gegebenem Ursachenzusammenhang wurde darüber hinaus das Vorliegen einer schweren und wiederholten rückfälligen Hauterkrankung konstatiert, nicht jedoch der objektive Zwang zur Unterlassung der schädigenden Tätigkeit, da noch nicht alle § 3-Maßnahmen ausgeschöpft worden seien.

Nachdem kurz nach Beginn der Ausbildung zum Fahrlehrer erneut isomorphe Hauterscheinungen wie zuvor aufgetreten waren, erfolgte erneut eine gewerbedermatologische Begutachtung des Versicherten.

■ **Aktuelle gewerbedermatologische Begutachtung.** Bei (aufgrund der Vorgeschichte) Verdacht auf hochgradige berufsbedingte Typ-IV-Sensibilisierung gegenüber Kolophonium wurde dieses Allergen nicht nur in der üblichen 20%igen Konzentration, sondern auch mittels einer Titrationsreihe (10%, 5%, 2,5%, 1,2%, 0,6%, 0,3%) getestet. Hierbei ließ sich noch bis zu einer Verdünnung von 0,3% in der 72-Stunden-Ablesung eine einfach positive Reaktion nachweisen. Entsprechend wurde auch Abietinsäure in Titration getestet (10%, 5%, 2,5%), hier ließ sich jedoch die vorbeschriebene Sensibilisierung nicht reproduzieren.

Um dem Einzelfall gerecht zu werden, erfolgte darüber hinaus eine (im Hinblick auf die begonnene Ausbildung zum Fahrlehrer) arbeitsplatzbezogene Expositionstestung in einer Expositionskammer. Hierbei blätterte der Versicherte über einen Zeitraum von 30 Minuten unter Vinylhandschuhschutz der Hände in verschiedenen eigenen Lehrbüchern und Heftern, die in der Umschulungsmaßnahme zum Fahrlehrer Verwendung fanden. Nach ca. 30 Minuten berichtete der Versicherte subjektiv über Dysästhesien im Gesichtsbereich, objektiv zeigte sich eine leichte diffuse Rötung des gesamten Gesichtes.

Nach 24 Stunden Zunahme der generalisierten Rötung des Gesichtes und des ventralen Halses, weitere Progredienz nach 48 Stunden. Nach 72 Stunden stellte sich die Rötung isomorph wie nach 48 Stunden dar ohne weitere Progredienz.

Ergänzend ist darauf hinzuweisen, dass die Epikutantestung mit potenziellen Aeroallergenen (z.B. Pflanzenallergenen) sowie den Allergenen des Atopie-Patch-Testes negativ verlief. Auch die UV-Empfindlichkeitsbestimmung mit UVA- und UVB-Licht war unauffällig. Ferner war die Pricktestung mit Kolophonium 20%ig in Vaseline und Abietinsäure 10%ig in Vaseline unauffällig.

■ **Diagnosen.** Allergisches, teils aerogenes Kontaktekzem der Hände, des Gesichtes und des Halses bei hochgradiger Typ-IV-Sensibilisierung gegenüber Kolophonium.

■ **Versicherungsrechtliche Wertung.** Kolophonium ist ein komplexes Naturprodukt, dass aus dem Harz von Koniferen gewonnen wird. Aufgrund der klebenden, haftverstärkenden und gleithemmenden Eigenschaften werden natürliches Kolophonium und seine Derivate weit verbreitet sowohl in der Industrie als auch im Privatbereich eingesetzt, ein Vorkommen ist u.a. beschrieben in Klebstoffen, Pflastern, Farben und Lacken, Druckerschwärze, Kühlschmierstoffen, Gummisorten, Kosmetika, Baumwachsen, zahntechnischen Wachsen sowie Flussmittel beim Weichlöten. In der Arbeitswelt wurden insbesondere Kolophonium-Allergien nach Kontakt zu flüssigen Lötmetallen in der Elektroindustrie, Kiefernholz in Sägemehl, in der Möbelindustrie, Papier in der Papierherstellung, Schneidölen und Seifenwasser bei Maschinenarbeitern und Farben bei Malern beschrieben. Es ist darauf hinzuweisen, dass u.a. auch von allergischen Ekzemen durch Kolophonium in Papiersorten berichtet wurde, insbesondere i.S. einer Zunahme von Kolophonium-Allergien bei Frauen in Büroberufen bedingt durch diese Exposition. Hierbei sind insbesondere auch aerogene Ekzeme durch Kolophonium beschrieben worden (Downs, Sansom 1999).

Im vorliegenden Fall kann nicht mit Sicherheit retrospektiv geklärt werden, inwieweit die bei dem Versicherten zweifelsfrei vorliegende klinisch schwere Spättyp-Sensibilisierung gegenüber Kolophonium beruflich oder außerberuflich erworben wurde. Nach Aktenlage bestand im Hinblick auf die Tätigkeit als Schweißer keine Exposition gegenüber Kolophonium durch Schweißdrähte, gemäß der

Ermittlungen des TAD. Dennoch ist zu konstatieren, dass der Versicherte im Rahmen seiner beruflichen Tätigkeit ubiquitär an seinem Arbeitsplatz gegenüber Holzstäuben exponiert war, ferner auch gegenüber Farben und Lacken. Der TAD wies darauf hin, dass ein „Holzstaub-freier Arbeitsplatz im Hallenbereich nicht möglich" gewesen sei. Aufgrund des im Rahmen der Begutachtung nachgewiesenen klinisch hohen Sensibilisierungsgrades traten nachfolgend auch nach Aufgabe der beruflichen Tätigkeit bei entsprechender Exposition (z.B. Aufenthalt in einem Möbelgeschäft, Besuch einer Weihnachtsfeier, erhöhte Exposition gegenüber bedrucktem Papier) Erscheinungen im Sinne eines aerogenen allergischen Kontaktekzems, insbesondere im Gesichtsbereich, auf.

Versicherungsrechtlich wurde ein Ursachenzusammenhang im Hinblick auf das allergische, teils aerogene Kontaktekzem bei Kolophonium-Sensibilisierung konstatiert. Aufgrund des Erkrankungsbildes liegt sowohl eine schwere Hauterkrankung vor, darüber hinaus ist auch eine wiederholt rückfällige Hauterkrankung im versicherungsrechtlichen Sinne durch die engmaschige Dokumentation seitens des behandelnden Hautarztes dokumentiert.

Ferner bestand objektiv der Zwang zur Aufgabe der früheren Tätigkeit als Schlosser und Schweißer im Stahlbau. Maßgeblich hierbei war, dass mit Wahrscheinlichkeit das relevante Allergen Kolophonium aerogen über die ubiquitär verbreiteten Holzstäube im gesamten Arbeitsbereich verteilt wurde und bei Vorliegen einer klinisch ungewöhnlich ausgeprägten Spättyp-Sensibilisierung mit aerogenem allergischen Kontaktekzem ein entsprechender Hautschutz praktisch nicht realisierbar war. In diesem Zusammenhang muss auch erneut auf die Angaben des TAD hingewiesen werden, dass ein „absolut holzstaubfreier Arbeitsplatz im Hallenbereich nicht möglich" war.

Im Hinblick auf die Einschätzung der MdE bestanden zum Zeitpunkt der gutachterlichen Untersuchung keine verbliebenen berufsbedingten Hauterscheinungen mehr. Maßgeblich für die Bewertung der MdE war die berufsbedingte Typ-IV-Sensibilisierung gegenüber Kolophonium.

Üblicherweise gelten bei Kolophonium-Allergikern folgende Berufe als verschlossen: Löter (Weichlöten), Holzbearbeiter, Gärtner, Landschaftsgärtner, Forstarbeiter, Maler, Lackierer, Drucker, Papierhersteller, Montierer, Metalloberflächenbearbeiter sowie teilweise Elektroinstallateure. Dies begründet die Einschätzung mittelgradiger Auswirkungen einer Allergie (entsprechend MdE = 10%). Bei klinisch höhergradiger Sensibilisierung mit aerogenem allergischem Kontaktekzem, z.B. bei entsprechend aerogener Exposition gegenüber Farben und Lackemissionen bzw. Holzstäuben sind jedoch schwere Auswirkungen der Allergie zu konstatieren (MdE entsprechend 20%) (Diepgen et al. 2002, Richter 1994).

Auch im vorliegenden Fall sind im versicherungsrechtlichen Sinne schwere Auswirkungen der berufsbedingten Kolophonium-Sensibilisierung festzustellen. Hierbei ist jedoch zu berücksichtigen, dass unter Würdigung der Vorbefunde und der anamnestischen Angaben, der hier durchgeführten Titrationstestung mit Kolophonium sowie der arbeitsplatzbezogenen Expositionstestung eine klinisch außergewöhnlich hochgradige Kolophonium-Sensibilisierung zu konstatieren ist. Im vorliegenden Fall konnte eine extrem niedrige Sensibilisierungsschwelle objektiviert werden, so dass dem Versicherten im vorliegenden Fall in erheblich höherem Maße Tätigkeiten auf dem allgemeinen Arbeitsmarkt verschlossen sind, insbesondere auch in einer Vielzahl sog. Büroberufe mit entsprechender Exposition gegenüber Papier und Druckerzeugnissen.

Unter Würdigung dieses Sachverhaltes wurde die MdE im vorliegenden Fall aufgrund der berufsbedingten Typ-IV-Sensibilisierung gegenüber Kolophonium mit 50% eingeschätzt (Skudlik, Schwanitz 2002b).

■ **Kommentar.** Nach § 56 Abs. 2 Satz 1 SGB VII richtet sich die MdE *nach dem Umfang der sich aus der Beeinträchtigung des körperlichen und geistigen Leistungsvermögens ergebenden verminderten Arbeitsmöglichkeiten auf dem gesamten Gebiet des Erwerbslebens.* Um die vielfältigen Schwierigkeiten bei der Bewertung der MdE auszuräumen, hat das Bundessozialgericht in ständiger Rechtsprechung entschieden, dass aus Gründen der Praktikabilität die MdE-Bemessung in zweierlei Hinsicht vereinfacht werden darf:

- Die MdE darf durch Schätzung festgestellt werden und
- nach allgemeinen Erfahrungssätzen ausgerichtet werden.

Diese allgemeinen Erfahrungssätze sind Grundlage der (aktuell gültigen) MdE-Tabelle zur BK 5101 der BKV. Sie bilden die Grundlage für eine gleiche, gerechte Bewertung der MdE in zahlreichen Parallelfällen der täglichen Praxis. Sie sind jedoch nicht für die Entscheidung im *Einzelfall* bindend.

Im vorliegenden Fall wurde sowohl durch entsprechende Testungen belegt als auch entsprechend gutachterlich begründet dargestellt, weshalb in diesem besonderen Einzelfall von der aktuell gültigen MdE-Tabelle im Hinblick auf die Bewertung der berufsbedingten Typ-IV-Sensibilisierung gegenüber Kolophonium abgewichen wurde.

Dem Gutachten wurde von Seiten des zuständigen Unfallversicherungsträgers gefolgt. Es wurde eine BK nach Nummer 5101 der BKV mit einer MdE von 50% aufgrund der berufsbedingten Kolophonium-Sensibilisierung anerkannt.

Nachbegutachtung (im Rahmen eines Sozialgerichtsverfahrens)

53-jähriger ehemaliger Masseur und medizinischer Bademeister

■ **Vorgeschichte.** Der Kläger berichtet über das gelegentliche Auftreten mäßiger Beugenekzeme, die weiteren anamnestischen atopietypischen Stigmata und Kriterien werden verneint.

Nachdem der Kläger zuvor verschiedene Berufstätigkeiten ausgeübt hat, war er nachfolgend einschließlich seiner Ausbildung von 1977 bis 1990 als Masseur und medizinischer Bademeister tätig, hierbei seit 1983 in selbständiger Tätigkeit. Erstmalig ab Mitte der 80er Jahre traten hierbei arbeitsabhängige entzündliche Hauterscheinungen im Bereich der Hände auf. Aufgrund einer Progredienz wurde die berufliche Tätigkeit 1990 aufgegeben. Hierunter heilten die entzündlichen Hauterscheinungen im Bereich der Hände ab, seitdem treten jedoch anamnestisch schubweise ca. zwei- bis dreimal jährlich geringgradige entzündliche Hauterscheinungen mit Bläschenbildung im Bereich der Fingerzwischenräume, z. T. auch der Gelenkbeugen auf. Nach Aufgabe der beruflichen Tätigkeit wurde der Kläger zum Industriekaufmann umgeschult, erhielt hier jedoch u. a. aufgrund seines fortgeschrittenen Alters keine Anstellung. Er ist seitdem Hausmann und übt gelegentliche Renovierungstätigkeiten im eigenen Haus aus.

Zum Zeitpunkt der beruflichen Tätigkeit ist lediglich eine Epikutantestung dokumentiert (1989), welche jedoch bedauerlicherweise bei fehlender 72-Stunden-Ablesung nicht lege artis durchgeführt wurde. Appliziert wurden hier u. a. Chlormethylisothiazolinon, Dibromdicyanobutan/Phenoxyethanol und Epoxidharz, ohne dass nach 48-stündiger Ablesung positive Reaktionen dokumentiert wurden.

Kurz nach Aufgabe der beruflichen Tätigkeit erfolgte dann im Rahmen einer gewerbedermatologischen Begutachtung eine Epikutantestung mit Nachweis einer positiven Reaktion gegenüber Dibromdicyanobutan/Phenoxyethanol. Keine positiven Reaktionen zeigten sich u. a. gegenüber Chlormethylisothiazolinon und Epoxidharz.

Im Zuge einer weiteren 1997 durchgeführten Nachuntersuchung zeigte sich erneut eine nach 72-stündiger Ablesung positive Reaktion gegenüber Dibromdicyanobutan/Phenoxyethanol, ferner konnte eine positive Reaktion gegenüber dem einzelnen Bestandteil Dibromdicyanobutan nachgewiesen werden.

Keine positive Reaktion zeigte sich gegenüber Epoxidharz und Chlormethylisothiazolinon.

Nach Durchführung der Testung vom 07. bis 10.04.1997 stellte sich der Kläger dann am 21.04.1997 erneut bei dem begutachtenden Dermatologen aufgrund einer nachträglich zusätzlich aufgetretenen erheblichen Hautreaktion im Bereich des Rückens vor.

Von hautärztlicher Seite wurde dokumentiert: „Im linken oberen Rückenbereich... eine hochpositive Testreaktion gegenüber einer allergenen Substanz, die nach Maßgabe des erheblichen zeitlichen Abstandes zur durchgeführten Diagnostik nicht mehr durch Markierung eingeordnet werden kann".

Es erfolgte eine ergänzende Nachtestung im September 1997, hierbei zeigten sich nach bis zu 72-stündiger Ablesung jeweils dreifach positive Reaktionen gegenüber Chlormethylisothiazolinon und Epoxidharz.

Von Seiten des begutachtenden Dermatologen wurden beide Sensibilisierungen nicht als berufsbedingt erworben gewertet, sondern als außerberuflich erworben im Zuge der gelegentlich anfallenden Bastel/Renovierungsarbeiten als Hausmann. Es wurde jedoch empfohlen eine BK nach Ziffer 5101 der BKV anzuerkennen mit dem Konservierungsmittelgemisch Dibromdicyanobutan/Phenoxyethanol (entsprechend Euxyl K400) als BK-Folge.

Mit Bescheid vom Dezember 1997 wurde von Seiten des Unfallversicherungsträgers rückwirkend zum Tag der Aufgabe der beruflichen Tätigkeit 1990 das Vorliegen einer BK nach Nummer 5101 der BKV anerkannt mit Anerkennung einer Sensibilisierung gegenüber „Euxyl K400 (Kathon CG)" als BK-Folge; eine MdE in rentenberechtigendem Bereich läge nicht vor.

Hiergegen legte der Kläger Widerspruch ein und erhob nach Eingang des ablehnenden Widerspruchsbescheides Klage vor dem zuständigen Sozialgericht u. a. mit dem Ziel, aufgrund der anerkannten BK nach Ziffer 5101 der BKV eine Rentenzahlung zu erwirken.

Im Zuge des Sozialgerichtsverfahrens erfolgte dann eine fünfte Epikutantestung durch eine Hautklinik. Hierbei wurden im April 1999 nach bis zu 72-stündiger Ablesung die vorbeschriebenen Typ-IV-Sensibilisierungen gegenüber Epoxidharz, Dibromdicyanobutan/Phenoxyethanol und Chlormethylisothiazolinon jeweils mit zweifach positiven Reaktionen bestätigt. Die Typ-IV-Sensibilisierung gegenüber Dibromdicyanobutan/Phenoxyethanol wurde als berufsbedingt gewertet, ebenso die Typ-IV-Sensibilisierung gegenüber Chlormethylisothiazolinon (obwohl dieses Allergen kurz nach Aufgabe der beruflichen Tätigkeit negativ getestet wurde, s. o.). Bei anerkannter BK nach Nummer 5101 wurde eine MdE im nicht-rentenberechtigendem Bereich empfohlen.

Aufgrund eines Widerspruchs seitens des Klägers erfolgte im November 2001 eine sechste Epikutantestung durch eine weitere Hautklinik. Hierbei zeigte sich nach bis zu 96-stündiger Ablesung eine bis zu dreifach positive Reaktion gegenüber Epoxidharz, eine einfach positive Reaktion gegenüber Chlormethylisothiazolinon sowie eine fragliche Reaktion gegenüber Dibromdicyanobutan/Phenoxyethanol.

Hier wurden abermals die Sensibilisierungen gegenüber Chlormethylisothiazolinon und Dibromdicyanobutan/Phenoxyethanol (welches retrospektiv als positiv gewertet wurde) als BK-Folge gewertet, zusätzlich auch die Typ-IV-Sensibilisierung gegenüber Epoxidharz als iatrogene Sensibilisierung im Zuge der aufgrund der Hauterkrankung durchgeführten Testungen. Somit wurde die Anerkennung der Epoxidharz-Sensibilisierung als mittelbare BK-Folge empfohlen, aufgrund des Sensibilisierungsspektrums schlugen die Gutachter eine MdE von 20% vor.

Der Unfallversicherungsträger vertrat jedoch gegenüber dem Sozialgericht weiterhin die Auffassung, dass eine iatrogene Sensibilisierung nicht wahrscheinlich sei und eine MdE im nicht-rentenberechtigendem Bereich vorliege.

■ Aktuelle gewerbedermatologische Begutachtung.
Im Auftrag des Sozialgerichtes erfolgte daher eine abschließende gewerbedermatologische Untersuchung des Klägers. Zum Zeitpunkt der gutachterlichen Untersuchung fanden sich im Bereich des gesamten Integumentes keine pathologischen Hauterscheinungen.

Aufgrund des nach Aktenlage gesicherten Allergenspektrums und da sich zwischenzeitlich keine neuen allergologischen Aspekte ergeben hatten, wurde auf eine nochmalige Epikutantestung verzichtet.

Im differenziellen Irritationstest (John 2001) zeigten sich zum Zeitpunkt der gutachterlichen Untersuchung keine Hinweise für eine anlagebedingt erhöhte Hautempfindlichkeit bzw. für das Vorliegen eines etwaigen verbliebenen irritativen Folgeschadens.

■ Diagnosen
- ■ Zustand nach berufsbedingtem Kontaktekzem der Hände bei Typ-IV-Sensibilisierung gegenüber Dibromdiycanobutan.
- ■ Verdacht auf atopische Dermatitis mit atopischem Handekzem.

■ **Auffällige Befunde.** Typ-IV-Sensibilisierungen gegenüber Epoxidharz und Chlormethylisothiazolinon.

■ **Versicherungsrechtliche Wertung.** Bei dem Kläger ist bereits aufgrund eines berufsbedingten Handekzems das Vorliegen einer BK nach Nummer 5101 der BKV ab 1990 anerkannt, wobei als BK-Folgen anerkannt wurde (n): „Sensibilisierung gegenüber Euxyl K400 (Kathon CG)". Es wurden hierbei möglicherweise irrtümlich BK-Folgen anerkannt. Bei Euxyl K400 handelt es sich um ein Gemisch aus Dibromdicyanobutan/Phenoxyethanol, wobei Dibromdicyanobutan nach Aktenlage bereits als das Allergen identifiziert wurde, gegenüber dem die Sensibilisierung besteht. Diese Sensibilisierung wurde bereits kurz nach Aufgabe der beruflichen Tätigkeit 1990 ermittelt. Das Allergen Dibromdicyanobutan findet sich in vielen Bereichen der Arbeitswelt als Konservierungsmittel aufgrund seines breiten Wirkungsspektrums. Mit einem Vorkommen ist zu rechnen z. B. in Dispersionspigmenten, Latexfarben und Emulsionen, Klebstoffen, Verfugungszementen, Polituren, Kühlschmiermitteln sowie insbesondere auch in Massagelotionen. Diese Sensibilisierung ist mit Wahrscheinlichkeit berufsbedingt erworben worden und auch entsprechend bereits als BK-Folge anerkannt.

Im Bescheid wurde jedoch hinter Euxyl K400 in Klammern aufgeführt (möglicherweise unter der Annahme eines Synonyms): Kathon CG. Dies ist jedoch kein Synonym für Euxyl K400 sondern ein Handelsname für Chlormethylisothiazolinon, welches u. a. auch unter der Produktbezeichnung Euxyl K100 vorkommen kann.

Diese Sensibilisierung wurde erstmalig 1997 nachgewiesen, nicht jedoch im Rahmen der Epikutantestung unmittelbar nach Aufgabe der beruflichen Tätigkeit. Somit kann diese Sensibilisierung auch nicht mit Wahrscheinlichkeit auf die ehemalige berufliche Tätigkeit zurückgeführt werden, wenngleich es denkbar ist, dass dieses Allergen auch in Massageprodukten vorkommt. Im vorliegenden Fall bleibt unklar, durch welche Kontakte die Sensibilisierung gegenüber Chlormethylisothiazolinon erworben wurde. Denkbar ist eine Sensibilisierung jedoch sowohl durch den Umgang mit Haushaltsprodukten als auch mit weiteren Chemikalien im Rahmen der praktischen Tätigkeit als Hausmann, z. B. mit Farben und Holzschutzmitteln. Unabhängig jedoch von dieser allergologischen Einschätzung, dass die Typ-IV-Sensibilisierung gegenüber Chlormethylisothiazolinon mit Wahrscheinlichkeit nicht unmittelbar berufsbedingt erworben wurde, handelt es sich dennoch aufgrund eines begünstigenden Verwaltungsaktes („Kathon CG", s. o.) um eine BK-Folge.

Zusammenfassend sind somit sowohl die Sensibilisierung gegenüber dem Dibromdicyanobutan-haltigen Euxyl K400 als auch die Sensibilisierung gegenüber Chlormethylisothiazolinon als BK-Folgen seitens des Unfallversicherungsträgers anerkannt; inwieweit diesen Sensibilisierungen (insbesondere der bereits 1990 kurz nach Berufsaufgabe ermittelten Sensibilisierung gegenüber Euxyl K400) tatsächlich eine klinische Relevanz i. S. eines allergischen Kontaktekzems zukommt, kann retrospektiv nicht eindeutig festgestellt werden.

Bei dem Kläger ist ferner ab dem Zeitpunkt der Epikutantestung im September 1997 eine Typ-IV-Sensibilisierung gegenüber Epoxidharz gesichert. Hierbei ist zu berücksichtigen, dass Epoxidharz-Systeme mehr potenziell allergene Bestandteile als nur das niedermolekulare Epoxidharz-Grundmolekül beinhalten, wie z. B. verschiedene Härter und reaktive Verdünner. Die von den kommerziellen Allergenherstellern angebotene Testsubstanz, die im vorliegenden Fall zu mehrfach reproduzierten positiven Reaktionen führte, enthält ein unmodifiziertes mittelviskoses Epoxidharz auf der Basis von Bisphenol A Diglycidylether mit der mittleren Molekularmasse von 380 bis 390, das durch die Reaktion von Bisphenol A mit Epichlorhydrin hergestellt wurde. Epoxidharz- und Härtersysteme finden aufgrund ihrer von Seiten der Industrie als exzellent charakterisierten mechanischen Eigenschaften vielfältige Anwendung, insbesondere in Klebstoffen, in der Bauindustrie, in Bodenbelägen, in der Lackindustrie, im Korrosionsschutz, der Automobilindustrie, in Dosen- und Emballagenlacken, in der Elektroindustrie, in elektrischen Isoliermaterialien wie Transformatoren, Isolatoren, Hüllungssystemen, ferner als Inhaltsstoff in verschiedenen stark beanspruchten Materialien der Luft- und Raumfahrt, aber auch bei Sportgeräten wie Skiern, Surfboards und Tennisschlägern. Im Hinblick auf die Exposition gegenüber Epoxidharzen ist darauf hinzuweisen, dass entsprechende Kontakte bei auspolymerisiertem Zustand aus allergologischer Sicht unbedenklich sind, für den Fall, dass der Polymerisationsprozess tatsächlich vollständig erfolgt ist (Bruze, Almgren 1989; Fischer et al. 1987; Peiler, Rustemeyer, Frosch 2000).

Es ergeben sich im vorliegenden Fall keine Hinweise für eine etwaige berufliche Relevanz im Hinblick auf die ehemalige Tätigkeit als Masseur und medizinischer Bademeister, auch nach nochmals erfolgter gezielter Befragung des Klägers finden sich keine Hinweise für eine etwaige private Epoxidharz-Belastung des Klägers (im Gegensatz zu z.B. Chlormethylisothiazolinon).

Es ist jedoch bekannt, dass Epoxidharze eine hohe Sensibilisierungspotenz aufweisen und dass das Zeitintervall zwischen Beginn des Kontaktes und Eintritt der Sensibilisierung häufig kurz ist. Insbesondere ist in diesem Zusammenhang bekannt, dass bereits ein einmaliger Epoxidharz-Kontakt zur Sensibilisierung führen kann (Jolanki, Kanerva, Estlander 2000; Jolanki et al. 1994; Jolanki, Kanerva, Estlander 1990; Tosti, Guerra, Toni 1988; van Joost 1988; van Putten, Coenraads, Nater 1984; Malanin, Kalimo 1985).

Es ist im vorliegenden Fall retrospektiv unter Würdigung der glaubhaften Angaben des Klägers und der hiermit übereinstimmenden Dokumentation in der Akte wahrscheinlich, dass die Typ-IV-Sensibilisierung gegenüber Epoxidharz iatrogen erworben wurde. Maßgeblich hierfür ist, dass sich ca. 10 Tage (dieser Zeitraum liegt in der für die Induktion einer Sensibilisierung angenommenen Zeitspanne) (Schmitz, Breit 1992; Schröder, John, Schwanitz 2000; Wahlberg 2001) nach Durchführung einer Epikutantestung eine deutlich positive Reaktion gegenüber einem zunächst nicht mehr zu identifizierenden Allergen zeigte und nachfolgend jedoch mehrfach reproduzierbar deutlich positive Reaktionen gegenüber einem Allergen nachweisbar waren, welches mit einer hohen Sensibilisierungspotenz behaftet ist und dem insbesondere im Gegensatz zu z.B. Chlormethylisothiazolinon im vorliegenden Fall keine erkennbare berufliche oder außerberufliche Relevanz zukommt.

Nebenbefundlich besteht bei dem Kläger darüber hinaus der Verdacht auf Vorliegen einer atopischen Dermatitis mit atopischem Handekzem (Schwanitz 1986) gemäß der anamnestischen, in der Akte jedoch nicht dokumentierten Angaben. Dies ist jedoch für die weitere versicherungsrechtliche Wertung im vorliegenden Fall nicht von wesentlicher Relevanz.

■ **Zur MdE-Einschätzung.** Als BK-Folgen sind bereits anerkannt: Die Typ-IV-Sensibilisierung gegenüber Dibromdicyanobutan sowie durch begünstigenden Verwaltungsakt die Typ-IV-Sensibilisierung gegenüber Chlormethylisothiazolinon („Kathon CG"). Diese Allergene weisen jeweils eine geringe bis mittelgradige Verbreitung auf dem allgemeinen Arbeitsmarkt auf, wobei zu berücksichtigen ist, dass beide Allergene eine z.T. überlappende Verbreitung aufweisen (Szliska, Weßbecher, Straube 2001; Nielsen 1994; Senff et al. 1991; Lepoittevin, Le Coz 2000a; Lepoittevin, Le Coz 2000b). Daher resultieren bei gemeinsamem Vorliegen beider Sensibilisierungen maximal mittelgradige Auswirkungen dieser berufsbedingten Allergien.

Im Hinblick auf die Einschätzung der als mittelbare BK-Folge zu wertenden Sensibilisierung gegenüber Epoxidharz ergibt sich folgendes:

Es sind aktuell von der Arbeitsgruppe „Bewertung der Allergene bei BK 5101" der Arbeitsgemeinschaft für Berufs- und Umweltdermatologie der Deutschen Dermatologischen Gesellschaft in Zusammenarbeit mit dem Hauptverband der gewerblichen Berufsgenossenschaften Kriterien zur Einschätzung der Minderung der Erwerbsfähigkeit auf dem allgemeinen Arbeitsmarkt, u.a. für berufsbedingte Epoxidharz-Sensibilisierungen, erarbeitet und publiziert worden (Diepgen et al. 2002, Kap. 6). Im Rahmen der o.g. Arbeitsgruppe wurde erstmalig angestrebt, die tatsächliche Verbreitung der jeweiligen Allergene bzw. die Anzahl der Berufe, in denen potenzielle Exposition z.B. gegenüber Epoxidharz-Systemen besteht, als Grundlage für eine hieraus resultierende MdE heranzuziehen. Da diese Einschätzung letztlich nur näherungsweise geschehen kann, ist es zusätzlich sinnvoll und sachgerecht, auch den individuellen Sensibilisierungsgrad zu berücksichtigen (maßgeblich ist hier insbesondere die *klinische Ausprägung* einer Allergie).

Bezugnehmend auf Epoxidharz(-Systeme) hat die o.g. Arbeitsgruppe daher für die Einschätzung der MdE eine Spannbreite von „mittelgradig" bis „schwerwiegend" vorgeschlagen. Aufgrund der Verbreitung von Epoxidharz-Systemen auf dem allgemeinen Arbeitsmarkt ist hierbei in den meisten Fällen die MdE mit 10% (mittelgradig) zu bewerten. Bei hochgradig Sensibilisierten, die z.B. auf aerogene Exposition mit deutlichen ekzematösen Hautveränderungen reagieren, sind jedoch schwerwiegende Auswirkungen dieser Allergie zu konstatieren (MdE = 20%). Auch wenn sich im Rahmen der Epikutantestung z.T. deutlich positive Reaktionen gegenüber Epoxidharz zeigten, darf nicht verkannt werden, dass im vorliegenden Fall (klinisch) eine Kontaktallergie gegenüber Epoxidharz nicht dokumentiert ist und sich auch aus den anamnestischen Angaben des Klägers nicht ableiten lässt. Somit sind die Auswirkungen der Epoxidharz-Sensibilisierung im vorliegenden Fall maximal mittelgradig.

Ergänzend ist darauf hinzuweisen, dass etwaige verbliebene berufsbedingte Hauterscheinungen nicht vorlagen.

Im vorliegenden Fall sind voneinander abweichende Einschätzungen der MdE unter Berücksichtigung der als BK-Folge anzuerkennenden Sensibilisierungen gegenüber Dibromdicyanobutan (unmittelbar berufsbedingt erworben), Chlormethylisothiazolinon (als BK-Folge anerkannt durch begünstigenden Verwaltungsakt) und Epoxidharz (mittelbar berufsbedingt erworben durch iatrogene Sensibilisierung) denkbar.

Um der individuellen Konstellation des vorliegenden Falls gerecht zu werden, haben wir die Auswirkung der Allergie im vorliegenden Fall zusammenfassend als „mittelgradig" bewertet. Hieraus resultiert eine MdE von 10% auf dem allgemeinen Arbeitsmarkt.

Gemeinsame Empfehlungen der ABD und des HVBG (Neufassung – Vorschlag der ABD):

Auswirkung der Allergie	Hauterscheinungen/ Auswirkungen der irritativen Schädigung			
	keine	leicht	mittel	schwer
keine	0%	10%	20%	25%
geringgradig	0%	10%	20%	25%
mittelgradig	10%	15%	25%	30%
schwerwiegend	20%	20%	30%	>=30%

Formal sind jedoch hiervon abweichende Einschätzungen denkbar.

Für den Fall, dass ausschließlich zugrunde gelegt wird, dass eine sichere klinische Relevanz der o.g. Sensibilisierungen nicht feststeht, wären die Auswirkungen der Allergie als „keine" (MdE = 0%) zu bewerten.

Für den Fall, dass man die Sensibilisierungen gegenüber Dibromdicyanobutan und Chlormethylisothiazolinon aufgrund des überlappenden Vorkommens zusammenfassend als mittelgradig und die iatrogenen Sensibilisierungen gegenüber Epoxidharz ebenfalls als mittelgradig bewertet, könnten die Auswirkungen dieser Sensibilisierungen bei formaler Addition auch als „schwerwiegend" gewertet werden. Hieraus würde dann eine MdE von 20% resultieren. Dieses formale Vorgehen wird der besonderen Konstellation des vorliegenden Falles jedoch nicht gerecht.

■ **Kommentar.** Es wird u.a. von der Arbeitsgruppe „Qualitätssicherung im BK-Verfahren" der Arbeitsgemeinschaft für Berufs- und Umweltdermatologie empfohlen, Substanzen, die in Vortestungen zu sehr starken Reaktionen (dreifach positiv) geführt haben, nur begründet zu reproduzieren (Brandenburg, Schwanitz, John 1999; Schwanitz, John, Brandenburg 1998; Schnuch et al. 2001). Insbesondere werden bei konstantem Sensibilisierungsspektrum in einer Beobachtungsphase von vier Jahren mit ein bis zwei Nachbegutachtungen (ohne Änderung) weitere Nachbegutachtungen in der Regel nicht für erforderlich gehalten. Hierbei sind Erkenntnisse hinsichtlich einer stoffgruppenabhängigen Persistenz von Sensibilisierungen zu berücksichtigen (insbesondere gegenüber z. B. Kaliumdichromat, Epoxidharzen oder Paraaminoarylverbindungen) (Brasch, Geier, Henseler 1995). Dies bedeutet für die praktische gutachterliche Tätigkeit, dass im Rahmen von Nachbegutachtungen die Notwendigkeit einer Wiederholung von Epikutantestungen kritisch überprüft und die Indikation entsprechend streng gestellt werden sollte. Dies ist erforderlich um eine „Boosterung" der berufsbedingten Sensibilisierung bzw. iatrogene Sensibilisierungen zu vermeiden. Hier sind die Risiken bei Para-Aminoarylverbindungen und Epoxidharzen als besonders hoch anzusehen.

Im vorliegenden Fall ist mit Wahrscheinlichkeit das Vorliegen einer iatrogenen Sensibilisierung gegenüber Epoxidharz zu konstatieren, wobei hier festzustellen ist, dass diese 1997 iatrogen induzierte Sensibilisierung gegenüber Epoxidharz zum damaligen Zeitpunkt nicht infolge inadäquat wiederholter Epikutantestungen erfolgte. Im vorliegenden Fall ist jedoch spätestens die Notwendigkeit der sechsten Epikutantestung 2001 kritisch zu hinterfragen.

Bezüglich des Phänomens der iatrogenen Sensibilisierung liegen bislang größere epidemiologische Daten nicht vor. Systematische Studien zu dieser Thematik wurden nicht durchgeführt. Es konnte jedoch gezeigt werden, dass bestimmte Allergene, wie z. B. Dinitrochlorbenzol, eine relativ hohe allergene Potenz aufweisen und bereits nach kurzzeitigen Kontakten zu entsprechenden Sensibilisierungen führen können (Schmitz, Breit 1992). In den wenigen Fällen, in denen bislang eine iatrogene Sensibilisierung durch den Epikutantest nachweislich ausgelöst wurde, zeigten sich mehrere Tage nach Beendigung des Epikutantestes im Bereich der ehemaligen Testareale „verspätete Reaktionen"; als Zeitspanne werden hier Zeiträume zwischen 8 und 20 Tagen angegeben (Schmitz, Breit 1992; Schröder, John, Schwanitz 2000; Wahlberg 2001).

Es scheint gerade bei schwierigen gutachterlichen Fragestellungen empfehlenswert, bei Epikutantestungen Spätablesungen nach 7–10 Tagen vorzusehen. Wenn die Epikutan-Testvliesse aufbewahrt werden, ist auch dann die Zuordnung eventueller Spätreaktionen leichter möglich.

■ **Epilog.** Von Seiten des Sozialgerichtes wurde der Unfallversicherungsträger verurteilt, die Sensibilisierung gegenüber Epoxidharz als mittelbar berufsbedingte, iatrogene Sensibilisierung anzuerkennen. Im Weiteren wurde seitens des Sozialgerichtes deutlich gemacht, dass im Hinblick auf die versicherungsrechtliche Wertung einer berufsbedingten Sensibilisierung insbesondere auch deren klinische Relevanz zu berücksichtigen ist. Das Sozialgericht kam zusammenfassend im vorliegenden Fall zu dem Ergebnis, dass eine MdE im rentenberechtigendem Bereich nicht vorliege (Sozialgericht Hannover, S 36 U 319/98).

Verneinung eines Ursachenzusammenhangs im Sozialgerichtsfall – Simulation

27-jährige KFZ-Mechanikerin

■ **Vorgeschichte.** Das Vorliegen etwaiger atopietypischer Stigmata und Kriterien wird verneint.

Nachdem die Klägerin zuvor stets hautgesund gewesen sei, seien erstmalig im Januar 1999, sieben Jahre nach Beginn einer Ausbildung und nachfolgender Tätigkeit als KFZ-Mechanikerin, entzündliche Hauterscheinungen periorbital bds. aufgetreten, welche nach Angaben der Kläger einen arbeitsabhängigen Verlauf erkennen ließen.

Aufgrund dieser Hauterscheinungen erfolgte jedoch keine kontinuierliche Dokumentation bzw. Therapie durch einen Hautarzt.

Die Klägerin stellte sich initial bei einem Internisten vor, welcher „Quincke-Ödem"-ähnliche Erscheinungen dokumentierte.

Durch einen Hautarzt wurde einmalig 1999 ein „periorbitales Ekzem mit Rötung und Schuppung" dokumentiert.

Nachdem die Klägerin sowohl an den zuständigen Renten- als auch Unfallversicherungsträger entsprechende Rentenanträge gestellt hatte, erfolgte 1999 eine erste gewerbedermatologische Begutachtung durch einen niedergelassenen Hautarzt. Hierbei bestand zu Beginn der gutachterlichen Untersuchung Hauterscheinungsfreiheit. Im Rahmen einer

Epikutantestung konnte bis auf eine Typ-IV-Sensibilisierung gegenüber Quecksilberamidchlorid keine weitere Sensibilisierung festgestellt werden. Es erfolgte ein „arbeitsplatzbezogener Expositionstest" in Begleitung einer Arzthelferin, bei dem die Klägerin für ca. eine Minute unter die geöffnete Motorhaube eines KFZ blickte. Von Seiten des begutachtenden Hautarztes wurde dokumentiert, dass sich hieran im Anschluss die Klägerin kurz vor der abschließenden Besprechung auf die Toilette zurückgezogen und sich anschließend mit „unscharf begrenzten, heftig geröteten, erosiv nässenden Hautveränderungen im Bereich beider Augenlider" wieder vorgestellt habe. Gutachterlich wurde eine „artefizielle periorbitale Dermatitis" diagnostiziert und ein Ursachenzusammenhang abgelehnt.

Entsprechend erfolgte ein ablehnender Bescheid seitens des Unfallversicherungsträgers. Hiergegen legte die Klägerin Widerspruch ein und nach Eingang des ablehnenden Widerspruchsbescheides Klage vor dem zuständigen Sozialgericht.

■ **Aktuelle gewerbedermatologische Begutachtung.** Im Zuge der gewerbedermatologischen Begutachtung auf Beweisanordnung des Sozialgerichtes zeigten sich zu Beginn der gutachterlichen Untersuchung keine floriden Hautveränderungen im Bereich der Hände und des Gesichtes. Es fielen jedoch im Bereich des gesamten Gesichtes disseminierte Epheliden auf mit auffälliger, scharf begrenzter Aussparung der Periorbitalregion bds., wobei die Klägerin selbst darauf hinwies, dass vor dem erstmaligen Auftreten der Hauterscheinungen auch periorbital Epheliden vorgelegen hätten.

Im Zuge der Epikutantestung zeigte sich eine Typ-IV-Sensibilisierung gegenüber Nickelsulfat. Weitere Typ-IV-Sensibilisierungen fanden sich nicht.

Im differenziellen Irritationstest nach John und Schwanitz (John 2001) ergaben sich weder Hinweise für eine anlagebedingt erhöhte Hautempfindlichkeit noch einen etwaigen irritativen Folgeschaden im Bereich des Handrückens.

Aufgrund der Vorgeschichte erfolgte nochmals ein arbeitsplatzbezogener Expositionstest unter Aufsicht eines Gewerbedermatologen. Hierbei beugte sich die Klägerin ca. 10 Minuten über die geöffnete Motorhaube des eigenen PKW und kontrollierte den Ölstand.

Die Klägerin wurde gebeten, das Gesicht nicht mit den Händen oder etwaigen Substanzen zu berühren.

Im Anschluss an die arbeitsplatzbezogene Expositionstestung bat die Klägerin jedoch sich die Nase putzen zu dürfen. Dies erfolgte mit dem vom Ehemann bereitgehaltenen Papiertaschentuch, mit dem die Klägerin auch im weiteren Verlauf nach der Expositionstestung hantierte.

Ca. fünf Minuten nach der Expositionstestung gab die Klägerin dann subjektiv Juckreiz und Brennen infraorbital bds. an und wischte hierbei mit den Fingern kurz unterhalb der Augen.

Ca. 10 Minuten nach der Expositionstestung zeigte sich infraorbital bds. ein beginnendes, scharf begrenztes Erythem, welches im Verlauf der nächsten Minuten zunahm mit zentral weißlichem Aspekt im Sinne einer beginnenden Koagulationsnekrose. Es zeigte sich bds. eine Aussparung des Lidrandes; bds. keine konjunktivale Injektion.

Aufgrund der zunehmenden Beschwerdesymptomatik bat die Klägerin die betroffenen Hautstellen kühlen zu dürfen. Die Klägerin wusch das Gesicht mit fließendem Wasser ab.

Unmittelbar nach dem Abwaschen des Gesichtes wurde gutachterlicherseits der pH-Wert an verschiedenen Hautarealen gemessen (Skin-pH-Meter, Fa. Courage & Khazaka, Köln). Hierbei zeigten sich in den überwiegenden Anteilen des Gesichtes *und* der Hände normwertige pH-Werte zwischen 5,1 und 6,1.

Bds. infraorbital im Bereich der Erytheme waren jedoch pH-Werte zwischen 1,4–1,6 (links), bzw. zwischen 1,8–1,9 (rechts) nachweisbar. An den Fingerkuppen der rechten Hand fanden sich pH-Werte zwischen 1,0 und 2,6. Die Klägerin ist Rechtshänderin.

Wir empfahlen der Klägerin die sofortige weitere dermatologische Versorgung der Hautveränderungen zu Lasten der gesetzlichen Krankenversicherung.

Im Zuge einer klinischen Nachuntersuchung drei Tage nach Expositionstestung zeigte sich infraorbital bds. das typische Bild einer Säureverätzung im Sinne einer abheilenden Koagulationsnekrose.

■ **Diagnose.** Säureverätzung

■ **Auffälliger Befund.** Typ-IV-Sensibilisierung gegenüber Nickel.

■ **Versicherungsrechtliche Wertung.** Im vorliegenden Fall ergaben sich keine Hinweise für das Vorliegen eines *berufsbedingten*, ggf. aerogenen, irritativen oder allergischen Geschehens. Das klinische Bild entsprach jedoch in typischer Weise einer Koagulationsnekrose bei Säureverätzung. Dass eine Säure aufgebracht worden sein musste, konnte im Rahmen von pH-Messungen belegt werden.

Die Säureverätzung steht hierbei nicht in direktem Zusammenhang mit der arbeitsplatzbezogenen Expositionstestung bzw. der ehemaligen beruflichen Tätigkeit. Hierbei ist jedoch zu beachten, dass eine definitive Klärung, wie die Säure aufgebracht wurde und um welche Säure es sich exakt gehandelt hat, nicht erbracht werden konnte. Diesbezüglich sind die Möglichkeiten des gewerbedermatologischen Gutachters begrenzt.

Die Klägerin wurde mit den erhobenen Fakten konfrontiert, äußerte jedoch diesbezüglich Unverständnis und gab insbesondere zu erkennen, dass sie befürchte, dass ihr eine artefizielle Handlung bzw. eine Simulation unterstellt werde.

Bei Artefakten bzw. Simulationen (im Rahmen der Dermatologie) handelt es sich – wie im vorliegenden Fall – um uncharakteristische Läsionen. Hierbei entsteht der Verdacht auf Artefakt, wenn die Läsion in Art und Verteilung, den angegebenen subjektiven Beschwerden sowie der Anamnese in das Muster keiner bekannten Dermatose passen, aber in Reichweite der Hände liegen. Aktuelle Untersuchungen über eine Verteilung der für Artefakt-Auslösung verwendeten Mittel finden sich in der neueren Literatur nicht, wobei hier unterstellt werden muss, dass naturgemäß die Durchführung entsprechender Untersuchungen mit

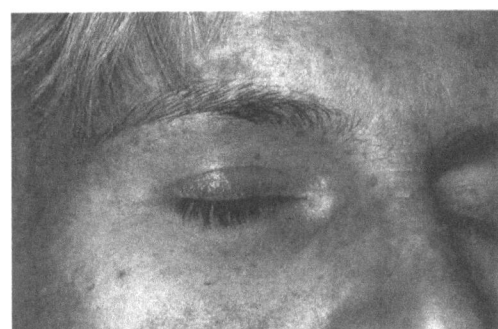

Abb. 1. Vor „Exposition"

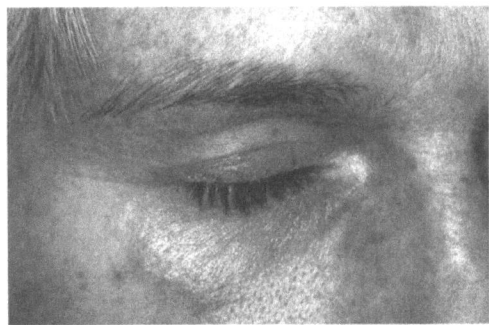

Abb. 3. 10 Min. nach „Exposition"

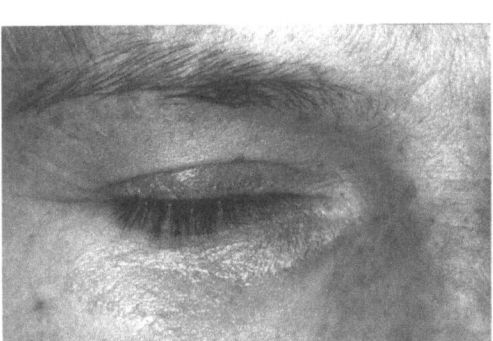

Abb. 2. Unmittelbar nach „Exposition"

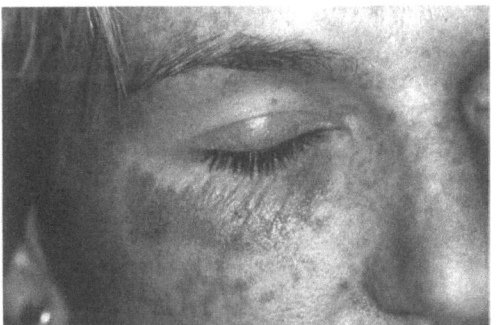

Abb. 4. 3 Tage nach „Exposition"

erheblichen Schwierigkeiten behaftet ist. Gemäß einer Auswertung älterer Publikationen werden zu 49% Chemikalien, zu 33% mechanische Schädigungen (wie Kratzen und Reiben), zu 8% thermische und zu 10% kombinierte Methoden angeschuldigt. Beschädigt werden hierbei vor allem leicht zu erreichende Körperstellen und solche, die sich zu demonstrativen Zwecken eignen (Angelini 2000; Braun-Falco, Plewig, Wolff 1996; Fritsch 1998; Ihler, Effendy, Stangier 1987; Oostendorp, Rakoski 1993; Wernsdörfer 1956). Während jedoch in der Allgemein-Dermatologie *Artefakte* (z. B. im Rahmen eines Münchhausen-Syndroms bzw. bei Körperschemastörungen) beobachtet werden oder Patienten mittels artefizieller Hautveränderungen Störungen in ihren Sozialkontakten signalisieren, ist die Pathogenese in der Gewerbedermatologie häufig anders.

Hier beobachten wir häufig *Simulationen*, die beabsichtigen, im Rahmen z. B. einer gewerbedermatologischen Begutachtung Vorteile durch Täuschung zu erzielen. Wir haben drei prototypische Varianten identifiziert (Skudlik, John, Schwanitz 2001):

- Pathomimikry im Sinne der bewussten Unterhaltung bzw. Verstärkung einer primär berufsbedingten Hauterkrankung durch die ursprünglich auslösende Noxe.
- Induktion von Hautveränderungen ohne entsprechendes berufsbedingtes Krankheitsgeschehen.
- Direktmanipulation im Rahmen der (allergologischen) Diagnostik.

Im vorliegenden Fall ist eine Simulation im Sinne der letzten beiden Punkte wahrscheinlich.

■ **Nachtrag.** Anamnestisch berichtete die Klägerin, dass vor dem Auftreten der „berufsbedingten" Hauterscheinungen im Bereich des gesamten Gesichtes Epheliden in gleichmäßiger Verteilung vorgelegen hätten. Diese seien jedoch periorbital bds. nach Auftreten der Hauterscheinungen verschwunden. Dies ließ sich zum Zeitpunkt der Begutachtung objektiv nachvollziehen.

Nachdem das Aufbringen einer Säure in den entsprechenden Arealen gesichert werden konnte, ist retrospektiv im vorliegenden Fall der 27-jährigen KFZ-Mechanikerin ein durch die Simulation bedingter, dem „Chemical-Peeling-"ähnlicher Effekt zu konstatieren.

Literatur

Aberer W, Holub H (1992) Berufsdermatologische Relevanz der Nickel-Sensibilisierung. Allergologie 15:429–432

Andersson T, Bruze M, Björkner B (1999) In vivo testing of the protection of gloves against acrylates in dentin-bonding systems on patients with known contact allergy to acrylates. Contact Dermatitis 41:254–259

Angelini G (2000) Occupational Dermatitis artefacta. In: Kanerva L et al (ed) Handbook of Occupational Dermatology. Springer, pp 141–147

Badreshia S, Marks JG (2002) Iodopropynyl Butylcarbamate. Am J Contact Dermatitis 13:77–79

Bäurle G (1985) Die Epicutantestung zur Diagnostik des allergischen Ekzems – Gefahr bei Anwendung und Beurteilung. Zbl Arbeitsmed 35:7, 212–216

Brandenburg S (2001) Begutachtung von Berufsdermatosen aus Sicht des Unfallversicherungsträgers in der Bundesrepublik Deutschland. In: Schwanitz HJ, Szliska C (Hrsg) Berufsdermatosen. Dustri, Deisenhofen, S 8a.1–8a.11

Brandenburg S, Schwanitz HJ, John SM (1999) Empfehlungen für die Begutachtung von Berufskrankheiten nach BK 5101. Dermatosen in Beruf und Umwelt 47:109–114

Brasch J, Geier, J, Henseler T (1995) Evaluation of patch test results by use of the reaction index – an analysis of data recorded by the Information Network of Departments of Dermatology (IVDK). Contact Dermatitis, 33:375–380

Braun-Falco O, Plewig G, Wolff HH (1996) Artefakte. In: Braun-Falco O, Plewig G, Wolff HH (Hrsg) Dermatologe und Venerologie. Springer, 4. Aufl, S 903–905

Bruze M (1991) Was versteht man unter einer relevanten Kontaktallergie? Extracta dermaologica 15:7–10

Bruze M, Almgren G (1989) Occupational Dermatoses in Workers Exposed to Epoxy-impregnated Fiberglass Fabric. Derm Beruf Umwelt 37:171–175

Cavelier C, Foussereau J (1995) Kontaktallergie gegen Metalle und deren Salze, Teil II: Nickel, Kobalt, Quecksilber und Palladium. Dermatosen 43:152–162

Dickel H, Blome O, Hagemann KH, Schwanitz HJ, Kuss O, John SM (2003) Berufsbedingte Hauterkrankungen – Paradigma der Sekundärprävention: Das Hautarztverfahren. Gestern, Heute, Morgen. Trauma und Berufskrankheiten (im Druck)

Dickel H, Kuss O, Schmidt A, Diepgen TL (2002) Impact of preventive strategies on trend of occupational skin disease in hairdressers: population based register study. BMJ 324(7351):1422–1423

Diepgen TL (2001) Medizinisch-berufliches Rehablitationsverfahren – Haut – Optimierung und Qualitätssicherung des Heilverfahrens. Vorläufiger Abschlussbericht für den HVBG

Diepgen TL, Kühl M, Schmidt A (1995) Bekanntmachung der Arbeitsgemeinschaft für Berufs- und Umweltdermatologie. Empfehlungen für die Einschätzung der Minderung der Erwerbsfähigkeit bei Berufskrankheiten der Haut nach Nr. 5101 der Anlage 1 zur Berufskrankheitenverordnung. Dermatosen 43:290–292

Diepgen TL, Dickel H, Becker D, Blome O, Geier J, Schmidt A, Schwanitz HJ, Skudlik C, Wagner E, für die Arbeitsgruppe „Bewertung der Allergene bei BK 5101" der Arbeitsgemeinschaft für Berufs- und Umweltdermatologie in der Deutschen Dermatologischen Gesellschaft (2002) Beurteilung der Auswirkung von Allergien bei der Minderung der Erwerbsfähigkeit im Rahmen der BK 5101. Teil I: Acrylate/Methacrylate, Epoxidharz-Systeme, Formaldehyd, Dichromat, Kolophonium, Latex, Nickel, p-Phenylendiamin. Dermatol. Beruf Umwelt 50:139–154

Diepgen TL, Schmidt A, Dickel H (2003) Präventionsstrategien greifen: Das Friseurekzem ist deutlich zurückgegangen. Arbeitsmed Sozialmed Umweltmed 38:18–19

Downs AM, Sansom JE (1999) Colophony Allergy: a Review. Contact Dermatitis 41:305–310

Fischer T, Fregert S, Thulin I, Trulsson L (1987) Unhardened epoxy resin in tool handles. Contact Dermatitis 16:45

Fritsch P (1998) Haut und Psyche: Hautläsionen durch Selbstmanipulation. In: Fritsch P (Hrsg) Dermatologie und Venerologie. Springer, S 725–726

Frosch PJ, Pilz B, Peiler D, Dreier B, Rabenhorst S (1997) Die Epikutantestung mit patienteneigenen Produkten. In: Plewig G, Przybilla B (Hrsg) Fortschritte der praktischen Dermatologie und Venerologie. Springer, Berlin Heidelberg New York, S 166–218

Geier J, Gefeller O (1995) Sensitivity of patch tests with rubber mixes: results of the information network of departments of dermatology from 1990 to 1993. Am J Contact Dermatitis 6:143–149

Geier J, Lessmann H, Schumacher T et al (2000) Vorschlag für die Epikutantestung bei Verdacht auf Kontaktallergie durch Kühlschmierstoffe – 1. Kommerziell erhältliche Testsubstanzen. Dermatologie Beruf und Umwelt 48:232–236

Hauptverband der gewerblichen Berufsgenossenschaften [HVBG] (2001) BK-DOK '99. Dokumentation des Berufskrankheiten-Geschehens in der Bundesrepublik Deutschland. HVBG, St. Augustin

Ihler U, Effendy I, Stangier U (1987) Kutane Artefakte – Behandlungsmöglichkeiten und ihre Grenzen. Zeitschr. für Hautkrankheiten 62:882–890

John SM (1999) Hautarztverfahren 1999. Dermatosen 47(3):118–131

John SM (2001) Klinische und experimentelle Untersuchungen zur Diagnostik in der Berufsdermatologie. Konzeption einer wissenschaftlich begründeten Qualitätssicherung in der sozialmedizinischen Begutachtung. Studien zur Prävention in Allergologie, Berufs- und Umweltdermatologie (ABU 4). Universitätsverlag Rasch, Osnabrück

John SM (2002) Die Erfassung von primärer und sekundärer Hyperirritabilität der Haut. Kosmetische Medizin/Cosmetic Medicine 23 (5):278–279

Jolanki R, Kanerva L, Estlander T (2000) Epoxy resins. In: L Kanerva et al (eds) Handbook of Occupational Dermatology. Springer, Berlin Heidelberg New York, Chapter 73:570–590

Jolanki R, Kanerva L, Estlander T, Tarvainen K (1994) Epoxy dermatitis. Occup Med 9:97–112

Jolanki R, Kaverna L, Estlander T, Tarvainen K, Keskinen H, Hendriks-Eckermann M-L (1990) Occupational dermatoses from epoxy resin compounds. Contact Dermatitis 23:172–183

Koch P, Brehler R, Eck E, Geier J, Hillen U, Peters K-P, Rakoski J, Rothe A, Schnuch A, Szliska C, Uter W (2002) Berufsspezifische Epikutantestung für Angehörige der Heil- und Pflegeberufe. Dermatol Beruf Umwelt 50:155–162

Kühl M, Klaschka F (1990) Berufsdermatosen. Urban und Schwarzenberg, München

Lepoittevin JP, Le Coz C (2000a) Dictionary of Occupational Allergenes: Chemical structures, sources and references. Isothiazolinons. In: Kanerva L et al (Hrsg) Handbook of Occupational Dermatology, Springer, pp 1183–1185

Lepoittevin JP, Le Coz C (2000b) Dictionary of Occupational Allergenes: Chemical structures, sources and references. 1,2-Dibromo-2,4-Dicyanobutane. In: Kanerva L et al (Hrsg) Handbook of Occupational Dermatology, Springer, p 1143

Malanin G, Kalimo K (1985) Facial dermatitis from epoxy resin in a helmet. Contact Dermatitis 12:221

Mehrtens G, Perlebach E (1998) Die Berufskrankheitenverordnung (BeKV). Kommentar. 33. Lfg. Erich Schmidt, Berlin

Nielsen H (1994) Occupational Exposure to Isothiazolinones. A Study based on a product register. Contact Dermatitis 31:18–21

Oostendorp I, Rakoski J (1993) Münchhausen-Syndrom, Artefakte in der Dermatologie. Der Hautarzt, Springer, 44:86–90

Peiler D, Rustemeyer T, Frosch P (2000) Kunststoffe – chemische Grundlagen, Verwendung und Bedeutung als Kontaktallergene. Dermatologie Beruf Umwelt 48:82–104

Richter G (1994) Minderung der Erwerbsfähigkeit durch Allergien bei der BK 5101 – Analyse einer Expertenbefragung. Dermatosen 42:138–142

Riehl U (2001) Interventionsstudie zur Prävention von Hauterkrankungen bei Auszubildenden des Friseurhandwerks. Studien zur Prävention in Allergologie, Berufs- und Umweltdermatologie (ABU 3). Universitätsverlag Rasch, Osnabrück

Rietschel LR, Fowler JS (2001) Fisher's Contact Dermatitis, Fifth Edition, Lippincott Williams and Wilkens, Philadelphia Baltimore Sidney Tokyo

Rojahn K, Brandenburg S, Remé T (2001) Berufliche Wiedereingliederung von Beschäftigten bei Haut- und Atemwegserkrankungen (BK 5101 BK 4301/4302) – Maßnahmen der Individualprävention als Teil eines komplexen Präventionsverfahrens. Ergo Med 6/2001:193–198

Rustemeyer T, Frosch P (1996) Occupational skin disease in dental laboratory technichians. I. Clinical picture and causative factors. Contact Dermatitis 34:125–133

Schmitz T, Breit R (1992) Sensibilisierungen durch kutane und epikutane Testungen. Hautarzt 43:48–50

Schnuch A, Aberer W, Agathos M, Brasch J, Frosch PJ, Fuchs T, Richter G (2001) Epikutantest. In: Korting HC et al (Hrsg) Dermatologische Qualitätssicherung – Leitlinien und Empfehlungen, Zuckschwerdt-Verlag, Germering, München, 2. Auflage, S 187–192

Schönberger A, Mehrtens G, Valentin H (1998) Arbeitsunfall und Berufskrankheit – Rechtliche und medizinische Grundlagen für Gutachter, Sozialverwaltung, Berater und Gerichte, 6. Auflage, Erich Schmidt Verlag, Berlin, S 833–871

Schröder CM, John SM, Schwanitz HJ (2000) Iatrogene Sensibilisierung durch Epikutantest. Allergo Journal 9:41

Schulz KH, Fuchs T (1993) Epikutantest. In: Fuchs E, Schulz KH (Hrsg) Manuale Allergologicum, Dustri-Verlag, München-Deisenhofen, Kapitel IV

Schwanitz HJ, John SM, Brandenburg S (1998) Empfehlungen für die Diagnostik von Berufskrankheiten nach BK 5101. Dermatosen 46:253–260

Schwanitz HJ, Uter W, Wulfhorst B (1996) Neue Wege zur Prävention – Paradigma Friseurekzem. Studien zur Prävention in Allergologie, Berufs- und Umweltdermatologie, hrsg. von Schwanitz HJ (ABU 1). Universitätsverlag Rasch, Osnabrück

Schwanitz HJ, Wulfhorst (2000) Workers education. In: Kanerva L, Elsner P, Wahlberg JE, Maibach HI (Hrsg) Occupational Dermatoses Handbook. Springer, Berlin Heidelberg New York, pp 441–443

Schwanitz HJ (1986) Das atopische Palmoplantarekzem, Springer, Berlin Heidelberg New York

Schwanitz HJ (2002) Tertiäre Prävention von Berufsdermatosen – Bericht über das Forschungsprojekt „Stationäre Präventionsmaßnahme für hautkranke Versicherte. Dermatol. Beruf Umwelt 50:212–217.

Senff H, Köllner A, Tholen S, Frosch PJ (1991) Kontaktallergien gegen neuere Konservierungsmittel. Hautarzt 42:215

Skudlik C, Batzdorfer L, Schlesinger T, Schwanitz HJ (2002) Tertiary prevention of occupational skin disease. Exog. Dermatol 1:117

Skudlik C, John SM, Schwanitz HJ (2001) Artefakte und Simulationen in der Gewerbedermatologie, Dermatologie in Beruf und Umwelt 49:40

Skudlik C, Proske S, Schwanitz HJ (2002) Irritativ provoziertes atopisches Ekzem. In: Fuchs T, Aberer W (Hrsg) Kontaktekzem, Dustri-Verlag, München-Daisenhofen, S 8d1–8d7

Skudlik C, Schwanitz HJ (2002a) Berufskrankheiten der Haut. Trauma Berufskrankh 4:151–162

Skudlik C, Schwanitz HJ (2002b) Sensibilisierung gegen ubiquitäre Allergene: Problematik der Prävention und der versicherungsrechtlichen Wertung, aufgezeigt an Fallbeispielen. 1. Essener Dermatologisch-betriebsärztliches Symposium, Essen, 24.04.2002

Stadeler M, Bauer A, Kelterer D, Grosch J, Elsner P (2001) Prävention berufsbedingter Hauterkrankungen im Back- sowie Hotel- und Gaststättengewerbe. Konzept und erste Ergebnisse eines Pilotprojektes. Dermat Beruf Umwelt/Occup Environ Dermatol 49:142–148

Szliska C, Weßbecher R, Straube MD (2001) BK-Nr. 5101 – Medizinische Bademeister, Masseure und Physiotherapeuten. In: Schwanitz HJ, Szliska C (Hrsg) Berufsdermatosen, Dustri Verlag München-Deisenhofen, 1. Auflg, S 6e.4

Tiedemann KH, Zoellner G, Adam M et al (2002) Empfehlungen für die Epikutantestung bei Verdacht auf Kontaktallergie durch Kühlschmierstoffe. 2. Hinweise zur Arbeitsstofftestung. Dermatol Beruf Umwelt 50:180–189

Tosti A, Guerra L, Toni F (1988) Occupational airborne contact dermatitis due to epoxy resin. Contact Dermatitis 19:220–222

TRGS 530 „Friseurgewerbe" Ausgabe September 2001. Karl Heymanns Verlag, Köln

Uter W (1999) Epidemiologie und Prävention von Handekzemen in Feuchtberufen am Beispiel des Friseurhandwerks. Studien zur Prävention in Allergologie, Berufs- und Umweltdermatologie (ABU 2). Universitätsverlag Rasch, Osnabrück

van der Walle HB (1994) Dermatitis in hairdressers II. Management and prevention. Contact Dermatitis 30:265–270

van Joost T (1988) Occupational sensitization to epichlorohydrin and epoxy resin. Contact Dermatitis 19:278–280

van Putten PB, Coenraads PJ, Nater, JP (1984) Hand dermatoses and contact allergic reactions in construction workers exposed to epoxy resins. Contact Dermatitis 10:146–150

Wahlberg JE (2001) Patch-Testing. In: Rycroft RJG et al (Hrsg) Textbook of Contact Dermatitis, Springer, 3. Auflage, p 435–468

Wernsdörfer R (1956) Artefakte und ihre Phänomene in der Dermatologie. MMW 23:810–813

Wulfhorst B (1996) Schutzhandschuhe. In: Schwanitz HJ, Uter W, Wulfhorst B (Hrsg) Neue Wege zur Prävention – Paradigma Friseurekzem. Studien zur Prävention in Allergologie, Berufs- und Umweltdermatologie (ABU 1). Universitätsverlag Rasch, Osnabrück, S 92–104

Wulfhorst B (2001) Konzeption, Implementation und Evaluation einer gesundheitspädagogischen Maßnahme. Studien zur Prävention in Allergologie, Berufs- und Umweltdermatologie (ABU 5). Universitätsverlag Rasch, Osnabrück

Wulfhorst B (2002) Theorie der Gesundheitspädagogik. In: Reihe Grundlagentexte Gesundheitswissenschaft. Juventa, Weinheim München

II Unfallversicherungsrechtliche Grundlagen

S. Brandenburg

1 Die Funktion des ärztlichen Sachverständigen in der gesetzlichen Unfallversicherung

1.1 Rechtliche Stellung und Verantwortung des Gutachters

Anknüpfungspunkt aller Leistungspflichten der Unfallversicherungsträger ist der durch einen Versicherungsfall eingetretene gesundheitliche Schaden des Versicherten (haftungsbegründender Zusammenhang). Darüber hinaus hängt die konkrete Leistungspflicht ganz überwiegend auch vom Umfang und der Dauer des auf den Versicherungsfall zurückzuführenden Gesundheitsschadens ab (haftungsausfüllender Zusammenhang). Die Unfallversicherungsträger sind daher für die Erfüllung ihrer Leistungspflichten in weiten Teilen auf ärztliche Aussagen und medizinische Sachverhaltsbewertungen angewiesen. In einfachen Fällen gehören dazu die Erklärung des behandelnden Arztes, dass seine Behandlung wegen eines bestimmten Verletzungsereignisses erforderlich war, sowie die ärztliche Bescheinigung der Arbeitsunfähigkeit. Soweit das Vorliegen eines Versicherungsfalles und das Ausmaß des Gesundheitsschadens nicht offensichtlich sind, müssen die Unfallversicherungsträger entsprechende gezielte Ermittlungen anstellen. Diese Aufgabe erfüllen die Unfallversicherungsträger von Amts wegen, d.h. unabhängig von Anträgen der Versicherten. Sie bedienen sich der Beweismittel, die sie für erforderlich halten. Zu den in § 21 SGB X genannten Beweismitteln gehören insbesondere die Gutachten von Sachverständigen.

Der im Ermittlungsverfahren durch den Unfallversicherungsträger beauftragte medizinische Sachverständige hat die Funktion eines Gehilfen oder Beraters der Verwaltung [1, 2]. Mit dieser oder ähnlichen Formulierung(en) wird der Grundsatz umschrieben, dass trotz der Einschaltung eines Sachverständigen jede versicherungsrechtliche Entscheidung in alleiniger Verantwortung des Unfallversicherungsträgers zu treffen ist. Die von den Spitzenverbänden der Unfallversicherungsträger mit medizinischen Fachgesellschaften ausgearbeiteten „Empfehlungen zur Begutachtung bei Berufskrankheiten" [3] führen dazu aus, dass der Gutachter die Aufgabe hat, dem Unfallversicherungsträger die für die Rechtsfindung erforderlichen medizinischen Grundlagen zu liefern. Der medizinische Gutachter tritt in Funktion, soweit dem Unfallversicherungsträger die erforderliche Sachkunde fehlt, um

- aus bereits festgestellten Tatsachen konkrete Schlussfolgerungen im Hinblick auf die versicherungsrechtliche Entscheidung zu ziehen
- allgemeine medizinische Erfahrungssätze falladäquat anzuwenden
- oder mit Hilfe besonderen medizinischen Fachwissens Tatsachen festzustellen.

Wesensmerkmale der Begutachtung sind somit die Anwendung eines beim Auftraggeber typischerweise nicht vorhandenen Fachwissens sowie die Bewertung von vorgegebenen oder selbst erhobenen Tatsachen in Form von Schlussfolgerungen auf dem jeweiligen Fachgebiet. Im Unfallversicherungsrecht ist dabei der Grundsatz besonders zu beachten, dass der Sachverständige nicht zur Rechtsauslegung berufen ist, sondern dass die Verantwortung für die richtige Rechtsanwendung dem Unfallversicherungsträger und ggf. nachfolgend den Sozialgerichten obliegt [4] (zu den Konsequenzen für den Gutachtenauftrag siehe nachfolgend Kap. 2, S. 137).

Die Empfehlungen der Unfallversicherungsträger zur Begutachtung bei Berufskrankheiten [3] heben hervor, dass die Gutachtertätigkeit bei Berufskrankheiten der Wahrheitsfindung über Rechtsansprüche dient, von denen die wirtschaftliche Existenz der Versicherten abhängen kann. Sowohl für das Verwaltungsverfahren des Unfallversicherungsträgers als auch für ein sich eventuell anschließendes gerichtliches Verfahren sind daher fachliche Kompetenz, Objektivität und Neutralität des Gutachters unverzichtbar. Der mit einem Gutachten beauftragte Arzt muss sich dieser Rolle besonders dann bewusst sein, wenn der zu untersuchende und zu begutachtende Versicherte gleichzeitig ein Patient des Arztes ist, was durch die geltenden Beweiserhebungsvorschriften keineswegs ausgeschlossen wird.

1.2 Aufgaben des medizinischen Gutachters – Begutachtungsthemen bei Berufskrankheiten

Gegenstand der medizinischen Begutachtung bei Berufskrankheiten sind insbesondere die Tatsachen, die benötigt werden zu der Feststellung, ob der Versicherungsfall einer Berufskrankheit eingetreten ist sowie welche gesundheitlichen Beeinträchtigungen als Folge der Berufskrankheit verblieben sind und welche Schlussfolgerungen sich für eine Minderung der Erwerbsfähigkeit daraus ziehen lassen. Bei bestimmten Berufskrankheitenarten, insbesondere bei Hauterkrankungen im Sinne der Berufskrankheit Nr. 5101 der Anlage zur **Berufskrankheitenverordnung (BKV)**, können Fragen zur Erforderlichkeit und zu den Erfolgsaussichten von einzelfallbezogenen Präventionsmaßnahmen nach § 3 Abs. 1 der Berufskrankheitenverordnung hinzukommen. Gerade zur Beantwortung dieser Fragen ist eine besondere berufsdermatologische Fachkunde und Erfahrung erforderlich. Die einzelnen Beweisfragen zu dermatologischen BK-Gutachten werden nachfolgend in Kap. 4 dargestellt und erläutert.

1.3 Zusammenwirken des medizinischen Gutachters und des arbeitstechnischen Experten bei Berufskrankheiten

Neben einer medizinischen Begutachtung ist in Berufskrankheiten-Verfahren häufig auch eine spezielle Ermittlung und Beurteilung der Expositionsverhältnisse durch arbeitstechnische Experten erforderlich. Diese werden in der Regel durch den Präventionsdienst des Unfallversicherungsträgers durchgeführt. Es können aber auch externe Experten beauftragt werden. Bei Hautkrankheiten kommt es auf die Sachverhaltsgestaltung an, ob eine besondere technische Expertise erforderlich ist oder ob die sonstigen Angaben in der Akte zu den Arbeitsbedingungen für die medizinische Beurteilung ausreichen. Die mit oder ohne technische Expertise in der Akte des Unfallversicherungsträgers festgestellten Expositionsbedingungen sind vom medizinischen Gutachter zugrunde zu legen. Seine Aufgabe ist es, die festgestellten Expositionsbedingungen im Rahmen der Kausalitätsbeurteilung hinsichtlich ihres Schädigungspotentials zu bewerten (siehe auch Abschn. 4.2.2 und 5). Spezielle Fragen zur Umsetzbarkeit und zu den Erfolgsaussichten von Präventionsmaßnahmen können durch medizinische Gutachter nicht immer abschließend beantwortet werden. Hier ergibt sich die Notwendigkeit einer Einbeziehung von arbeitstechnischen Experten (siehe nachfolgende Abschn. 3.6 und 4.2.5).

Im Einzelfall können sich bei der Erhebung der Berufsanamnese durch den medizinischen Gutachter Abweichungen von den in der Akte festgestellten Expositionsverhältnissen ergeben. Bei erheblichen Abweichungen ist vor der Erledigung des Gutachtenauftrags eine Rückfrage bei dem auftraggebenden Unfallversicherungsträger zum Zwecke einer verbindlichen Klärung der Zweifelsfragen angezeigt.

2 Rechtsverhältnis Gutachter/ Unfallversicherungsträger – Gutachtenauftrag

2.1 Rechtliche Bedeutung des Gutachtenauftrags

Im Rahmen des zwischen dem auftraggebenden Unfallversicherungsträger und dem den Gutachtenauftrag annehmenden medizinischen Sachverständigen zustande kommenden Begutachtungsvertrages (Werkvertrag nach § 631 BGB) wird die Leistungspflicht des Gutachters durch die Formulierung des Gutachtenauftrages bestimmt [5]. Maßstab, ob der Gutachter seine vertragliche Leistungspflicht erfüllt hat, ist grundsätzlich der Gutachtenauftrag und nicht die sich aus der objektiven Sachverhaltsgestaltung ergebende medizinische Fragestellung. Eine Verpflichtung des Unfallversicherungsträgers, die in dem Gutachten zu beantwortenden Beweisfragen und die dem Gutachter dafür zur Verfügung stehenden tatsächlichen Erkenntnisquellen (Gutachten nach Aktenlage oder in Verbindung mit einer persönlichen Untersuchung des Versicherten) festzulegen, ergibt sich auch aus den bereits oben zitierten Verfahrensvorschriften des SGB X, wonach der Unfallversicherungsträger die Verantwortung für den Umfang der Ermittlungen und die Beweismittel trägt. Der den an ihn gerichteten Gutachtenauftrag annehmende Arzt ist grundsätzlich verpflichtet, die Begutachtung selbst vorzunehmen. Seit Einführung der Beteiligung der Versicherten bei der Gutachterauswahl durch die zum 01.01.1997 in Kraft getretene Regelung des § 200 Abs. 2 SGB VII ist es grundsätzlich nicht mehr möglich, dass der Unfallversicherungsträger ein von einem anderen als dem beauftragten Sachverständigen erstelltes Gutachten in dem Verwaltungsverfahren verwertet (zur Gutachterauswahl siehe nachfolgend Abschn. 2.3). Soweit dagegen ärztliche Mitarbeiter und andere Hilfspersonen bei der Vorbereitung und Erstellung des Gutachtens hinzugezogen werden und der beauftragte Sachverständige diese Tätigkeiten verantwortlich leitet, ist dies unbedenklich.

2.2 Anleitung des medizinischen Sachverständigen durch den Gutachtenauftrag

Der durch das Rechtspflege-Vereinfachungsgesetz vom 17.12.1990 [6] eingeführte § 404a Abs. 1 der Zivilprozessordnung, der über § 118 des Sozialgerichtsgesetzes in sozialgerichtlichen Verfahren entsprechend gilt, verpflichtet das Gericht, die Tätigkeit des Sachverständigen zu leiten und ihm für Art und Umfang seiner Tätigkeit Weisungen zu erteilen. Diesem Gebot entspricht ein Gutachtenauftrag, in welchem Beweisfragen zu allen wesentlichen Tatsachenfeststellungen und Schlussfolgerungen auf einem bestimmten Fachgebiet, die letztlich zur Beantwortung der entscheidungserheblichen Rechtsfragen führen, in logischer Reihenfolge zusammengefasst sind [7]. In dieser Vorschrift kommt daher ein allgemeiner Rechtsgedanke zum Ausdruck, der auch für den Sachverständigenbeweis im Verwaltungsverfahren zu gelten hat [8]. Der Unfallversicherungsträger ist gehalten, ein Sachverständigengutachten nicht kritiklos zu übernehmen, sondern sich damit in freier Beweiswürdigung kritisch auseinander zu setzen. Dies erfordert den gedanklichen Nachvollzug der gutachterlichen Schlussfolgerungen, aber auch eine eingehende Prüfung der den Schlussfolgerungen zugrunde liegenden Tatsachen dahingehend, ob diese
■ den aktenkundigen Vorgaben (sog. Anknüpfungstatsachen) entsprechen

- oder als sog. Befundtatsachen vom Gutachter korrekt erhoben wurden.

Da die Auslegung von Rechtsbegriffen nicht Sache des Gutachters ist (siehe Abschn. 1.1), müssen normative Tatbestandsmerkmale entweder im Gutachtenauftrag selbst oder in Begutachtungsanleitungen zu bestimmten Berufskrankheiten so konkretisiert werden, dass die Beweisfragen allein mit Hilfe der medizinischen Fachkunde beantwortet werden können. Für die Begutachtung von Berufskrankheiten nach der BK Nr. 5101 sind entsprechende Empfehlungen vom Hauptverband der gewerblichen Berufsgenossenschaften und von der Arbeitsgemeinschaft für Berufs- und Umweltdermatologie in der DDG veröffentlicht worden [9]. Die nachfolgenden Erläuterungen zu gutachtenrelevanten Rechtsbegriffen bauen auf diesen Empfehlungen auf.

In Gutachtenaufträgen kann auch eine ausdrückliche Verpflichtung des beauftragten Gutachters zur Berücksichtigung allgemein anerkannter medizinischer Erfahrungssätze aufgenommen werden [10]. Bezüglich der gemeinsamen Empfehlungen der ABD und der Spitzenverbände der gesetzlichen Unfallversicherung zur Bemessung der MdE bei Hauterkrankungen [11] wird insoweit auf die Ausführungen in Abschn. 3.5 verwiesen.

Es obliegt dem Unfallversicherungsträger zu entscheiden, ob ein Gutachten mit persönlicher Untersuchung erforderlich oder ein Gutachten nach Aktenlage ausreichend ist. In der Regel ist bei dermatologischen Fragestellungen eine Begutachtung mit Untersuchung des Versicherten durch den Gutachter erforderlich. Im Folgenden werden Beispielsfälle genannt, bei denen eine Begutachtung (nur) nach Aktenlage sachgerecht sein kann:
- Die berufliche Verursachung einer Hauterkrankung steht bereits fest; es ist nur noch zu entscheiden, ob ein Zwang zur Unterlassung der gefährdenden Tätigkeiten bestanden hat oder ob Präventionsmaßnahmen am Arbeitsplatz erfolgversprechend gewesen wären.
- Bei dem Versicherten wurde eine Maßnahme der Individualprävention (z. B. ein modifiziertes stationäres Heilverfahren) mit Erfolg durchgeführt; die Befundberichte aus diesem Verfahren reichen aus, um zu beurteilen, ob die berufliche Tätigkeit fortgesetzt werden kann.
- Ein Versicherter hat wiederholt erkennen lassen, dass er zur Begutachtung nicht persönlich erscheinen will.
- Es liegen bereits die erforderlichen gutachterlichen Untersuchungsergebnisse vor; die gutachterliche Beurteilung überzeugt – trotz Nachfrage – nicht, so dass eine weitere Beurteilung erforderlich ist.

2.3 Zustandekommen eines Gutachtenauftrags – Gutachterauswahl

Ein Gutachtenauftrag im Sinne eines Werkvertrages (siehe Abschn. 2.1) kommt zustande, sobald der medizinische Sachverständige das an ihn gerichtete Ersuchen um die Erstattung eines Gutachtens annimmt. Ob eine rechtliche Verpflichtung besteht, den Auftrag zur Erstattung eines medizinischen Sachverständigengutachtens anzunehmen, ergibt sich aus § 21 Abs. 3 Satz 2 SGB X sowie § 407 Zivilprozessordnung. Danach kann eine Rechtspflicht zur Erstattung von Gutachten begründet sein, wenn der ernannte Sachverständige für Gutachten der betreffenden Art öffentlich bestellt ist, die damit verbundene wissenschaftliche oder gewerbliche Tätigkeit öffentlich zu seinem Erwerb ausübt, zur Ausübung einer solchen Tätigkeit öffentlich bestellt oder ermächtigt ist. Für approbierte Ärzte ergibt sich aus dem letztgenannten Gesichtspunkt eine grundsätzliche Rechtspflicht zur Erstattung von in das jeweilige Fachgebiet fallenden medizinischen Gutachten [12].

Während es in der Vergangenheit in der alleinigen Kompetenz des Unfallversicherungsträgers lag, den Gutachter im Einzelfall zu bestimmen, ist der Versicherte nach dem zum 01.01.1997 in Kraft getretenen Sozialgesetzbuch VII an der Gutachterauswahl zu beteiligen. Nach § 200 Abs. 2 SGB VII soll der Unfallversicherungsträger vor der Erteilung eines Gutachtenauftrags dem Versicherten mehrere (d. h. in der Regel mindestens drei) Gutachter zur Auswahl benennen. Diese Verfahrensregelung wurde eingeführt, um die Transparenz im Begutachtungsverfahren zu erhöhen [13]. Das Gesetz sieht allerdings kein primäres Wahlrecht oder Vorschlagsrecht des Versicherten bezüglich des Gutachters vor; vielmehr ist der Versicherte auf eine Auswahl unter mehreren vom Versicherungsträger vorgeschlagenen Gutachtern beschränkt [14]. Schlägt der Versicherte von sich aus einen anderen Gutachter vor, muss der Versicherungsträger dennoch auf diesen Vorschlag eingehen und dem Versicherten ggf. die Gründe mitteilen, weshalb diesem Vorschlag nicht gefolgt wurde [15]. Die Vorschrift ist eine Sollvorschrift. Nur im Ausnahmefall darf der Versicherungsträger davon absehen, mehrere Gutachter vorzuschlagen. Ein solcher Ausnahmefall kann z.B. vorliegen, wenn zu einer ganz bestimmten Fragestellung bei Berufskrankheiten mehrere geeignete Gutachter nicht zur Verfügung stehen [13].

Auf der Grundlage der Empfehlungen der Unfallversicherungsträger zur Begutachtung bei Berufskrankheiten [3] haben die Landesverbände der gewerblichen Berufsgenossenschaften mit dem Aufbau von Gutachterverzeichnissen begonnen. Diese stellen allerdings nur Entscheidungshilfen für die Unfallversicherungsträger bei der Auswahl geeigneter Gutachter für das Angebot nach § 200 Abs. 2 SGB VII dar. Die Gutachterverzeichnisse haben keinen Ausschließlichkeitscharakter und lassen die Verantwortung der Unfallversicherungsträger bei der Gutachterbenennung unberührt. Die Kriterien, die in den Empfehlungen der Unfallversicherungsträger zur Begutachtung bei Berufskrankheiten für die Aufnahme in ein Gutachterverzeichnis genannt sind, unterscheiden zwischen allgemeinen Anforderungen und speziellen Kriterien für bestimmte Berufskrankheiten. Als allgemeine Anforderungen werden aufgeführt:
- Anerkennung als Facharzt.
- Nachweis der fachlichen Befähigung zur BK-Begutachtung (insbesondere durch Vorlage eines Zertifikats der betreffenden wissenschaftlich-medizinischen Fachgesellschaft) einschließlich besonderer Kenntnisse der Diagnostik und Differentialdiagnostik der jeweiligen Berufskrankheiten.
- Nachweis des erforderlichen Hilfspersonals, der apparativen Ausstattung und der geeigneten Räumlichkeiten sowie Vorhalten von bzw. Zugang zu aktueller Fachliteratur, differenziert nach dem jeweiligen medizinischen Fachgebiet (auf bestimmte apparative Ausstattung kann verzichtet werden, sofern eine Fremdvergabe ohne Qualitätseinbuße möglich ist).
- Bereitschaft zur Übernahme der Pflichten eines BK-Gutachters nach dem Ärzteabkommen, insbesondere zur zeitgerechten Erstattung des Gutachtens.
- Teilnahme an Fortbildungsmaßnahmen zu Begutachtungsfragen in der gesetzlichen Unfallversicherung.

Spezielle Kriterien für Gutachter bei Hautkrankheiten sind:

Persönliche Voraussetzungen:
- Facharzt für Haut- und Geschlechtskrankheiten mit Zusatzbezeichnung Allergologie oder Facharzt für Arbeitsmedizin.

Praxisvoraussetzungen:
- Vorhalten von Testblöcken in Standard- und Berufsreihen in jeweils aktueller Auflage für die Durchführung der erforderlichen Epicutan-Tests.
- Möglichkeit von Reib-, Prick-, Scratch- und Intrakutantestung, nasale Provokationstestung, Hautfunktionstest.
- Labordiagnostik, wie mikrobiologische Untersuchungen vor Ort; Serumuntersuchungen wie IgE; BSG, Blutbild (evtl. Fremdvergabe).

2.4 Mitwirkung der für den medizinischen Arbeitsschutz zuständigen Stellen bei der Begutachtung von Berufskrankheiten

Zu den Besonderheiten des Feststellungsverfahrens bei Berufskrankheiten gehört, dass die für den medizinischen Arbeitsschutz zuständigen staatlichen Stellen (in einigen Bundesländern tituliert als „Der staatliche Gewerbearzt") von den Unfallversicherungsträgern gemäß den Regelungen des § 4 der Berufskrankheitenverordnung (BKV) in das Verfahren einzubeziehen sind. Nach der Unterrichtung dieser staatlichen Stellen durch den Unfallversicherungsträger über die Einleitung eines Feststellungsverfahrens wegen einer Berufskrankheit sieht die weitere Beteiligung vorbehaltlich abweichender Vereinbarungen, die die BKV zulässt, grundsätzlich wie folgt aus:

- Die für den medizinischen Arbeitsschutz zuständigen Stellen sind vor der abschließenden Entscheidung über die Ermittlungsergebnisse zu unterrichten.
- Hält die staatliche Stelle die vom Unfallversicherungsträger durchgeführten Ermittlungen nicht für vollständig, kann sie dem Unfallversicherungsträger die notwendigen Beweiserhebungen vorgeben (§ 4 Abs. 3 Satz 2 BKV).
- Nach Vorliegen der Ermittlungsergebnisse kann der für die staatliche Stelle zuständige Arzt ein Zusammenhangsgutachten erstellen und eine zur Vorbereitung des Gutachtens evtl. notwendige Untersuchung des Versicherten veranlassen (§ 4 Abs. 4 BKV).

Diese Befugnisse der staatlichen Stellen bezüglich der Untersuchung und Begutachtung von Versicherten nach § 4 Abs. 4 BKV schließen es aber nicht aus, dass der Unfallversicherungsträger schon von sich aus eine ärztliche Untersuchung und Begutachtung veranlasst und erst danach die Akten der staatlichen Stelle zur Stellungnahme vorlegt. Dieses Verfahren ist in der Praxis die Regel. Das Votum der staatlichen Stelle zur Frage des Vorliegens einer Berufskrankheit ist für den Unfallversicherungsträger nicht bindend.

2.5 Regelungen im Vertrag Ärzte/Unfallversicherungsträger zur Erstellung und Vergütung von Gutachten

In dem auf der Grundlage des § 34 Abs. 3 SGB VII geschlossenen Vertrag zwischen den Spitzenverbänden der Unfallversicherungsträger und der Kassenärztlichen Bundesvereinigung über die Durchführung der Heilbehandlung, die Vergütung der Ärzte sowie die Abrechnung der ärztlichen Leistungen, der in seiner aktuellen Fassung am 01.05.2001 in Kraft getreten ist [16], werden auch Regelungen über die Erstellung und Vergütung von Gutachten getroffen. Für bestimmte Gutachtenanlässe sind nach diesem Vertrag Formulargutachten vorgesehen (vgl. § 48 Abs. 1 Vertrag Ärzte/Unfallversicherungsträger und die Nummern 146 bis 155 des Gebührenverzeichnisses). Dermatologische Gutachten über das Vorliegen einer Berufskrankheit einschließlich der Voraussetzungen eines Rentenanspruchs werden davon nicht erfasst, sondern sind als freie Gutachten zu erstellen.

Die Frist für die Erstattung eines Gutachtens beträgt nach § 49 des Vertrages 3 Wochen ab Eingang des Gutachtenauftrages. Wegen der notwendigen Terminabstimmungen mit den Versicherten wird es vielfach nicht möglich sein, diese Frist einzuhalten. Der Vertrag Ärzte/Unfallversicherungsträger sieht insoweit vor, dass der Unfallversicherungsträger eine unverzügliche Benachrichtigung über den Grund der Verzögerung erhält.

Die Vergütung von freien Gutachten einschließlich der Schreibgebühren ist in dem Gebührenverzeichnis unter den Nummern 160 bis 191 geregelt (abgedruckt in Anlage 1 des Vertrages). Regelmäßig ist ein dermatologisches Gutachten über das Vorliegen einer Berufskrankheit nach Nr. 5101 als Zusammenhangsgutachten nach der Nummer 161 zu vergüten. Im Ausnahmefall kommt eine Vergütung nach 165 (eingehend begründetes wissenschaftliches Gutachten) in Frage. Das Gebührenverzeichnis enthält dazu den Hinweis, dass es sich um ein aufgrund der Vorgeschichte, der Angaben und des Befundes erstelltes und durch wissenschaftliche Äußerungen gestütztes und zugleich die wissenschaftlichen Erwägungen erläuterndes ausführliches Gutachten handeln muss. Ein denkbares Beispiel wäre eine Hautkrebserkrankung, bei der zur Klärung des beruflichen Zusammenhangs wissenschaftlich-epidemiologische Erkenntnisse herangezogen werden müssen (siehe Abschn. 5). Im Einzelfall kann auch eine Überschreitung der Höchstsätze für frei erstattete Gutachten (Nr. 160, 161, 165 des Gebührenverzeichnisses) berechtigt sein. Etwa wenn ein der Nr. 161 unterfallendes Zusammenhangsgutachten wegen des Umfangs des Akteninhalts nur mit einem außerordentlich hohen Zeitaufwand erstellt werden kann. Eine den Höchstsatz übersteigende Liquidation kann nach § 59 des Vertrages Ärzte/Unfallversicherungsträger nur geltend gemacht werden, wenn der Unfallversicherungsträger zuvor zugestimmt hat. Lehnt der Unfallversicherungsträger eine Erhöhung der Liquidation ab, wird dem Arzt in § 59 Satz 3 des Vertrages das Recht eingeräumt, den Gutachtenauftrag unverzüglich zurückzugeben, falls er mit der Liquidation innerhalb der Höchstsätze nicht einverstanden ist. Die genannten Gebührensätze erstrecken sich nicht auf ärztliche Leistungen, die im Zusammenhang mit den Begutachtungen erbracht werden. Diese werden gesondert vergütet, und zwar nach den höheren Gebührensätzen für die besondere Heilbehandlung (vgl. §§ 60, 11 Vertrag Ärzte/Unfallversicherungsträger).

2.6 Aufklärung des Versicherten, Auskünfte über die Begutachtung

Eine Mitwirkung bei notwendigen Begutachtungen zur Feststellung von Leistungsansprüchen gehört grundsätzlich zu den Obliegenheiten der Versicherten (§ 62 SGB I). Über die Grenzen dieser Mitwirkungspflicht trifft § 65 Abs. 2 SGB I eine Aussage. Danach können Untersuchungen,
1. bei denen im Einzelfall ein Schaden für Leben oder Gesundheit nicht mit hoher Wahrscheinlichkeit ausgeschlossen werden kann,
2. die mit erheblichen Schmerzen verbunden sind oder
3. die einen erheblichen Eingriff in die körperliche Unversehrtheit bedeuten,

abgelehnt werden. Im Einzelfall können auch Untersuchungen für dermatologische Gutachten im Sinne der zitierten Ziffer 1 mit einem nicht ausschließbaren Gesundheitsrisiko verbunden sein (z. B. allergologische Testungen unter bestimmten Bedingungen). Dem Gutachter obliegt es, den Versicherten vor Beginn der Begutachtung über Art und Umfang der erforderlichen Untersuchungen aufzuklären und dabei insbesondere eventuelle nicht ausschließbare Gesundheitsrisiken darzulegen.

Im Interesse der Transparenz des Begutachtungsverfahrens besteht heute unter den Unfallversicherungsträgern Einvernehmen, dass der Gutachter berechtigt ist, den Versicherten über die bei der Untersuchung erhobenen Befunde zu informieren und ihm diese zu erläutern. Auf ausdrückliches Verlangen kann der Gutachter den Versicherten auch über das Ergebnis der gutachterlichen Beurteilung informieren, sofern dies bereits zum Zeitpunkt der Untersuchung möglich ist. Der Gutachter muss aber darauf hinweisen, dass es sich um ärztliche Vorschläge handelt, die der abschließenden Beurteilung durch den Unfallversicherungsträger bedürfen. Das vollständige Gutachten ist allerdings nur an den auftraggebenden Unfallversicherungsträger zu übermitteln [17]. Dort kann der Versicherte sein Recht auf Akteneinsicht (§ 25 SGB X) geltend machen.

3 Gutachtenrelevante Grundbegriffe

3.1 Berufsdermatosen als Versicherungsfall in der gesetzlichen Unfallversicherung

Versicherungsfälle der gesetzlichen Unfallversicherung sind Arbeitsunfälle und Berufskrankheiten (§ 7 SGB VII). Unfälle sind nach § 8 Abs. 1 SGB VII definiert als „zeitlich begrenzte, von außen auf den Körper einwirkende Ereignisse, die zu einem Gesundheitsschaden oder zum Tod führen".

3.1.1 Arbeitsunfall

Für einen Arbeitsunfall muss darüber hinaus der ursächliche Zusammenhang mit einer versicherten Tätigkeit gegeben sein. Aus der gesetzlich vorgegebenen zeitlichen Begrenzung des Schädigungsvorgangs (zeitlich begrenzt wird definiert als „innerhalb einer Arbeitsschicht") folgt, dass Hauterkrankungen nur selten unter dem Aspekt des Arbeitsunfalls erfasst werden können. Beispiele sind Verbrennungen, Verätzungen und ähnliche Schädigungsvorgänge.

3.1.2 Berufskrankheiten

Typisch für Hauterkrankungen ist eine allmähliche Entstehung in Folge einer länger dauernden Einwirkung. Solche Gesundheitsschädigungen können im Unfallversicherungsrecht nur als Berufskrankheit nach § 9 Abs. 1 SGB VII erfasst werden. Die als Berufskrankheit anerkennungsfähigen Krankheiten bzw. Verursachungstatbestände sind in der Anlage zur Berufskrankheitenverordnung (BKV) [18] aufgezählt. Für eine Anerkennung als Versicherungsfall im Einzelfall ist erforderlich, dass eine Krankheit die Merkmale eines der Berufskrankheiten-Tatbestände erfüllt und darüber hinaus nachgewiesen ist, dass der Versicherte diese Krankheit durch Einwirkungen bei einer versicherten Tätigkeit erlitten hat.

Berufsdermatosen werden in der Anlage zur BKV vor allem von der Nr. 5101 erfasst.

■ **Nr. 5101**
Schwere oder wiederholt rückfällige Hauterkrankungen, die zur Unterlassung aller Tätigkeiten gezwungen haben, die für die Entstehung, die Verschlimmerung oder das Wiederaufleben der Krankheit ursächlich waren oder sein können.

Auf die für die Erfüllung dieses BK-Tatbestands erforderlichen medizinischen und versicherungsrechtlichen Voraussetzungen wird in Kap. 4 im Einzelnen eingegangen.

Einen speziellen Tatbestand für Hautkrebs und zur Krebsbildung neigende Hautveränderungen enthält die Berufskrankheiten-Liste unter der Nr. 5102.

■ **Nr. 5102**
Hautkrebs oder zur Krebsbildung neigende Hautveränderungen durch Russ, Rohparafin, Teer, Anthrazen, Pech oder ähnliche Stoffe.

Hautkrebserkrankungen oder zur Krebsbildung neigende Hautveränderungen, die unter die spezielle Regelung der Nr. 5102 nicht subsumiert werden können, werden auch nicht von der Nr. 5101 erfasst (siehe Kap. 5). Soweit der auslösende Stoff auch nicht von einem der anderen BK-Tatbestände der Berufskrankheiten-Liste erfasst wird, kommt allenfalls eine Anerkennung und Entschädigung „wie eine Berufskrankheit" nach § 9 Abs. 2 SGB VII in Frage (siehe Abschn. 3.1.3). Dies gilt vor allem für lichtinduzierte Hautkrebserkrankungen (siehe Kap. 5).

Hautkrankheiten können auch aufgrund von BK-Tatbeständen für spezielle Einwirkungen anerkannt werden. Zum Beispiel unter der Nr. 2402 (Erkrankungen durch ionisierende Strahlen). Hauttumoren gehören zu den typischen Krankheitsbildern der BK-Nr. 2402.

Darüber hinaus können eine Reihe von speziellen Einwirkungen, die in der Gruppe 1 der Anlage zur BKV aufgezählt sind, primäre oder sekundäre Hauterkrankungen verursachen. Zu beachten ist insoweit, dass die Anlage zur BKV zu den Nrn. 1101 bis 1110, 1201 und 1202, 1303 bis 1309 und 1315 den Zusatz enthält, dass Hauterkrankungen ausgenommen sind. Hintergrund dieser Ausnahmeregelung ist, dass Hauterkrankungen nach Nr. 5101 nur unter besonderen versicherungsrechtlichen Voraussetzungen als Berufskrankheit anerkannt werden können (siehe oben). Diese besonderen versicherungsrechtlichen Voraussetzungen sollen grundsätzlich auch dann gelten, wenn eine Hauterkrankung durch eine in den aufgeführten BK-Tatbeständen der Gruppe 1 genannten Stoff verursacht worden ist.

Beispiel: Hauterkrankung durch wiederholten Hautkontakt mit chromhaltigen Stoffen. Die Anerkennung als Berufskrankheit richtet sich nicht nach Nr. 1103, sondern nach Nr. 5101.

Nur wenn durch eine dieser Einwirkungen primär eine Allgemeinerkrankung, d. h. eine nicht speziell das Hautorgan betreffende Krankheit, verursacht wurde und als deren Folgeerscheinungen auch eine Hauterkrankung auftritt, ist die Hauterkrankung nach dem entsprechenden Tatbestand der Gruppe 1 mit zu entschädigen. Es kommt dann nicht darauf an, ob die weitergehenden Voraussetzungen der Nr. 5101 erfüllt sind. Bei BK-Tatbeständen der Gruppe 1, die nicht unter diesen Vorbehalt fallen, sind auch primäre Hauterkrankungen, die durch die aufgeführten Stoffen verursacht werden, unabhängig von den besonderen Voraussetzungen der Nr. 5101 zu entschädigen.

Beispiel: Chlorakne als Folge einer Einwirkung im Sinne der Nr. 1302 oder 1310/1311. Hauterscheinungen, die Folge einer Infektionskrankheit sind, werden unter den besonderen Voraussetzungen der Nr. 3101 als Berufskrankheit anerkannt.

■ **3101**
Infektionskrankheiten, wenn der Versicherte im Gesundheitsdienst, in der Wohlfahrtspflege oder in einem Laboratorium tätig oder durch eine Tätigkeit der Infektionsgefahr in ähnlichem Maße besonders ausgesetzt war.

3.1.3 Anerkennung von Berufsdermatosen „wie eine Berufskrankheit"

Nach § 9 Abs. 2 SGB VII haben die Unfallversicherungsträger eine Krankheit „wie eine Berufskrankheit" als Versicherungsfall anzuerkennen, wenn nach neuen Erkenntnissen der medizinischen Wissenschaft die Voraussetzungen für eine Aufnahme dieser Krankheit in die Berufskrankheiten-Liste gegeben sind. Durch diese sog. „Öffnungsklausel" sollen Härten vermieden werden, die sich im Einzelfall daraus ergeben, dass die von der Bundesregierung erlassene Liste der Berufskrankheiten u. a. wegen der erfahrungsgemäß längeren Zeiträume bis zur nächsten Überarbeitung nicht in jeder Beziehung den aktuellen Erkenntnisstand der Wissenschaft über Zusammenhänge zwischen Erkrankungen und berufsspezifischen Einwirkungen widerspiegelt. Für eine Anerkennung einer Krankheit „wie eine Berufskrankheit" sind die folgenden Voraussetzungen im Einzelfall zu prüfen.

Voraussetzungen nach § 9 Abs. 2 SGB VII
- ■ Generelle Eignung der angeschuldigten besonderen Einwirkungen zur Verursachung oder wesentlichen Verschlimmerung der diagnostizierten Erkrankung.
- ■ Zugehörigkeit des Betroffenen zu einer Personengruppe, die den schädlichen Einwirkungen aufgrund ihrer Arbeit in erheblich höherem Grade ausgesetzt ist als die übrige Bevölkerung.

⎫
⎬ Neue allgemein anerkannte medizinische Erkenntnisse erlauben diese Feststellungen
⎭

- ■ Wahrscheinlichkeit eines Ursachenzusammenhangs im Einzelfall

Zur Anwendung dieser Grundsätze bei lichtinduzierten Hautkrebserkrankungen siehe Kap. 5.

3.2 Rechtlich wesentliche Ursache

Sowohl für die Prüfung des haftungsbegründenden Zusammenhangs (Ursachenzusammenhang zwischen der beruflichen Exposition und einem Gesundheitsschaden im Sinne eines BK-Tatbestands) als auch für den haftungsausfüllenden Zusammenhang (Ursachenzusammenhang zwischen dem Erstschaden und weiteren Gesundheitsschäden – Haftungsumfang) gilt in der gesetzlichen Unfallversicherung die Kausalitätslehre von der wesentlichen Bedingung. Danach sind Ursachen im Rechtssinne nicht alle Bedingungen eines Erfolges, sondern nur diejenigen, die wegen ihrer besonderen Beziehung zum Erfolg zu dessen Eintritt wesentlich mitgewirkt haben. Zur Bejahung eines Ursachenzusammenhangs muss also sowohl eine echte naturwissenschaftliche Kausalbeziehung als auch ein normativ wertender Zusammenhang zwischen Bedingung und Erfolg gegeben sein. Die Bewertung eines Ursachenfaktors (im Sinne der naturwissenschaftlichen Kausalität) als rechtlich wesentliche Ursache erfordert nicht, dass diese Bedingung die alleinige oder überwiegende für den Schadenseintritt ist. Haben mehrere Bedingungen, etwa eine berufliche Exposition und eine Krankheitsanlage oder degenerative Vorschädigung gemeinsam zum Gesundheitsschaden beigetragen, sind sie vielmehr nebeneinander stehende Mitursachen im Rechtssinne, wenn beide in ihrer Bedeutung und Tragweite für den Eintritt des Gesundheitsschadens als wesentlich anzusehen sind. Bei der Bewertung der Relevanz der beruflichen Exposition für den Gesundheitsschaden ist von dem individuellen Gesundheitszustand des betroffenen Versicherten, nicht hingegen von einem gesunden (Idealversicherten) auszugehen. Gerade bei Hauterkrankungen, für die ein Zusammenwirken endogener und exogener Faktoren durchaus typisch ist, ist dieser Grundsatz, wonach der Versicherte in seiner individuellen Konstitution gegen berufliche Erkrankungsrisiken abgesichert wird, von Bedeutung. Die Grenze des Versicherungsschutzes ist dann erreicht, wenn der beruflichen Exposition auch unter Berücksichtigung der individuellen Disposition des Versicherten nur die Bedeutung einer im täglichen Leben üblichen Belastung zukommt (rechtlich nicht wesentliche oder sog. Gelegenheits-Ursache). Das Bundessozialgericht sieht in einem Unfallereignis eine sog. Gelegenheits-Ursache, wenn die mitursächlichen Vorschädigungen oder Krankheitsanlagen bereits so fortgeschritten waren, dass entweder ohne irgendein Unfallereignis zu annähernd der selben Zeit oder in naher Zukunft eine vergleichbare Schädigung wie bei dem Unfallereignis mit Wahrscheinlichkeit zu erwarten war oder anstelle des Unfallereignisses auch bei anderen gewöhnlichen Verrichtungen des durchschnittlichen alltäglichen Lebens jederzeit mit dem Eintritt einer vergleichbaren Schädigung zu rechnen war [19]. Für Berufskrankheiten gilt dieser Grundsatz gleichermaßen.

3.3 Ursachenzusammenhang im Sinne der Entstehung oder Verschlimmerung

Als Folge von gesundheitsschädigenden Einwirkungen kann eine Krankheit erstmals entstehen oder sich verschlimmern. Beide Verursachungsformen können den haftungsbegründenden Zusammenhang erfüllen. Die Unterscheidung ist aber wesentlich bei der Festlegung des Entschädigungsumfangs (Haftungsausfüllung). Ein Krankheitsgeschehen ist im Sinne der Entstehung der Berufskrankheit anzuerkennen, wenn es durch berufliche Einflüsse erstmals manifest geworden ist. Um eine Verschlimmerung eines Gesundheitsschadens durch äußere Einwirkungen handelt es sich, wenn der Gesundheitsschaden bereits vor dem Beginn der Exposition als klinisch manifester Krankheitszustand (Vorschaden) nachweisbar vorhanden war. Eine bloße Krankheitsdisposition, die noch keine klinisch-funktionellen Beeinträchtigungen nach sich zog, stellt demnach keinen Vorschaden in diesem

Sinne dar. Im Falle einer einwirkungsbedingten Verschlimmerung ist grundsätzlich nur der Verschlimmerungsanteil zu entschädigen. Ausnahme: Wenn das aktuelle Krankheitsbild ganz überwiegend durch die berufsbedingte Gesundheitsschädigung geprägt wird und die Auswirkungen des Vorschadens somit nicht abgrenzbar sind, wird der Gesamtschaden zugrunde gelegt (sog. richtungsgebende Verschlimmerung).

Zu unterscheiden sind vorübergehende und dauernde Verschlimmerungen. Auch eine vorübergehende Verschlimmerung kann einen Versicherungsfall auslösen; es bleibt aber kein dauerhaft zu entschädigender Gesundheitsschaden. Bei der Begutachtung von Berufsdermatosen spielt dieser Aspekt eine wesentliche Rolle.

3.4 Beweisanforderungen

Der im Unfallversicherungsrecht tätige Gutachter muss unterschiedliche Beweisanforderungen beachten. Die für den haftungsbegründenden Zusammenhang maßgebenden Anknüpfungstatsachen wie Art, Intensität und Dauer der Einwirkung auf der einen sowie die medizinischen Befunde im Sinne eines BK-Tatbestands auf der anderen Seite unterliegen dem Vollbeweis, d.h. diese Umstände müssen zur vollen Überzeugung feststehen. Entsprechendes gilt für den konkreten Schadensumfang sowie für eventuelle Krankheitsanlagen und Vorschäden, wenn diese bei der Kausalitätsbeurteilung Berücksichtigung finden sollen. Eine Verdachtsdiagnose kann somit keine Berücksichtigung finden.

Für die Bejahung des Ursachenzusammenhangs zwischen einer nachgewiesenen hautschädigenden Einwirkung und der Hauterkrankung genügt es dagegen, dass ein solcher wahrscheinlich ist. Dies ist der Fall, wenn den für einen Zusammenhang sprechenden Umständen im Rahmen einer Abwägung das Übergewicht zukommt und ernste Zweifel hinsichtlich einer anderen Verursachung im Ergebnis nicht bestehen [20, 28]. Der Beweismaßstab der Wahrscheinlichkeit gilt auch im Rahmen der sog. haftungsausfüllenden Kausalität.

Zu den speziell bei der BK Nr. 5101 zur Beurteilung der Wahrscheinlichkeit des Ursachenzusammenhangs relevanten Kriterien siehe Abschnitt 4.2.3.

3.5 Rente an Versicherte

3.5.1 Minderung der Erwerbsfähigkeit (MdE)

Die Dauer und das Ausmaß einer Minderung der Erwerbsfähigkeit infolge eines Versicherungsfalles (haftungsausfüllender Zusammenhang) sind maßgeblich für einen Anspruch auf Versichertenrente. Nach § 56 Abs. 1 Satz 1 SGB VII entsteht ein Rentenanspruch, wenn die Erwerbsfähigkeit über die 26. Woche nach dem Versicherungsfall hinaus um wenigstens 20 v.H. gemindert ist. Ist die Erwerbsfähigkeit infolge mehrerer Versicherungsfälle gemindert und erreichen die v.H.-Sätze zusammen wenigstens 20, besteht für alle Versicherungsfälle ein Anspruch auf Rente. Dabei werden aber nur Erwerbsminderungen um jeweils mindestens 10 v.H. berücksichtigt.

Anders als unter der Geltung der Reichsversicherungsordnung (RVO) ist der Begriff der MdE jetzt gesetzlich definiert. Nach § 56 Abs. 2 SGB VII richtet sich die MdE nach dem Umfang der sich aus der Beeinträchtigung des körperlichen und geistigen Leistungsvermögens ergebenden verminderten Arbeitsmöglichkeiten auf dem gesamten Gebiet des Erwerbslebens. Es wird also auf die Erwerbsfähigkeit des Versicherten auf dem allgemeinen Arbeitsmarkt abgestellt. Die MdE ist eine abstrakte Größe. Es ist weder von Bedeutung, ob eine Erwerbstätigkeit tatsächlich ausgeübt wird noch, ob ein Einkommensschaden eingetreten ist. Soweit nicht die Härteklausel des § 56 Abs. 2 Satz 3 SGB VII greift (s. dazu nachfolgend Abschn. 3.5.4), ist der Grad der MdE auch unabhängig

- vom bisher ausgeübten Beruf,
- vom bisherigen Qualifikationsniveau,
- von Alter, Geschlecht
- und von den Wohnortverhältnissen des Versicherten.

Allein maßgebend ist das Ausmaß der klinisch-funktionellen Folgen des Versicherungsfalles und der Umfang der dem Versicherten dadurch verschlossenen oder beeinträchtigten Arbeitsmöglichkeiten. Ausgangspunkt der MdE-Bemessung ist die individuelle Erwerbsfähigkeit des Versicherten ohne die Folgen des Versicherungsfalles, die rechnerisch stets mit 100% zu bewerten ist. War die individuelle Erwerbsfähigkeit durch Erkrankungen oder Behinderungen bereits vor dem Versicherungsfall gemindert, kann dies zu einer höheren oder niedrigeren MdE-Bemessung im Vergleich zu nicht erkrankten/nicht behinderten Versicherten führen. Relevant für die MdE-Bewertung ist ein Vorschaden dann, wenn zwischen ihm und der durch den Versicherungsfall verursachten Gesundheitsstörung eine funktionelle Wechselwirkung besteht. Wird die Funktionseinbuße dadurch größer als im Normalfall, ist eine höhere MdE anzuerkennen. Sind klinisch-funktionelle Störungen an mehreren Körperteilen oder Organsystemen zu entschädigen, so ist die MdE ausgehend von der am höchsten zu bewertenden Beeinträchtigung im Ganzen zu würdigen und eine Gesamt-MdE einzuschätzen. Dabei muss im Gutachten dazu Stellung genommen werden, inwieweit sich die anderen Beeinträchtigungen zusätzlich auswirken oder eine Überlagerung der Funktionsauswirkungen festzustellen ist.

Der Grad der MdE wird im Allgemeinen in 10er- und 5er-Stufen angegeben. Auch solche Graduierungen können anhand der gesetzlich vorgegebenen Maßstäbe im Allgemeinen nicht rechnerisch exakt ermittelt werden. MdE-Bewertung ist daher letztlich eine dem Unfallversicherungsträger bzw. den Sozialgerichten obliegende Schätzung, für die ein medizinischer Sachverständiger die Beschreibung der klinisch-funktionellen Störungen sowie einen Schätzvorschlag liefert [21]. Da von dem medizinischen Sachverständigen nicht das Wissen erwartet werden kann, um aus klinisch-funktionellen Gesundheitsbeeinträchtigungen auf die abstrakten Einschränkungen auf dem allgemeinen Arbeitsmarkt zu schließen, ist in der Rechtsprechung anerkannt, dass von Experten erstellte erkrankungsspezifische MdE-Empfehlungen eine notwendige Grundlage bei der Einzelfallbeurteilung darstellen [22]. Allgemeine Wertungen zur MdE bei Berufskrankheiten haben zwar keine Rechtsnormqualität, sie können aber als so genannte antizipierte (vorweggenommene) Sachverständigengutachten „Richtwerte" im Sinne allgemeiner Erfahrungssätze beinhalten und unter dieser Voraussetzung zur Auslegung des unbestimmten Rechtsbegriffs der MdE herangezogen werden [23]. Das BSG definiert als Voraussetzung für die Anerkennung solcher Empfehlungen zur MdE-Bemessung als allgemeine Erfahrungssätze, dass sie auf wissenschaftlicher Grundlage von Fachgremien ausschließlich aufgrund der dort zusammengefassten Sachkunde und Erfahrung der Experten erstellt worden sind, dass sie immer wiederkehrend angewendet und von Gutachtern, Verwaltungsbehörden, Versicherungsträgern, Gerichten und Betroffenen anerkannt und akzeptiert werden [24]. Darüber hinaus müssen darin die Folgen einer Berufskrankheit für die Erwerbsfähigkeit so weitgehend abgeklärt sein, dass eine eindeutige Subsumtion von Einzelfällen durch den medizinischen Sachverständigen im Allgemeinen möglich ist. Die zugrunde liegenden Erkenntnisse müssen so transparent sein, dass auch überprüft werden kann, ob über die Auswirkungen der BK-Folgen auf dem allgemeinen Arbeitsmarkt inzwischen neuere wissenschaftliche Erkenntnisse vorliegen [25]. Das BSG hat jüngst in einem Urteil vom 02.05.2001 [24] den gemeinsamen Empfehlungen der ABD und des HVBG zur Einschätzung der MdE bei Hauterkrankungen [11] die Qualität von allgemeinen Erfahrungssätzen zuerkannt [26]. Dies bedeutet, dass bei allen Hauterkrankungen, die von diesen Empfehlungen erfasst werden (siehe Abschn. 4.2.6) Feststellungen zur MdE sich darauf beschränken, in welche Kategorie der Einzelfall nach diesen Empfehlungen einzuordnen ist und ob individuelle Besonderheiten zusätzlich zu berücksichtigen sind. Versicherungsträger und Gerichte können dem medizinischen Sachverständigen im Gutachtenauftrag die Anwendung dieser Empfehlungen verbindlich vorgeben (siehe auch Abschn. 2.2).

3.5.2 Zeitpunkt der MdE-Einschätzung

Die Rente beginnt regelmäßig mit Beendigung der Arbeitsunfähigkeit. Dies ist der übliche Zeitpunkt der ersten Rentenbegutachtung. Nach § 62 Abs. 1 SGB VII soll die Rente während der ersten 3 Jahre nach dem Versicherungsfall als vorläufige Entschädigung festgesetzt werden, wenn der Umfang der MdE noch nicht abschließend festgestellt werden kann. Innerhalb dieses Zeitraums kann der Grad der MdE jederzeit neu festgestellt werden (siehe Abschn. 3.5.3: „Nachbegutachtung"). Dieser Regelung liegt die auch bei Hauterkrankungen zutreffende Erkenntnis zugrunde, dass sich die Erkrankungsfolgen vielfach erst einige Zeit nach Eintritt des Versicherungsfalles dauerhaft stabilisieren.

Spätestens nach 3 Jahren nach dem Versicherungsfall wandelt sich eine Rente als vorläufige Entschädigung in eine solche auf unbestimmte Zeit (§ 62 Abs. 2 SGB VII). Dabei kann der Vom-Hundert-Satz der MdE abweichend von der vorläufigen Entschädigung festgestellt werden, auch wenn sich die Verhältnisse nicht verändert haben. Generell können fehlerhaft zu hohe MdE-Feststellungen über diese Regelung nachträglich noch einmal korrigiert werden (zur Berücksichtigung nachträglicher Veränderungen bei den Erkrankungsfolgen siehe Abschn. 3.5.3).

3.5.3 Änderung der Verhältnisse – Nachbegutachtung

Die als Folgen eines Arbeitsunfalls oder einer Berufskrankheit anerkannten Gesundheitsstörungen können sich nachträglich verbessern oder verschlechtern. Dies kann sich auf die Höhe der anzuerkennenden MdE auswirken. Auf der Grundlage des § 48 Abs. 1 SGB X ist ein Verwaltungsakt über eine Versichertenrente (Rentenbescheid) aufzuheben bzw. durch einen neuen Verwaltungsakt zu ersetzen, soweit eine wesentliche Änderung hinsichtlich Art oder Ausmaß der durch den Versicherungsfall bedingten Gesundheitsstörungen eingetreten ist. In § 73 Abs. 3 SGB VII wird näher definiert, ab welchem Ausmaß eine Änderung des Gesundheitsschadens wesentlich ist: Die Änderung muss mit einer um mehr als 5 v. H. höheren oder niedrigeren MdE zu bewerten sein. Da die MdE regelmäßig in 10er Graden angegeben wird (siehe Abschn. 3.5.1) bedeutet dies in der Praxis, dass eine um 10 v. H. höhere oder niedrigere MdE aufgrund der Veränderung des Gesundheitszustands indiziert sein muss. Während es bei einer Rente als vorläufige Entschädigung dabei auf die Dauer der Verschlimmerung oder Besserung der Unfall- oder BK-Folgen nicht ankommt (siehe Abschn. 3.5.2), wird bei einer Rente auf unbestimmte Zeit eine Änderung nur berücksichtigt, wenn der veränderte Zustand länger als 3 Monate andauert (§ 73 Abs. 3 SGB VII). Dagegen sind *regelmäßig* wiederkehrende Schwankungen der durch den Versicherungsfall verursachten Gesundheitsstörungen in dem Sinne zu berücksichtigen, dass der Zustand der Verschlechterung den Beurteilungsmaßstab bildet. Dies ist z. B. bei häufig rezidivierenden Hauterkrankungen zu beachten.

Im Hinblick auf die dargestellten Rechtsfolgen enthält der Gutachtenauftrag in der Regel die Frage, ob mit einer wesentlichen Änderung der Erkrankungsfolgen zu rechnen ist und wann dementsprechend eine Nachuntersuchung angezeigt ist (siehe den in Abschn. 4 behandelten Mustergutachtenauftrag bei der BK Nr. 5101). Die Beantwortung dieser Frage erfordert ein besonderes Erfahrungswissen.

Die gemeinsamen Empfehlungen der ABD und des HVBG zur Einschätzung der MdE bei Hauterkrankungen [11] sind zuletzt 1995 grundlegend geändert worden, um eine sachgerechtere Gewichtung der bei allergischen Kontaktekzemen maßgebenden Kriterien zu erreichen (siehe Abschn. 4.2.6). Da es sich bei den MdE-Empfehlungen wie oben dargelegt nicht um Rechtsnormen handelt, stellt deren Neufassung keine Änderung der rechtlichen Verhältnisse im Sinne des § 48 Abs. 1 SGB X dar [27]. Der Modifizierung des Beurteilungsmaßstabs, um den gesetzlichen Vorgaben des § 581 RVO (jetzt § 56 Abs. 2 SGB VII) besser Rechnung zu tragen, liegt auch keine Änderung der zu beurteilenden tatsächlichen Verhältnisse zu Grunde, so dass auf die früheren Empfehlungen gestützte Renten nicht nach § 48 Abs. 1 SGB X entzogen oder herabgesetzt werden dürfen, auch wenn nach den aktuellen Empfehlungen nur eine niedrigere oder keine rentenberechtigende MdE begründet ist. Der Versicherungsträger hat nur die Möglichkeit, den Zahlbetrag der Rente „einzufrieren" [28]. Dies führt nicht zu einem Verlust des Rentenanspruchs, der Rentenzahlbetrag wird aber von künftigen Erhöhungen in Folge von Rentenanpassungsvorschriften ausgenommen. Eine solche Entscheidung darf nach § 48 Abs. 3 SGB X nur getroffen werden, wenn erwiesen ist, dass die Voraussetzungen für eine MdE in der festgestellten Höhe zum Zeitpunkt der Entscheidung nicht vorgelegen haben. Bei nachträglichen Zweifeln an der Richtigkeit der MdE-Beurteilung wird daher an den medizinischen Sachverständigen die Frage gerichtet, ob bei Zugrundelegung der damaligen medizinischen Erkenntnisse die angenommenen BK-Folgen tatsächlich mit Wahrscheinlichkeit auf die anerkannte BK zurückzuführen sind und ob diese Gesundheitsstörungen klinisch-funktionelle Beeinträchtigungen entsprechend dem Grad der anerkannten MdE verursachen [28].

3.5.4 Höherbewertung der MdE wegen besonderer beruflicher Betroffenheit

Nach § 56 Abs. 2 SGB X sind bei der Bemessung der MdE Nachteile zu berücksichtigen, die die Versicherten dadurch erleiden, dass sie bestimmte von ihnen erworbene Kenntnisse und Erfahrungen nicht mehr oder nur noch in vermindertem Umfang nutzen können, soweit solche Nachteile nicht durch sonstige Fähigkeiten, deren Nutzung zumutbar ist, ausgeglichen werden. Schon unter der Geltung der entsprechenden Regelung in § 581 Abs. 2 RVO war anerkannt, dass es sich dabei um eine Ausnahmevorschrift von dem Prinzip der abstrakten Schadensbemessung handelt, die nur zum Tragen kommen sollte, wenn die Nichtberücksichtigung des ausgeübten Berufs unter den konkreten Umständen eine besondere Härte darstellen würde [29, 30]. Dieser Ausnahmecharakter trifft für die zitierte inhaltsgleiche Nachfolgeregelung in § 56 Abs. 2 SGB X ebenfalls zu. Die für die Feststellung einer solchen unbilligen Härte maßgebenden Kriterien, wie z. B. Grad der beruflichen Spezialisierung, Lebensalter, Entfremdung vom Arbeitsmarkt, Zumutbarkeit einer anderen Tätigkeit, betreffen den sozialen Status und sind daher nicht Gegenstand der Beweisfragen an den medizinischen Gutachter.

3.6 Unterlassungszwang

Bei einigen BK-Tatbeständen ist Voraussetzung für eine Anerkennung als Berufskrankheit, dass die Krankheit zur Unterlassung aller Tätigkeiten gezwungen hat, die für die Entstehung, die Verschlimmerung oder das Wiederaufleben der Krankheit ursächlich waren oder sein können (vgl. § 9 Abs. 1 Satz 2 SGB VII). Bei den Berufsdermatosen betrifft dies die BK Nr. 5101 (siehe Abschn. 3.1.2). Zur Erfüllung dieses Tatbestandmerkmals ist es weder erforderlich, dass der Versicherte eine als „Beruf" zu qualifizierende Beschäftigung ausgeübt hat, noch dass er seine bisherige Beschäftigung völlig aufgeben musste. Auch der Zwang zur Aufgabe einzelner Tätigkeiten ist ausreichend. Diese müssen dem Arbeitsplatz nicht das bestimmende Gepräge geben [31]. Maßgebend ist allein, ob objektiv, d. h. aus Sicht der medizinischen und technischen Sachverständigen, ein Unterlassungszwang besteht, nicht die Einschätzung des Versicherten. Ein Zwang zum Unterlassen der bisher ausgeübten hautbelastenden Tätigkeiten ist nur zu bejahen, wenn andere Möglichkeiten der Abhilfe nicht ausreichend oder nicht realisierbar sind. Ein Zwang zur Unterlassung von gefährdenden Tätigkeiten im Sinne der BK Nr. 5101 liegt nicht vor, wenn eine weitere schädigende Einwirkung allein durch geeignete Schutzmaßnahmen oder das Ersetzen eines gefährdenden Arbeitsstoffes vermieden werden kann (siehe auch den Muster-Gutachtenauftrag zur BK Nr. 5101 in Kap. 4 Frage 8). Die unter der Geltung des § 551 RVO zum Teil vertretene Auffassung, dass trotz einer Gefahrbeseitigung durch Schutzmaßnahmen eine BK nach Nr. 5101 anzuerkennen ist, wenn bereits Gesundheitsstörungen, vor allem in Form einer Hautallergie eingetreten sind, die mit einer MdE in rentenberechtigendem Grade zu bewerten wären [32, 33], ist seit Inkrafttreten des § 9 Abs. 1 SGB VII zum 1.1.1997 nicht mehr aufrecht zu halten. Die in § 9 Abs. 1 Satz 2 SGB VII erstmals ausdrücklich aufgenommene Ermächtigung für den Verordnungsgeber, eine Anrechnung als Berufskrankheit davon abhängig zu machen, dass die Krankheit zur Unterlassung aller gefährdenden Tätigkeiten geführt hat, enthält keine Einschränkung im Sinne der oben zitierten Rechtsprechung.

3.7 Voraussetzungen für Maßnahmen der Individualprävention nach § 3 Abs. 1 BKV

Nach § 3 Abs. 1 Satz 1 BKV hat der Träger der Unfallversicherung mit allen geeigneten Mitteln der Gefahr entgegenzuwirken, dass für einen Versicherten eine Berufskrankheit entsteht, wiederauflebt oder sich verschlimmert. Er hat, falls die Gefahr für den Versicherten nicht zu beseitigen ist, diesen aufzufordern, die gefährdende Tätigkeit zu unterlassen (§ 3 Abs. 1 Satz 2 BKV), und ihm für die dadurch entstehenden wirtschaftlichen Nachteile eine Übergangsleistung zu gewähren (§ 3 Abs. 2 Satz 1 BKV). Durch diese Regelung wird hinsichtlich der Berufskrankheiten die vorrangige Aufgabe der Unfallversicherung konkretisiert, mit allen geeigneten Mitteln für die Verhütung von Arbeitsunfällen und Berufskrankheiten zu sorgen [34, 35]. § 3 Abs. 1 BKV entspricht also dem Grundsatz **Prävention vor Rehabilitation**.

Praktisch relevant wird diese besondere Präventionsnorm vor allem im Zusammenhang mit der BK Nr. 5101. Eine beruflich verursachte (ggf. auch im Sinne der Verschlimmerung) Hautkrankheit kann als Berufskrankheit nur anerkannt werden, wenn weitere Voraussetzungen, die die Ausprägung der Krankheit und die Unterlassung von gefährdenden Tätigkeiten betreffen, erfüllt sind (siehe Abschn. 3.6 und nachfolgend Kap. 4). Sofern eine beruflich verursachte Erkrankung bereits vorliegt, diese aber – noch – nicht zum Unterlassen der gefährdenden Tätigkeit zwingt, ist die Gefahr des Eintritts der Berufskrankheit bei Fortsetzung der bisher ausgeübten gefährdenden Tätigkeit häufig zu bejahen. Entsprechendes gilt, wenn eine beruflich verursachte Krankheit noch nicht die in der BK-Liste geforderte besondere Ausprägung aufweist (z. B. Hauterkrankung, die noch nicht schwer oder wiederholt rückfällig i. S. v. Nr. 5101 ist). Eine konkrete Gefahr der Entstehung einer Berufskrankheit kann auch in folgenden Fällen gegeben sein: Das in einem BK-Tatbestand geforderte bestimmte Krankheitsbild ist zwar noch nicht – vollständig – erfüllt, es liegen aber bereits Krankheitssymptome vor, die nach medizinischer Erfahrung erwarten lassen, dass sich daraus das in dem BK-Tatbestand genannte Krankheitsbild entwickeln wird.

Beispiel: Durch Hautkontakt mit einem Berufsstoff entwickelt sich eine Sensibilisierung auf diesen Stoff. Diese Sensibilisierung stellt zwar noch keine Hautkrankheit im Sinne der Nr. 5101 dar. Aufgrund der schon eingetretenen Sensibilisierung ist bei dem Versicherten aber damit zu rechnen (= erhöhtes Risiko), dass sich bei wiederholtem Hautkontakt mit diesem Stoff ein allergisches Kontaktekzem entwickeln wird.

Der Gefahr der Entstehung, Verschlimmerung oder des Wiederauflebens einer Berufskrankheit ist mit allen geeigneten Mitteln entgegenzuwirken. Vorrangig sind dabei Maßnahmen, die dem Versicherten eine Fortsetzung der bisher ausgeübten Tätigkeit ermöglichen (siehe dazu die Erläuterungen zum Gutachtenauftrag bei der BK Nr. 5101 in Abschn. 4.2.5). Kann der Gefahr der Entstehung, Verschlimmerung oder des Wiederauflebens einer Berufskrankheit mit anderen Maßnahmen nicht begegnet werden, muss geprüft werden, in welchem Umfang eine Tätigkeitsaufgabe zu erfolgen hat, damit die Gefahr vollständig beseitigt ist. Für eine sachgerechte Beurteilung dieses Fragenkomplexes müssen vielfach Stellungnahmen des medizinischen und des technischen Sachverständigen zusammengeführt werden. In dem medizinischen Gutachten sollten daher klärungsbedürftige Fragen hinsichtlich der Durchführbarkeit von Abhilfemaßnahmen am Arbeitsplatz konkret bezeichnet werden.

4 Gutachtenauftrag zur BK Nr. 5101

Der gemeinsam mit den Empfehlungen zur Begutachtung von Berufskrankheiten nach BK 5101 veröffentlichte Muster-Gutachtenauftrag [36] hat in der Praxis weite Verbreitung gefunden. Nachfolgend werden anhand dieses Muster-Gutachtenauftrages die typischen Beweisfragen zur BK Nr. 5101 erläutert.

4.1 Muster-Gutachtenauftrag

1. Welche Erkrankungen der Haut haben Sie diagnostiziert?
2. Welche sonstigen auffälligen beurteilungsrelevanten Befunde haben Sie erhoben?
3. Welchen hautbelastenden Einwirkungen und welchen Allergeneinwirkungen war der Versicherte am Arbeitsplatz ausgesetzt?
4. Welchen hautbelastenden Einwirkungen und welchen Allergeneinwirkungen war der Versicherte außerberuflich ausgesetzt?
5. Welche der unter 1. genannten Erkrankungen sind durch die unter 3. genannten Einwirkungen im Sinne der Entstehung oder Verschlimmerung verursacht/ wesentlich mitverursacht worden?
   Im Falle der Verschlimmerung: Handelt es sich um eine vorübergehende oder dauerhafte (abgrenzbare oder richtungsgebende) Verschlimmerung?
6. War die Hauterkrankung schwer im Sinne der Nr. 5101 der Anlage 1 zur BKV?
7. War die Hauterkrankung wiederholt rückfällig im Sinne der Nr. 5101 zur BKV?
8. Sofern ein Ursachenzusammenhang besteht und Frage 5 oder 6 bejaht wird: Besteht bzw. bestand aufgrund der berufsbedingten Hauterkrankung ein Zwang zur Unterlassung von Tätigkeiten, die für die Entstehung, die Verschlimmerung oder das Wiederaufleben dieser Erkrankung ursächlich waren oder sein können? Bitte legen Sie dar, welche gefährdenden Tätigkeiten zwingend zu unterlassen sind bzw. waren, weil andere Maßnahmen im Sinne von Ziff. 10.2 für einen Schutz vor weiteren Hautschädigungen nicht ausreichen.
9. Sofern es sich um eine Berufskrankheit handelt:
9.1 Welche Folgen der beruflich bedingten Erkrankung liegen vor?
9.2 Welche Krankheitserscheinungen bestehen unabhängig von der berufsbedingten Hauterkrankung?
9.3 In welchem Grade ist die Erwerbsfähigkeit ab Aufgabe der schädigenden Tätigkeit durch die Hauterkrankung gemindert? Bitte benutzen Sie zur MdE-Einschätzung die beiliegende Empfehlungstabelle.
9.4 Ist mit einer wesentlichen Änderung der Erkrankungsfolgen zu rechnen und wann ist eine Nachuntersuchung angezeigt?
10. Sofern die Voraussetzungen für eine Berufskrankheit nach Nr. 5101 der Anlage 1 zur BKV nicht erfüllt sind:
10.1 Besteht bzw. bestand aufgrund der von Ihnen erhobenen Befunde im Falle einer Fortsetzung der Tätigkeit als (zuletzt ausgeübte Tätigkeit) die konkrete Gefahr der Entstehung einer solchen Berufskrankheit?
10.2 Welche Maßnahmen zur Beseitigung dieser Gefahr sind erforderlich:
   a) Geeigneter Körperschutz/Arbeitsschutzmaßnahmen
      Welcher Hautschutz?
      Welche Handschuhe?
   b) Sanierung/Überprüfung des Arbeitsplatzes (Aufsichtsdienst)

c) Hautärztliche Heilbehandlung
d) Stationäres Heilverfahren
e) Unterlassung der gefährdenden Tätigkeiten, da die Gefahr nicht anders zu beseitigen ist (bitte die zu unterlassenden Tätigkeiten genau bezeichnen).

4.2 Erläuterungen zu den Beweisfragen

4.2.1 Befunderhebung und Diagnose (Fragen 1 und 2)

Die Bestimmung des Begriffs „Hautkrankheiten" orientiert sich nicht am medizinisch-wissenschaftlichen Sprachgebrauch, sondern am Schutzzweck der Nr. 5101. Dieser liegt im Schutz gegen die Folgen äußerlich wirkender schädigender Einflüsse auf die Deckschicht des Körpers: Die Bindehaut wird mit erfasst [37]. Entsprechendes muss auch für solche Bereiche der Schleimhaut gelten, die in vergleichbarer Weise äußeren Einwirkungen unmittelbar ausgesetzt sind. Keine Hauterkrankungen im Sinne der BKV sind Veränderungen der Haut aufgrund grob mechanischer oder chemischer Einwirkungen auf das Gewebe, die keine spezifischen Reaktionen des Hautorgans hervorgerufen haben (z.B. Schnitt-Stichverletzungen, Verbrennungen, Verätzungen). Insoweit kommt nur eine Entschädigung als Arbeitsunfall in Frage (siehe Abschn. 3.1.1).

Eine Anerkennung als Berufskrankheit nach der BK Nr. 5101 kann erst erfolgen, wenn Hauterscheinungen tatsächlich vorliegen und eine versicherte Tätigkeit dafür ursächlich ist. Die bloße Bereitschaft zur Entwicklung von Hauterscheinungen infolge einer beruflich erworbenen Sensibilisierung kann eine BK-Anerkennung dagegen nicht begründen. Präventionsmaßnahmen zur Verhinderung des Entstehens einer Berufskrankheit gemäß 3 BKV kommen aber auch in diesem Stadium schon in Betracht (siehe Abschn. 3.7).

Von besonderer Bedeutung ist eine Differenzierung des Krankheitsbildes bei Kontaktekzemen. Erforderlich ist eine eingehende Auseinandersetzung mit der Frage, ob es sich tatsächlich um ein allergisches Kontaktekzem oder um ein Zusammentreffen eines Abnutzungsekzems mit einer bisher klinisch stummen Berufsstoff-Sensibilisierung handelt [38].

4.2.2 Gefährdende Einwirkungen (Fragen 3 und 4)

Auf der Grundlage der vom Unfallversicherungsträger durchgeführten Ermittlungen ist im medizinischen Gutachten die Frage zu beantworten, welchen für die diagnostizierte Erkrankung relevanten hautschädigenden Einwirkungen der Versicherte ausgesetzt war. Entsprechendes gilt für außerberufliche Einwirkungen. Eine vollständige Erfassung aller hautschädigenden Einwirkungen ist auch für die Entscheidung, inwieweit ein Zwang zum Unterlassen von Tätigkeiten besteht (siehe die Erläuterungen zu Frage 8 „Unterlassungszwang") eine unerlässliche Voraussetzung.

4.2.3 Medizinische Beurteilung des Ursachenzusammenhangs (Frage 5)

Zu den für die Beurteilung des Ursachenzusammenhangs maßgeblichen Kriterien und Beweisanforderungen wird zunächst auf die Abschnitte 3.3 und 3.4 verwiesen. Speziell im Hinblick auf die BK Nr. 5101 ist dazu anzumerken:

Der Umstand, dass eine Hauterkrankung einerseits zwar durch berufliche Einflüsse ausgelöst wurde, andererseits eine außerberuflich erworbene Sensibilisierung oder eine ausgeprägte Atopie eine notwendige Vorbedingung für die Auslösung der Hauterscheinungen war, steht einer Bewertung der schädlichen beruflichen Einflüsse als rechtlich wesentliche (Mit-)Ursache für das Kontaktekzem grundsätzlich nicht entgegen. Schädliche berufsbedingte Einflüsse, die eine Hauterkrankung auslösen, dürfen nur dann als rechtlich nicht wesentliche Mitursache gewertet werden, wenn sie sich als so genannte Gelegenheitsursache darstellen. Dies ist nur der Fall, wenn die außerberuflichen, die Erkrankung begünstigenden Faktoren, wie z.B. eine anlagebedingte Atopie, so ausgeprägt waren, dass jederzeit auch durch andere Einflüsse des täglichen Lebens mit einem vergleichbaren Aufflackern der Hauterkrankung zu rechnen war (siehe Abschn. 3.2).

Daraus ergibt sich für die Beurteilung des Ursachenzusammenhangs bei Hauterkrankungen, dass dem individuellen Erkrankungsverlauf eine maßgebliche Bedeutung zukommt. Sofern Entstehung und Abheilung der Erkrankungserscheinungen mit dem Wirksamwerden bzw. Entfallen beruflicher Hautbelastungen (z.B. bei längerer Arbeitsunfähigkeit oder während des Urlaubs oder an Wochenenden) zeitlich korrespondieren, ist eine Qualifizierung der schädigenden beruflichen Einflüsse als rechtlich nicht wesentliche Gelegenheitsursache nur dann nachvollziehbar, wenn es dafür im Einzelfall besondere medizinische Gründe gibt, wie z.B. die Lokalisation oder die Morphe der Hauterkrankung.

Zusammengefasst sind folgende Kriterien bei der Beurteilung, ob berufliche hautbelastende Einwirkungen trotz konkurrierender anlagebedingter Faktoren als rechtlich wesentliche (Mit-)Ursache bei der Entstehung/Verschlimmerung einer Hauterkrankung zu werten sind, von besonderer Bedeutung:
- Art und Intensität der beruflichen Einwirkungen;
- Relevanz berufsspezifischer Sensibilisierungen für das Erkrankungsgeschehen;
- Schwerpunkt der Lokalisation der Hauterscheinungen;
- Erkrankungsverlauf vor, während und nach Beendigung der gefährdenden Tätigkeit bzw. in belastungsfreien Intervallen.

Als Fallgruppen der berufsbedingten **Entstehung** (zu den Begriffen „Entstehung" und „Verschlimmerung" siehe Abschn. 3.3) einer Hauterkrankung sind beispielhaft zu nennen:
- toxisch-degenerative Ekzeme, sofern die schädigenden Einwirkungen erst mit der Aufnahme der beruflichen Tätigkeit eingesetzt haben;
- allergische Kontaktekzeme, die erstmals durch Kontakte mit dem auslösenden Allergen bei der versicherten Tätigkeit in Erscheinung getreten sind.

Um **Verschlimmerungen** handelt es sich dagegen in folgenden Fällen:

- wesentliche Verstärkung vorberuflich schon festgestellter Hauterscheinungen durch berufsbedingte toxisch-degenerative Einwirkungen;
- wesentliche Verstärkung eines vorbestehenden außerberuflich erworbenen Kontaktekzems durch berufsbedingten erneuten Kontakt mit demselben Allergen;
- Aufpfropfsensibilisierung gegenüber einem Berufsstoff und dadurch bedingte verstärkte Hauterscheinungen bei außerberuflich erworbenem allergischen Kontaktekzem.

In jenen Fällen, in denen für ein erstmals während der Berufstätigkeit aufgetretenes Kontaktekzem einerseits eine atopische Disposition und andererseits zusätzliche schädigende berufliche Einwirkungen als ursächlich anzusehen sind, handelt es sich nicht um einen Fall der Verschlimmerung, sondern um die Verursachung einer berufsbedingten Hauterkrankung im Sinne der Entstehung auf dem Boden einer anlagebedingten Prädisposition.

4.2.4 Schwere oder wiederholt rückfällige Hauterkrankungen (Fragen 6 und 7)

Es reicht aus, wenn die Erkrankung alternativ als schwer oder als wiederholt rückfällig zu qualifizieren ist.

Kriterien für das Merkmal der Schwere der Erkrankung sind:
a) Klinisches Bild (z.B. flächenhafte Ausbreitung, Entstellungen, Schmerzen, schlechte Heilungstendenz). Die Beurteilung, ob eine Erkrankung wegen ihres klinischen Bildes als schwer anzusehen ist, obliegt primär dem Sachverständigen. Als Anhaltspunkt für die Bejahung der „Schwere" kann auf die Grundsätze zur Bewertung der MdE zurückgegriffen werden. Hauterscheinungen, die eine messbare MdE nach den einschlägigen Empfehlungen rechtfertigen (siehe Abschn. 3.5.1 und nachfolgend 4.2.5) sind auch als klinisch schwer zu bezeichnen.
b) Verlauf (insbesondere Dauer) der Erkrankung. Bei einer klinisch nicht schweren Hauterkrankung kann das Merkmal der Schwere durch die Dauer der Behandlungsbedürftigkeit erfüllt werden. I.d.R. ist eine ununterbrochene Behandlungsbedürftigkeit

von etwa sechs Monaten erforderlich [39]. Von einer ununterbrochenen Behandlungsbedürftigkeit kann nur gesprochen werden, wenn mit Regelmäßigkeit während des fraglichen Zeitraums eine ärztliche Behandlung stattgefunden hat. Der Sechs-Monats-Zeitraum ist kein starrer Rahmen. Bei nur geringen Hauterscheinungen oder einer nur geringen Verschlimmerung kommt ein längerer Zeitraum als Maßstab in Frage. Es ist daher notwendig, dass der Gutachter das Ausmaß der berufsbedingten entstandenen bzw. verschlimmerten Hauterscheinungen beschreibt.

Nach dem Merkblatt für die ärztliche Untersuchung bei der BK Nr. 5101 [40] ist für die Beurteilung der „Schwere" auch die Ausprägung einer beruflich verursachten Allergie heranzuziehen. Unter diesem Gesichtspunkt ist das Merkmal der „Schwere" zu bejahen, wenn
- die klinische Relevanz einer Sensibilisierung anamnestisch und klinisch gesichert ist und
- der Betroffene durch die Allergie entweder wegen der besonderen Ausprägung der allergischen Reaktionen oder wegen der Verbreitung der Allergene in krankheitsauslösender Form im Allgemeinen Arbeitsleben besonders beeinträchtigt ist. Als Anhaltspunkt kann insoweit vergleichbar wie bei der klinischen Bewertung der „Schwere" darauf abgestellt werden, ob der Zustand nach den einschlägigen Empfehlungen mit einer messbaren MdE, d.h. mindestens 10 v.H. zu bewerten wäre [31].

Das alternative Tatbestandsmerkmal der wiederholten Rückfälligkeit setzt begrifflich mindestens drei gleichartige Krankheitsschübe, d.h. den zweiten Rückfall voraus. Es bedarf einer weitgehenden Besserung oder Abheilung der vorherigen Hauterscheinungen, d.h. es darf für einen relevanten Zeitraum keine Behandlungsbedürftigkeit und keine Arbeitsunfähigkeit wegen der Hauterkrankung bestanden haben (i.d.R. dürfte ein Zeitraum von mindestens einem Monat zu fordern sein, um von einer Abheilung zu sprechen). Andererseits muss es sich bei den folgenden Krankheitsschüben medizinisch um Rezidive der früheren Hauterkrankung handeln. Aus dem Gutachten muss sich also ergeben, ob die Erkrankungsschübe miteinander in Zusammenhang stehen, z.B. auf dieselbe epidermale Überempfindlichkeit zurückzuführen sind.

4.2.5 Unterlassungszwang (Frage 8)

Zu den allgemeinen Voraussetzungen dieses Merkmals wird auf die Ausführungen oben bei 3.6 verwiesen. Im Einzelfall sind durch den medizinischem Sachverständigen, ggf. in Zusammenarbeit mit einem technischen Experten, folgende Fragen zu erörtern:

Bei welchen Arbeitsvorgängen ist der Versicherte den hautschädigenden Einwirkungen/allergisierenden Stoffen in relevantem Umfang ausgesetzt?

Welche der Tätigkeiten können weiter ausgeübt werden, wenn andere Möglichkeiten der Gefahrbeseitigung ausgeschöpft werden?

Als geeignete Maßnahmen kommen dabei grundsätzlich in Betracht:
- Persönliche Schutzmaßnahmen (geeignete Handschuhe, sonstiger Hautschutz); diese sollten möglichst genau bezeichnet werden.
- Beratung/Unterweisung über hautschonende Arbeitsweise.
- Überprüfung des Arbeitsplatzes durch den Technischen Aufsichtsdienst, ggf. technische/organisatorische Änderungen.
- ambulante hautärztliche Heilbehandlung oder stationäre Heilverfahren.

Bei der Prüfung, ob die in Frage kommenden Maßnahmen zur Individualprävention bereits ausgeschöpft wurden, müssen die aktuellen Erkenntnisse über die Erfolgsaussichten spezieller Präventionsprogramme berücksichtigt werden. Gute Erfolge bei der beruflichen Wiedereingliederung von hautkranken Versicherten können erzielt werden durch ambulante berufsspezifische Maßnahmeprogramme, die folgende Elemente beinhalten:
- Spezielle Einzelberatungen und Kleingruppenseminare bezüglich geeigneter Hautschutzmaßnahmen.
- Individuelles Training hautschonenden Arbeitens unter Anwendung optimierter Schutzmaßnahmen.
- Engmaschige hautfachärztliche Behandlung und Beratung [41].

Sofern ein solches ambulantes Programm für den Beruf des Versicherten nicht angeboten wird oder eine ambulante hautärztliche Behandlung im Einzelfall nicht ausreichend ist, können darüber hinaus spezielle stationäre bzw. teilstationäre Maßnahmeprogramme in Betracht kommen, die neben einer intensivierten berufsdermatologischen Behandlung und Beratung auch die vorgenannten gesundheitspädagogischen Elemente beinhalten [42]. Mit Hilfe eines so gestuften Präventions- und Rehabilitationsprogramms konnte die Quote der notwendigen Tätigkeitsaufgaben bei hauterkrankten Versicherten der Berufsgenossenschaft für Gesundheitsdienst und Wohlfahrtspflege deutlich gesenkt werden [41].

4.2.6 MdE (Fragen 9.1, 9.2, 9.3, 9.4)

Auf die allgemeinen Erläuterungen zu dem Rechtsbegriff der Minderung der Erwerbsfähigkeit in Abschn. 3.5 wird zunächst verwiesen. Bei berufsbedingten Hauterkrankungen wird der Grad der MdE nicht nur von den verbliebenen Hauterscheinungen bestimmt, sondern auch durch Art und Ausmaß etwaiger beruflich verursachter oder beruflich wesentlich verschlimmerter Sensibilisierungen. Eine MdE in rentenberechtigendem Grade (20%) kann sich sogar allein aus dem Fortbestehen einer beruflich verursachten Allergie nach Abheilung der Hauterscheinungen ergeben, sofern Umfang und Intensität der Allergie entsprechend ausgeprägt sind [43]. Der objektive Zwang zur Aufgabe der gefährdenden Tätigkeiten begründet als solcher keine MdE in rentenberechtigendem Grade, vielmehr sind dafür wie bei anderen Berufskrankheiten Art und Ausmaß der Gesundheitsstörungen maßgeblich [44]. Dementsprechend berührt es den Rentenanspruch nicht, wenn der Versicherte unmittelbar nach Aufgabe der gefährdenden Tätigkeit oder nach erfolgreicher Berufshilfe eine sozial und wirtschaftlich gleichwertige Erwerbsmöglichkeit findet. Unerheblich für den Fortbestand einer MdE in rentenberechtigendem Grade ist auch ein endgültiges Ausscheiden aus dem Erwerbsleben aus erkrankungsunabhängigen Gründen [45].

Die medizinischen Kriterien zur Einschätzung der MdE bei der BK Nr. 5101 sind grundsätzlich den 1995 veröffentlichten gemeinsamen Empfehlungen der Arbeitsgemeinschaft für Berufs- und Umweltdermatologie der Deutschen Dermatologischen Gesellschaft sowie der Träger der gesetzlichen Unfallversicherung [11] zu entnehmen (siehe Frage 9.3 des Mustergutachtenauftrags und die Erläuterungen oben in Abschn. 3.5.1).

Kernstück dieser Empfehlungen ist die nachfolgend dargestellte MdE-Tabelle nebst Definitionen:

Ausmaß der Hauterscheinungen, auch nach irritativer Schädigung				
Auswirkungen einer Allergie*	keine 0%	leicht 10%	mittel 20%	schwer 25%
■ keine	0%	10%	20%	25%
■ geringgradig	0%	10%	20%	25%
■ mittelgradig	10%	15%	25%	30%
■ schwerwiegend	20%	20%	30%	≥30%

Definitionen

Waagerechte Spalte – Hauterscheinungen

Leicht
- Hauterscheinungen, die bis zu 3× pro Jahr auftreten und bei adäquater Therapie schnell wieder abheilen. Gering lichenifizierte oder gering atrophische Haut als Folgezustand eines langwierigen beruflichen Ekzems oder nach Corticosteroidbehandlung.
- Unverträglichkeit intensiver sonstiger (irritativer, toxischer etc.) Hautbelastung.

Mittel
- Häufig auftretende Rezidive. Krankheitsschübe, die trotz adäquater Therapie mehrere Wochen bestehen. Lichenifizierte oder dünne, leicht vulnerable Haut als Folgezustand eines langwierigen beruflichen Ekzems oder nach Corticosteroidbehandlung.
- Unverträglichkeit mäßiger sonstiger Hautbelastung.

Schwer
- Ausgedehnte Krankheitsschübe oder dauernd bestehende Hauterscheinungen mit Rhagaden, Lichenifikation oder Superinfektion.
- Unverträglichkeit schon geringer sonstiger Hautbelastung.

Senkrechte Spalte – Auswirkungen einer Allergie

Geringgradig
Einzelner Berufsstoff wenig verbreitet auf dem allgemeinen Arbeitsmarkt.

Mittelgradig
Einzelner Berufsstoff weit verbreitet oder mehrere Berufsstoffe gering verbreitet auf dem allgemeinen Arbeitsmarkt, bzw. einzelner Berufsstoff wenig verbreitet bei klinisch besonders intensiver Sensibilisierung.

Schwerwiegende
Mehrere Berufsstoffe weit verbreitet, einzelner Berufsstoff sehr weit verbreitet auf dem allgemeinen Arbeitsmarkt auch mit Berücksichtigung möglicher Kreuzallergien und/oder bei klinisch besonders intensiver Sensibilisierung.

Erläuterungen.

Die waagerechte Spalte betrifft die Einschätzung der MdE nach Maßgabe der Hauterscheinungen. Dieser Tabellenteil kann unabhängig davon angewendet werden, ob es sich um ein allergisches Kontaktekzem oder um eine chemisch-irritative Hautschädigung handelt. Nicht nur sichtbare „Hauterscheinungen" sind dabei zu erfassen, sondern alle objektivierbaren Einschränkungen der Belastbarkeit des Hautorgans, sofern der Kausalzusammenhang mit hautschädigenden Einwirkungen bei einer versicherten Tätigkeit zu bejahen ist.

Bei allergischen Hauterkrankungen wird in der senkrechten Spalte eine Beaufschlagung des aus der waagerechten Spalte ermittelten MdE-Grades vorgenommen. Dabei werden gemäß den die Punkttabelle ergänzenden Definitionen die Auswirkungen der Allergie auf den Grad der MdE nach dem Umfang der Sensibilisierungen sowie nach der Verbreitung des jeweiligen Allergens auf dem allgemeinen Arbeitsmarkt bemessen. Darüber hinaus führt eine nachgewiesene besonders ausgeprägte klinische Relevanz einer Sensibilisierung zu einer Höherbewertung der Auswirkungen der Allergie.

In einem Urteil aus dem Jahre 1992 hat das Bundessozialgericht nochmals bestätigt, dass zu jedem der – nach den gemeinsamen Empfehlungen aus dem Jahr 1987 – maßgebenden drei Kriterien der MdE-Tabelle tatsächliche Feststellungen getroffen werden müssen und dass dazu im Regelfall die Stellungnahme eines medizinischen Sachverständigen vorliegen muss [46]. Diese Forderung ist bei der Anwendung der aktuellen Empfehlungen gleichermaßen zu beachten. Insbesondere ist nach wie vor die Forderung des BSG aktuell, wonach konkrete Feststellungen auch zu dem Kriterium „Verbreitung der Allergene in krankheitsauslösender Form auf dem Arbeitsmarkt" getroffen werden müssen. Die Bemühungen um eine Objektivierung dieses Kriteriums mit Hilfe von statistischen Daten [47] werden also fortzusetzen sein.

4.2.7 Voraussetzungen für Maßnahmen der Individualprävention bei der BK Nr. 5101 (Fragen 10.1, 10.2, 10.3)

Die typischen Fallkonstellationen, in denen die Voraussetzungen für Maßnahmen der Individualprävention nach § 3 Abs. 1 BKV im

Zusammenhang mit der BK Nr. 5101 erfüllt sind, wurden bereits oben in Abschn. 3.5.6 beschrieben. Gerade im Zusammenhang mit der BK Nr. 5101 ist die Abstufung von Gefahrbeseitigungsmaßnahmen nach § 3 Abs. 1 Satz 1 BKV einerseits und § 3 Abs. 1 Satz 2 andererseits besonders zu beachten. Erläuterungen zu den in Frage kommenden Maßnahmen der Individualprävention, die im Sinne des § 3 Abs. 1 Satz 1 BKV geeignet sind, dem Versicherten eine Fortsetzung der bisher ausgeübten, mit Hautbelastungen verbundenen Tätigkeit zu ermöglichen, enthalten die vorangegangenen Ausführungen zum Unterlassungszwang bei der BK Nr. 5101 (Abschn. 4.2.5). Ebenso wie bei dem für die Anerkennung als Berufskrankheit relevanten Merkmal des Unterlassungszwangs kommt es auch für die Bejahung einer nicht anders abwendbaren Gefahr im Sinne des § 3 Abs. 1 Satz 2 BKV (siehe Frage 10.3 Buchstabe f) im Muster-Gutachtenauftrag) darauf an, dass arbeitsplatzbezogene Maßnahmen der Individualprävention zuvor ohne ausreichenden Erfolg unternommen wurden oder aufgrund besonderer Umstände des Einzelfalls keinen Erfolg versprechen. Der letztgenannte Ausnahmefall bedarf im Gutachten einer eingehenden Begründung (z. B. eine besonders ausgeprägte Typ 1-Sensibilisierung mit Haut- und Atemwegssymptomen, wenn das Allergen nicht sicher gemieden werden kann).

5 Begutachtung von Hautkrebserkrankungen im Zusammenhang mit UV-Licht-Expositionen

Das Ansteigen von Hautkrebserkrankungen in der allgemeinen Bevölkerung [48] gibt auch der Frage, ob und unter welchen Voraussetzungen eine durch UV-Licht induzierte Hautkrebserkrankung als oder wie eine Berufskrankheit anzuerkennen ist, eine zunehmende Bedeutung. Sinnvollerweise ist diese Diskussion von vornherein auf solche Berufszweige bzw. Tätigkeiten zu fokussieren, bei denen Versicherte aufgrund besonderer Arbeitsbedingungen in erhöhtem Umfang UV-Licht exponiert sind. Insoweit werden vor allem die sog. Outdoor-Arbeiten genannt [49] (z. B. Berufe in der Landwirtschaft, in der Fischerei und in der Binnenschifffahrt und Seefahrt, Hochbauarbeiten und andere Montagearbeiten im Freien und Straßenbauarbeiten). Problematisiert werden aber auch sog. Indoor-Arbeiten mit UV-Licht-Exposition (z. B. Schweißarbeiten, Entkeimung von Lebensmitteln und Verpackungsmaterialien, Werkstoffprüfungen) [50].

Nach der BK Nr. 5102 können Hautkrebserkrankungen oder zur Krebsbildung neigende Hautveränderungen nur bei einer Verursachung durch Ruß, Rohparaffin, Teer, Anthrazen, Pech oder ähnliche Stoffe als Berufskrankheit anerkannt werden. „Ähnliche Stoffe" sind solche mit ähnlicher biologischer Wirkung wie die ausdrücklich genannten [51]. UV-Licht-Expositionen können wegen der Unvergleichbarkeit unter den Begriff der ähnlichen Stoffe subsummiert werden. Da die BKV in Gestalt der Nr. 5102 einen gesonderten Tatbestand für Hautkrebserkrankungen enthält, ist es aus systematischen Gründen ausgeschlossen, eine Hautkrebserkrankung unter dem Allgemeintatbestand der Nr. 5101 zu erfassen, sofern die speziellen Expositionsvoraussetzungen der Nr. 5102 nicht erfüllt sind. Da die Exposition UV-Licht auch in keinem anderen BK-Tatbestand der Anlage zur BKV genannt wird (insbesondere können nach der BK 2402 nur Hautkrebserkrankungen bei Induzierung durch ionisierende Strahlen anerkannt werden; siehe Abschn. 3.1.2) ist festzuhalten, dass UV-Licht-induzierte Hautkrebserkrankungen in der geltenden BK-Liste nicht zugeordnet werden können [52]. Zusammenhangsgutachten in derartigen Fällen beziehen sich daher auf die Voraussetzungen für eine Anerkennung im Einzelfall „wie eine Berufskrankheit" nach § 9 Abs. 2 SGB VII. Die Bedeutung und die grundsätzlichen Voraussetzungen für eine Anwendung dieser Regelung sind oben in Abschn. 3.1.3 beschrieben. Es ergeben sich danach folgende Fragen an den Sachverständigen:

a) Generelle Eignung von UV-Licht-Einwirkungen zur Verursachung von Hautkrebserkrankungen

Dem medizinischen Schrifttum ist zu entnehmen, dass diese Frage grundsätzlich zu bejahen ist.

Aufgrund der Erkenntnisse über die biologische Wirkung des UV-Lichts wird sowohl eine Tumor-induzierende als auch eine Tumor-promovierende Wirkung angenommen [49, 50, 53]. Darüber hinaus wird auf epidemiologische Erkenntnisse verwiesen, die eine Dosis-Wirkungs-Beziehung aufzeigen [53]. Für eine überzeugende medizinische Begutachtung ist es wichtig, dass dabei alle gesicherten wissenschaftlichen Erkenntnisse, die eine Differenzierung zwischen verschiedenen Formen von malignen Hauttumoren erlauben [53], berücksichtigt und auf den Einzelfall angewendet werden.

b) Zugehörigkeit des Betroffenen zu einer beruflich erhöht exponierten Personengruppe

Wie oben ausgeführt kann bei Hautkrebserkrankungen die Wahrscheinlichkeit eines Ursachenzusammenhangs mit einer beruflichen UV-Licht-Exposition nur dann begründet dargelegt werden, wenn der Betroffene aufgrund seiner versicherten Tätigkeit nach Intensität und Dauer einer gegenüber der Allgemeinbevölkerung deutlich erhöhten UV-Licht-Einwirkung ausgesetzt war. Der auch in § 9 Abs. 2 SGB VII für eine Anerkennung „wie eine Berufskrankheit" geforderte generelle Nachweis eines berufsgruppenspezifisch bzw. tätigkeitsspezifisch erhöhten Erkrankungsrisikos ist also bei den hier zur Diskussion stehenden Hautkrebserkrankungen zugleich eine unerlässliche Voraussetzung für den individuellen Nachweis eines wahrscheinlichen Ursachenzusammenhangs. Selbst wenn Hautkrebserkrankungen durch UV-Licht entgegen den obigen Ausführungen unter einen Tatbestand der BK-Liste subsummiert werden könnten, müsste ein tätigkeitsspezifisch erhöhtes Erkrankungsrisiko aufgrund erhöhter Exposition nachgewiesen werden, da sonstige Kriterien für eine individuelle Kausalitätsprüfung vergleichbar anderen Hauterkrankungen (siehe oben Abschn. 4.2.3) bei diesen Erkrankungen nur bedingt zur Ursachenklärung herangezogen werden können (Rückschlüsse können im Einzelfall die Lokalisation und der zeitliche Ablauf erlauben).

Da die Aussage über die Wahrscheinlichkeit des Ursachenzusammenhangs im Wesentlichen auf ein erhöhtes Erkrankungsrisiko infolge der Einwirkung gestützt werden soll, ergibt sich daraus eine Konkretisierung der durch epidemiologische Erkenntnisse nachzuweisende Risikoerhöhung. In Ermangelung differenzierterer epidemiologischer Kriterien ist grundsätzlich mindestens eine Verdopplung des einwirkungsassoziierten Erkrankungsrisikos zu fordern (zur Problematik des Verdopplungsrisikos vgl. [54] und [55]). Unter Heranziehung gesicherter epidemiologischer Erkenntnisse ist somit zu prüfen, ob für die im Einzelfall nach der Intensität und Dauer nachgewiesene berufliche UV-Licht-Exposition ein relatives Risiko (RR) ≥ 2 anzunehmen ist (vgl. die Nachweise bei [53]).

c) Wahrscheinlichkeit des Ursachenzusammenhangs im Einzelfall

Im Rahmen der an die Prüfung der Frage zu b) anschließenden individuellen Kausalitätsprüfung (siehe Abschn. 3.1.3) muss noch der Frage nachgegangen werden, ob der Betroffene im Einzelfall auch im unversicherten Lebensbereich aufgrund seiner Lebensgewohnheiten einem erhöhten Hautkrebserkrankungsrisiko ausgesetzt war [53]. Dies kann im Einzelfall dazu führen, dass trotz eines grundsätzlich in ausreichendem Maße infolge der versicherten Tätigkeit erhöhten Erkrankungsrisikos eine berufliche Verursachung nicht wahrscheinlich zu machen ist. Die Verursachungsrisiken aus dem versicherten und dem unversicherten Lebensbereich müssen insoweit gegeneinander argumentativ abgewogen werden.

Die geschilderte methodische Vorgehensweise entspricht der solche Fallkonstellationen betreffenden speziellen Beweisführungsregelung des § 9 Abs. 3 SGB VII.

> Erkranken Versicherte, die infolge der besonderen Bedingungen ihrer versicherten Tätigkeit in erhöhtem Maße der Gefahr der Erkrankung an einer in der Rechtsverordnung nach Absatz 1 genannten Berufskrankheit ausgesetzt waren, an einer solchen Krankheit und können Anhaltspunkte für eine Verursachung außerhalb der versicherten Tätigkeit nicht festgestellt werden, wird vermutet, dass diese infolge der versicherten Tätigkeit verursacht worden ist.

Literatur zu II, 1–5

1. Vgl. z. B. Bundesgerichtshof, Urt. v. 18.12.1973, NJW 1974, 312/314
2. Gitter W (1987) Die Funktion des Sachverständigen im Licht des Sozialrechts, SGb 1987, 358
3. Empfehlungen der Unfallversicherungsträger zur Begutachtung bei Berufskrankheiten; zu beziehen beim Hauptverband der gewerblichen Berufsgenossenschaften; Veröffentlichung in Vorbereitung
4. Krasney OE (1987) Bestellung, Gutachtenerstellung und Auswertung des Gutachtens, SGb 1987, 381
5. Hennies G (1997) Allgemeine Rechtsgrundlagen der medizinischen Begutachtung. In: Marx HH (Hrsg) Medizinische Begutachtung, 7. neubearbeitete Aufl. Thieme, Stuttgart, S 17
6. BGBl. I 1990, S. 2847
7. Damrau J (1992) In: Lühe G, Welchshöfer A (Hrsg) Münchener Kommentar zur Zivilprozessordnung, Beck München, § 404a ZPO Anm. 5
8. Bonnermann R (1995) Der ärztliche Sachverständige und das Rechtspflege-Vereinfachungsgesetz – Auswirkungen auf die gesetzliche Unfallversicherung. In: Hierholzer G, Kunze G, Peters D (Hrsg) Gutachtenkolloquium 10. Springer, Heidelberg
9. Brandenburg S, Schwanitz HJ, John SM (1999) Empfehlungen für die Begutachtung von Berufskrankheiten nach BK 5101. Dermatosen 47, S 109
10. Bundessozialgericht, Beschluss v. 19.3.1996, 2 BU 161/95, HVBG-Info 12/1996, 2214
11. Empfehlungen für die Einschätzung der MdE bei Berufskrankheiten der Haut nach Nr. 5101 der Anlage 1 zur BeKV, Rundschreiben des Hauptverbandes der gewerblichen Berufsgenossenschaften vom 27.7.1995, VB 72/95
12. Hartmann P (2002) In: Baumbach A, Lauterbach W, Albers J, Hartmann P, Zivilprozessordnung. Beck München, § 407, Anm. 5
13. Begründung der Bundesregierung, BT-Drs. 13/4853
14. Bundesversicherungsamt Jahresbericht 2000: zu § 200 II SGB VII
15. Kranig A (1997) In: Hauck K, Noftz W (Hrsg) Gesetzliche Unfallversicherung, Kommentar, Band 2. Erich Schmidt Verlag, Berlin, § 200, Anm. 11
16. Noeske – Franz, Erläuterungen zum Vertrag Ärzte/Unfallversicherungsträger zwischen dem Hauptverband der gewerblichen Berufsgenossenschaften, dem Bundesverband der landwirtschaftlichen Berufsgenossenschaften, dem Bundesverband der Unfallkassen einerseits und der Kassenärztlichen Bundesvereinigung andererseits über die Durchführung der Heilbehandlung, die Vergütung der Ärzte sowie die Art und Weise der Abrechnung der ärztlichen Leistungen (Vertrag Ärzte/Unfallversicherungsträger), gültig ab 1. Mai 2001, Verlag L. Düringshofen, Berlin
17. Verwaltungsausschuss „Rechtsfragen der Unfallversicherung" beim Hauptverband der gewerblichen Berufsgenossenschaften. Die Berufsgenossenschaft 2000, 481
18. Berufskrankheitenverordnung (BKV) in der Fassung vom 31.10.1997, BGBl. I, 2623
19. BSG, Urteil v. 27.10.1987, SozR 2200 Nr. 10 zu § 581 RVO
20. BSG, Urteil v. 16.2.1971 – 1 RA 113/70, BSGE 32, 203/209
21. Schönberger A, Mehrtens G, Valentin H (1998) Arbeitsunfall und Berufskrankheit, 6. Aufl., Abschn. 2.5.1, S 152
22. BSG, Urteil v. 14.11.1984, SozR 2200, Nr. 22 zu § 581 RVO
23. BSG, Urteil v. 30.6.1998 – B 2 U 41/97 R = SGb 1999, 258 mit Anm. von Coldiz W
24. BSG, Urteil v. 2.5.2001 – B 2 U 24/00 R, Breithaupt 2001, 783–790 (= SozR 3-2200, Nr. 8 zu § 581)
25. BSG, Urteil v. 19.3.1996 – 2 BU 161/95, HVBG-Info 1996, 2214
26. Anm.: Soweit in der Literatur noch weitergehende Anforderungen an ein antizipiertes Sachverständigengutachten zur MdE gestellt werden (Wiester W, Die MdE: Rechtsgrundlagen und Grundprobleme. In: Kolloquium zu Fragen der Minderung der Erwerbsfähigkeit bei Berufskrankheiten am 10. Januar 2001 in Hennef, Tagungsband herausgegeben vom Hauptverband der gewerblichen Berufsgenossenschaften; ebenso Dreschel-Schlund C, Entsprechen die MdE-Empfehlungen für die BK-Nr. 5101 der aktuellen Rechtslage nach § 56 SGB VII? In: Dermatologie in Beruf und Umwelt 50 (2002), 21), wird damit eine noch höhere Beweisqualität solcher Empfehlungen angestrebt
27. BSG, Urteil v. 30.6.1998 – B 2 U 41/97R, SGb 1999, 258
28. BSG, Urteil v. 2.11.1999 – B 2 U 47/98R, SGb 2000, 335
29. BSG, Urteil v. 2.11.1999 – B 2 U 49/98R, Breithaupt 2000, 374
30. BSG, Urteil v. 27.6.2000 – B 2 U 14/99R, HVBG-Info 2000, 2438
31. BSG, Urteil v. 15.12.1981 – 2 RU 65/80, Breithaupt 1982, 669
32. BSG, Urt. v. 26.3.1986, HVBG-Info 1986, 883
33. LSG Rheinland-Pfalz, Urt. v. 12.10.1998 – L 7 U 40/97, HVBG-Info 1999, 3109
34. BSG, Urt. v. 22.3.1983 – 2 RU 22/81, Rundschreiben HVBG VB 3/84
35. BSG, Urt. v. 5.8.1993 – 2 RU 46/92, HVBG-Info 1993, 2314

36. Schwanitz H-J et al (1998) Dermatosen 46, S 253 ff
37. BSG, Urt. v. 30.4.1986 – 2 RU 35/85, SGb 1987, 213
38. Stary A (1994) Qualitätsverbesserung dermatologischer Gutachten. In: BK-Haut in der Begutachtung, herausgegeben vom Hauptverband der gewerblichen Berufsgenossenschaften, Sankt Augustin
39. BSG, Urt. v. 27.6.1974 – 8/7 RU 9/72, BSG E 38, 17
40. Merkblatt zu BK Nr. 5101, herausgegeben vom Bundesministerium für Arbeit und Sozialordnung, BArbBl. 6/1996, 22
41. Vgl. Rojahn K, Brandenburg St, Remé Th (2001) Berufliche Wiedereingliederung von Beschäftigten bei Haut- und Atemwegsbeschwerden (BK 5101/BK 4301/4302), Ergo Med 6:193
42. Schwanitz H-J (1999) Bericht über das BGW-Projekt Stationäre Präventionsmaßnahmen für hautkranke Versicherte. Die BG 1999, 105
43. BSG, Urt. v. 29.4.1980 – 2 RU 49/78, Breithaupt 70 (1981), 210
44. BSG, Urt. v. 16.5.1985 – 9b RU 48/82, SozR 2200 Nr. 23 zu § 622 RVO
45. BSG, Urt. v. 22.11.1984 – 2 RU 84/83, SozR 5676 Nr. 4 zur Anl. Nr. 46 – 6. BKVO
46. BSG, Urt. v. 29.9.1992 – 2 RU 35/91, HVBG-Info 1992, 2694
47. Schmidt A, Kühl M, Diepgen ThL (2000) Auswirkungen einer Allergie im Rahmen der Schätzung der Minderung der Erwerbsfähigkeit bei Berufskrankheiten der Haut Dermatol Beruf Umwelt 48:215
48. Vgl. Wribitzky R, Jaekel-Reinhard A, Tannapfel A (2000) Arbeitsbedingte UV-Exposition und Hautkrebs – eine Berufskrankheit? ASU 35:192
49. Bergner T, Przybilla B (1990) UV-Exposition am Arbeitsplatz. Hautarzt 41:523
50. Wribitzky R, Drexler H, Letzel G, Lehnert G (1995) Arbeitsbedingte Ultraviolett-Exposition – Berufskrankheitenrechtlich relevant? Dermatosen 43:223
51. Merkblatt für die ärztliche Untersuchung bei der BK Nr. 5101, herausgegeben vom Bundesministerium für Arbeit und Sozialordnung
52. Blome O (2000) Hautkrebs durch UV-Strahlung der Sonne – eine Berufskrankheit? Umwelt und berufsdermatologisches Bulletin 88, S 5, hrsg Asche AG, Hamburg
53. Drexler H, Diepgen ThL (2000) Lichtinduzierter Hautkrebs als Berufskrankheit? Zbl Arbeitsmed 50:374
54. Morfeld P, Piekarski C (2001) Anerkennung von Berufskrankheiten aus Sicht der Epidemiologie – Missverständnis und Missbrauch des Kriteriums der Risikoverdoppelung. Zbl Arbeitsmed 51:276
55. Seidler A, Pfahlberg A et al (2001) Anerkennung von Berufskrankheiten – Anwendung der Risikoverdoppelung und alternativer Kriterien. Zbl Arbeitsmed 51, 286

Sachverzeichnis

A

Abkommen Ärzte/Unfallversicherungsträger 35, 38
Acrylate 26, 89
Airborne Contact Dermatitis 121
Alkaliresistenz 38, 71
Alkaliresistenztest, schneller modifizierter (SMART) 119
Allergene, Typ-I 46
Allergien
– Typ-I 25
– Typ-IV 25
Aminoverbindung, para-substituierte 92
Anamnese 68
Änderungen, wesentliche 95
Anilinfarbstoffe 92
Anknüpfungstatsachen 141
Arbeitgeber 10, 18
Arbeitnehmer 18
Arbeitsausfall 9,10
Arbeitsgemeinschaft für Berufs- und Umweltdermatologie (ABD) 42, 46, 48, 86, 88, 128
– Gutachter-Seminare
– – Aufbau-Seminar 100
– – Curriculum 97
– – Grund-Seminar 98
– – Spezial-Seminar 101
– MdE-Epfehlungen 105
Arbeitsmarkt, allgemeiner 86
Arbeitsplatzverlust 64
Arbeitsplatzwechsel, innerbetrieblicher 30
Arbeitsschutz 18, 29
Arbeitsschutzgesetz 18
Arbeitsschutzmaßnahmen 18
Arbeitsunfähigkeit 81
Arbeitsunfähigkeitszeiten 69
Arbeitsunfall 147
Argyrie 82
Artefakt 131
Ärzte/Unfallversicherungsträger, Vertrag 34
Atemwegserkrankungen 7, 8
Atopie 12, 27, 106
Atopiekriterien 25
Atopie-Screening 47, 71
Aufklärungspflicht 145
Aufsichtsbeamter, technischer (TAD) 57, 69
Aufsichtsdienst, technischer 30, 68, 105

Ausführungsbehörden des Bundes 9
Azofarbstoffe 92

B

Bäcker 4, 71
Barriere, epidermale 42
Barrierefunktion 86
Bauberufe 4, 71, 90
Befundtatsachen 142
Behandlungsauftrag 43
Beratungsarzt 57
Berufkrankheitsregister 4
Berufsdermatosen 17
– Kosten 9
Berufseingangsberatung 29
Berufseingangsuntersuchung 18
Berufsgenossenschaft für Gesundheitsdienst und Wohlfahrtspflege (BGW) 10
Berufsgenossenschaften 17
– landwirtschaftliche 9
Berufsgenossenschaftlicher Grundsatz 24 (G 24) 18, 24
Berufsgenossenschaftliches Institut für Arbeitssicherheit (BIA) 110
Berufshilfe 10
Berufskrankheiten (BK) 17, 147
– Arzt-Haut 43
– ärztliche Anzeigen 7, 46, 61
– Beratungsarzt 44, 45
– Dokumentation (BK-DOK) 6, 7, 98
– Haut 57
– Meldungen 7
– Nummer 4301 91
– Nummer 5102 17
– Nummer 5101 11, 67, 98
– Verdachtsmeldung 3
– „Quasi-BK" 62
Berufskrankheitenliste 33
Berufskrankheitenregister 7
Berufskrankheitenverordnung (BKV) 17, 33, 140
– §3 34
– §3 Maßnahmen 30, 43, 109
Berufsverband der Deutschen Dermatologen (BVDD) 48, 97
Berufsverbleib 57
Betriebsarzt 36, 45, 69
Betriebsberatung 30, 45

Betroffenheit, besondere berufliche 153
Beugenekzeme 106,107
Beweisanforderung 68, 150
Boosterung 129
Bundesgesundheitssurvey 5
Bundesverband der Unfallkassen 9 f

C

Chlormethylisothiazolinon 126
Clearing-Verfahren 45

D

Datenschutz 37, 53
Dauerwelllösung 96
Dermatitis, atopische 5, 69, 73, 106, 107
Deutsche Dermatologische Gesellschaft (DDG) 86, 97
Deutsche Kontaktallergie-Gruppe (DKG) 70, 117
Diathese, atopische 96
Dibromdicyanobutan 126
Dichromat 72, 90, 114
Disposition, atopische 112
CNC-Dreher 109
Dreiphasenekzem 26
Druckfarben 89, 92

E

Eigendynamik 96
Eigenverantwortlichkeit 18
Ekzem 3
- atopisches 26, 27, 72
- subtoxisch-kumulatives 26
Ekzemrisiko 24
Epidemiologie 3
Epikutantest 5, 6, 70, 87, 96, 105, 112, 114
Epoxide 26
Epoxidharze 69, 81, 83, 89, 96, 126
Erblindung 120
Ergänzungsuntersuchungen 18, 23
Erhebungsbogen 74
Erstgutachten 12
Euxyl K100 126
Euxyl K400 126
Expositionstestung 122
Expositionsverhältnisse 140

F

Farben 89, 90
Feststellungsverfahren 11, 34, 64
Feuchtarbeiten 26, 28, 73
Feuerwehrunfallkassen 9
Fliesenleger 4, 90
Floristen 4
Folgeschäden, irritative 105
Formaldehyd 90

Formtexte 36
Friseurgewerbe 4, 12, 42, 44, 64, 71, 73, 92, 111, 113
Fußekzem, atopisches 107

G

Galvanik 90, 92
Galvaniseure 4, 5, 90
Gartenbauberufsgenossenschaften 9
Gärtner 107
Gefahrenstoffe, Ausschuss (AGS) 28
Gefahrenstoffe, technische Regeln (TRGS) 28
- 220 28
- 530 28, 112
- 531 28
- 540 28, 91, 112
- 613 90
- 907 28
- - Friseurhandwerk (TRGS 530) 45
Gelegenheitsursache 73, 107
Gemeinde-Unfallversicherungsverbände 9
Gesundheitspädagogik 11, 28, 106
Gewerbearzt, staatlicher 143
Glycerylmonothioglycolat 28, 111
Gummiinhaltsstoffe 26
Gutachten, Aufbau 68
Gutachten, nach Aktenlage 142
Gutachtenauftrag 141, 142
Gutachtenverzeichnisse 143
Gutachter, medizinischer 139
Gutachterauswahl 141
Gutachtererhebungsunterlagen 74

H

Haarfärbemittel 96
Handekzem
- atopisches 107
- kumulativ-subtoxisches 119
Härter 89
Hauptrisikoberufe 4
Hauptverband der gewerblichen Berufsgenossen-
  schaften (HVBG) 6, 7, 48, 86, 97, 128
- MdE-Empfehlungen 105
Haut-Anamnese, spezielle 69
Hautarztbericht 7, 39, 61, 63, 64
Hautarztverfahren 33, 35, 113
- optimiertes 48
Hautdiathese, atopische 4
Hautdisposition, atopische 17, 18, 30, 47, 48, 70, 72, 73, 111
Hauterkrankung
- Begutachtung 67
- Diagnose 72
- Dunkelziffer 4
- Inzidenz 3, 17
- Prävalenz 3, 5, 17
- schwere 73, 157
- wiederholt rückfällig 157

Hautirritationstest, differentieller (DIT) 71
Hautkrebs 147
Hautschutz 26, 48, 65, 106, 112
– präparativer 28
Hautschutzmittel 48
Hautschutzseminare 30, 43, 45, 106
Hauttestungen 35, 70
Heilbehandlung 44
– berufsgenossenschaftliche 43
Heilverfahren 30
– stationäres 30
– – modifiziertes 106, 107, 113
Holzbearbeiter 90, 91
Holzstaub 123
homing t-cells 112
Hybriddermatitis 3
Hybridekzeme 5
Hyperhidrose 115

I

Individualprävention 154, 158
Infektionskrankheit 148
Informationsverbund Dermatologischer Kliniken (IVDK) 6, 105
Inhalativatopie 47
Interdigitalräume 5
Interdigitalraumekzem 29
Internetadressen 102
Iontophorese 115
Irritationstest, differenzieller 108, 130

J

Jodpropinylbutylcarbamat 110
Jugendarbeitsschutzgesetz 18, 19

K

Kassenärztliche Bundesvereinigung (KBV) 35
Kausalitätsprüfung 34
Kleber 89
Koagulationsnekrose 130
Kolophonium 26, 90, 91, 121, 122, 123
Konditoren 4
Kontaktekzem
– allergisches 4, 5, 26, 69, 72, 81, 83, 95, 105, 110
– – aerogenes 123
– irritatives 4, 72
Kontakturtikaria-Syndrom 91
Kosmetika 90
Krankenschwester 81
Kreuzreaktionen 92
Kühlschmierstoffe 109, 110

L

Lacke 89, 90
Landesverband der gewerblichen Berufsgenossenschaften (LVBG) 38
Landwirte 118
Latex 91
Latexhandschuhe, gepuderte 91, 111
Lederarbeiten 90
Lederfärbung 92
Lederhandschuhe 90
Löter 90

M

Maler 83
Masseur 124
Maurer 72, 82, 114
Minderung der Erwerbsfähigkeit (MdE) 85, 96, 118, 120, 123, 128, 150
– Bemessung, Empfehlungen 151
– Einschätzung 95, 109
– Empfehlung 86, 151
– rentenberechtigende 86
– Tabelle 85, 120, 128
Mechaniker 129
Metallarbeiter 4, 71, 92
Metallionen 26
Metallverarbeitung 90
Methacrylate 89
Mineralfaserdermatitis 25
Möbelherstellung 90
Modeschmuck 88, 92
Modeschmuckallergien 25
Morbiditätsrisiko 11
Mykologie 38
Mykose 115

N

Nachbegutachtung 152
Nahrungsmittelverarbeitung 4
Neomycinsulfat 81
Netzwerk-Konzept 18
Nickel 88, 92, 96, 109
Nitrilhandschuhe 107

O

Öffnungsklausel 148
Oxidationshaarfärbemittel 92

P

Papier 123
Para-Phenylendiamin 111
Pathomimikry 132
Pflegeberufe 4
3-Phasenekzem 3
p-Phenylendiamin 92, 96
Prädisposition 17
Prävention 9, 10, 17, 18, 34, 113
– primäre 17, 83
– sekundäre 29, 48, 83, 113

– tertiäre 30, 113
Präventionsdienst 105
Präventionsmaßnahmen 98, 106
Pricktestung 71
Primin 108
PSA-Benutzerrichtlinien 28
Psoriasis 25, 27, 69, 70

Q

Qualitätssicherung 45
Qualitätszirkel 99, 105

R

Reaktivverdünner 89
Rehabilitation
– berufliche 11, 12, 83
– medizinische 12
Reinigungsberufe 4
Relevanz, klinische 105
Rentenzahlung 10, 11
Repeated Open Application Test (ROAT) 70
Rezeptgebühren 43
Risikoberufe, Testempfehlungen 106
Rotorblätter 90
Rückfälligkeit, wiederholte 73, 82

S

Sachverständiger 67
– medizinischer 139
Säureverätzung 131
Schleifer 84
Schock, anaphylaktischer 91
Schutzhandschuhe 28, 30, 43, 48, 110
Schwarzarbeit 37
Schweigepflicht, ärztliche 63
Schweißer 90, 121
Sensibilisierung 12
– iatrogene 87, 89, 96, 127, 129
– Propf-Sensibilisierung 8
– Typ-I 91
– Typ-IV 5, 96, 110
– klinisch stumme 72
Sicherheitsdatenblätter 109, 111
Sicherheitsschuhe 90
Simulation 131
Sozialgerichtsverfahren (BK 5101) 99
Sozialgesetzbuch, Teil 7 (SGB VII) 18, 34, 43
Sozialgesetzgebung 17
Sozialversicherung 18
Spätreaktion 129
Steroidtherapie, lokale 42
Substanzen, berufseigene 105

T

Tätigkeiten
– gefährdende, Aufgabe 84
– geringfügig entlohnte 36
Teilursache, wesentliche 72
Testempfehlungen 71
Tinea manuum 117
Titrationstestung 122

U

Überweisungsvordruck (ÜV) 36
Umschulung 30, 65, 106, 113
Umsetzung, innerbetriebliche 10, 84
Unfallkassen 9
Unfallrente 17
Unfallverhütungsmaßnahmen 18
Unfallversicherung 17
Unfallversicherungsträger 9, 97
Unterlassungszwang 83, 110, 114, 118, 153
Ursachenzusammenhang 149
Urtikaria 91

V

Verdacht, begründeter 61, 63
Vergütung 144
Verschlimmerung 69, 149
Versichertenrente 150
Versicherungsfall 139
Verweisbarkeit, soziale 85
Vinylhandschuhe 113
Vordruck
– F 6000 61
– F 6050 39, 61
Vorstellungspflicht 35

W

Wasserverlust, transepidermaler 71
Weiterbildungsordnung 99
Wiedervorstellungsverfahren 35

Z

Zahnarzthelferin 83
Zahnprothese 89
Zahntechniker 89, 106
Zement 116, 117
Zertifizierung, Gutachter 97
Zusammenhang
– haftungsausfüllender 139
– haftungsbegründeter 139
Zusammenhanggutachten 12, 87
Zustimmungspflicht 63
Zwang, objektiver 70, 83, 88, 106, 108

If you have any concerns about our products,
you can contact us on
ProductSafety@springernature.com

In case Publisher is established outside the EU,
the EU authorized representative is:
**Springer Nature Customer Service Center GmbH
Europaplatz 3, 69115 Heidelberg, Germany**

Printed by Libri Plureos GmbH
in Hamburg, Germany